6교시
신항로 개척

책 속의 QR 코드로 용선생의 세계 문화유산 강의를 볼 수 있습니다.
QR 코드를 스캔하여 회원 가입 및 로그인 진행 후
도서 구매 시 제공된 영상 쿠폰 번호를 등록해 주세요.

영상 재생 방법
❶ QR 코드 스캔 ⋯▶ ❷ 회원 가입 / 로그인 ⋯▶ ❸ 영상 쿠폰 번호 등록 ⋯▶ ❹ 영상 재생

회원 가입/로그인 후에 영상 재생을 위해 QR 코드를 다시 스캔해 주세요.
쿠폰 번호는 최초 1회만 등록 가능하며, 변경 또는 양도할 수 없습니다.
로그인 상태라면 즉시 영상을 재생할 수 있습니다.
PC에서는 용선생 클래스(yongclass.com)에서 시청할 수 있습니다.

영상 재생 방법 안내

글 이희건
서울대학교 고고미술사학과를 졸업하고 오랫동안 책 만드는 일을 해 왔으며, 사회평론 역사연구소장을 역임했습니다.

글 차윤석
서울대학교 독어독문학과를 졸업하고 같은 학교 대학원에서 석·박사 과정을 거친 뒤 독일 뮌헨대학교에서 중세문학 박사 과정을 마쳤습니다.

글 김선빈
고려대학교 국어국문학과를 졸업하고 웹진 <거울> 등에서 소설을 썼습니다. 어린이 교육과 관련된 일을 시작하여 국어, 사회, 세계사와 관련된 다양한 교재와 콘텐츠를 개발했습니다.

글 박병익
고려대학교 사학과를 졸업했습니다. 사실의 나열이 아닌 '왜'와 '어떻게'라는 질문을 통해 어린이들이 역사와 친해지는 글을 쓰기 위해 오늘도 고민하고 있습니다.

글 김선혜
고려대학교 사학과를 졸업하고 여러 회사에서 콘텐츠 매니저, 기획 업무를 담당했습니다.

그림 이우일
홍익대학교에서 시각디자인을 공부한 만화가입니다. '노빈손' 시리즈의 모든 일러스트레이션을 그렸으며 지은 책으로는 《우일우화》, 《옥수수빵파랑》, 《좋은 여행》, 《고양이 카프카의 고백》 등이 있습니다.

설명삽화 박기종
단국대학교 동양화과와 홍익대학교 대학원을 나와 지금은 아이들의 신나는 책 읽기를 위해 어린이 책 일러스트 작가로 활동하고 있습니다.

지도 김경진
'매핑'이란 지도 회사에서 일하면서 어린이, 청소년 책에 지도를 그리고 있습니다. 얼마 전까지 중학교 교과서 만드는 일도 했습니다. 참여한 책으로는 《아틀라스 중국사》, 《아틀라스 일본사》, 《아틀라스 중앙유라시아사》, 《미래를 여는 한국의 역사》 등이 있습니다.

구성 정지윤
서울대학교 국어교육과를 졸업하고 문화예술, 교육 분야 기관에서 기획 업무를 담당했습니다.

자문 및 감수 남종국
서울대학교 서양사학과를 졸업하고 같은 학교 대학원에서 석사 학위를, 프랑스 파리1대학에서 박사 학위를 받았습니다. 현재 이화여대 사학과 교수로 재직하고 있습니다. 지은 책으로《이탈리아 상인의 위대한 도전》, 《지중해 교역은 유럽을 어떻게 바꾸었을까》, 《세계사 뛰어넘기》 등이 있으며《프라토의 중세 상인》을 우리말로 옮겼습니다.

자문 및 감수 윤은주
서울대학교 서양사학과를 졸업하고 프랑스 사회과학고등연구원에서 박사 학위를 받았습니다. 현재 국민대학교 교양대학 강의 전담교원으로 일하고 있습니다.《넬슨 만델라 평전》을 우리말로 옮겼으며《히스토리》의 4~5장과 유럽 국가들의 연표를 우리말로 옮겼습니다.

자문 및 감수 이은정
한국외국어대학교 터키어과를 졸업하고 튀르키에 국립 앙카라 대학교 역사학과에서 석사 학위를, 서울대학교 서양사학과에서 박사 학위를 받았습니다. 현재는 서울대학교 등에서 강의를 하고 있습니다. <16-17세기 오스만 황실 여성의 사회적 위상과 공적 역할-오스만 황태후의 역할을 중심으로>와 <'다종교·다민족·다문화'적인 오스만 제국의 통치전략> 등의 논문을 지었습니다.

자문 및 감수 이지은
이화여대 사학과를 졸업하고 한국외국어대학교와 인도 델리대학교, 네루대학교에서 석사·박사 학위를 받았습니다. 현재 한국외국어대학교 인도연구소 HK연구교수로 일하고 있습니다. 함께 지은 책으로는 《탈서구중심주의는 가능한가》가 있으며 <인도 식민지 시기와 국가형성기 하층카스트 엘리트의 저항 담론 형성과 역사인식>, <반서구중심주의에서 원리주의까지> 등의 논문을 지었습니다.

교과 과정 감수 박혜정
성균관대학교 역사교육과를 졸업하고 현재는 경기도 용인신촌 중학교에서 근무하고 있습니다.『나의 첫 세계사』를 집필하였습니다.

교과 과정 감수 한유라
홍익대학교 역사교육과를 졸업하고, 현재는 경기도 광명충현중학교에서 근무하고 있습니다.『12.3 사태, 그날 밤의 기록』을 집필하였습니다.

교과 과정 감수 원지혜
동국대학교 역사교육과를 졸업하고, 현재는 경기도 시흥 은계중학교에서 근무하고 있습니다.『더 늦기 전에 시작하는 생태환경사 수업』의 공저자입니다.

기획자문 세계로
1991년부터 역사 전공자들이 모여 함께 고민하고 연구하며 한국사와 세계사를 가르치고 있습니다.《용선생의 시끌벅적 한국사》기획에 참여했고, 지은 책으로는 역사 동화 '이선비' 시리즈가 있습니다.

6 격변하는 세계 1
르네상스, 종교 개혁, 신항로 개척, 오스만 제국의 부상

교양으로 읽는
용선생
세계사

글 | 이희건 차윤석 김선빈 박병익 김선혜
그림 | 이우일 박기종

차례

1교시 유럽 곳곳에서 국가가 탄생하고 왕권이 강화되다

알프스의 나라 오스트리아를 가다	014
백년 전쟁과 프랑스의 탄생	018
백년 전쟁의 패배와 장미 전쟁의 혼란을 딛고 일어선 영국	025
이슬람 세력을 몰아내며 탄생한 에스파냐	028
결혼으로 힘을 키운 합스부르크 가문	034
러시아에 전제 군주 차르가 등장하다	038
나선애의 정리노트	047
세계사 퀴즈 달인을 찾아라!	048
용선생 세계사 카페	
유대인은 왜 차별 대우를 받게 되었을까?	050
프랑스를 구한 시골 소녀 잔 다르크	054

교과 연계 중학교 역사① Ⅲ-3 서아시아와 유럽의 교류와 갈등

2교시 번영하는 오스만 제국

튀르크의 정통 후계자 튀르키예를 가다	060
서아시아에 다시 대제국이 나타나다	064
떠오르는 태양 오스만 제국	071
두 명의 술탄이 오스만 제국을 전성기로 이끌다	079
지중해의 주인이 된 오스만 제국	086
나선애의 정리노트	097
세계사 퀴즈 달인을 찾아라!	098
용선생 세계사 카페	
이스탄불 최고의 쇼핑몰 그랜드 바자르	100

교과 연계 중학교 역사① Ⅳ-3 서아시아와 유럽 사회의 변화

3교시 균형과 조화로 번창하는 무굴 제국

서인도의 보석 구자라트 지방을 가다	108
무굴 제국이 탄생하다	114
아크바르 대제가 무굴 제국의 기반을 다지다	122
무굴 제국에 세계의 부가 모여들다	128
무굴 제국이 쇠퇴하다	135
나선애의 정리노트	143
세계사 퀴즈 달인을 찾아라!	144
용선생 세계사 카페	
무굴 제국의 건축 탐방	146

교과 연계 중학교 역사① Ⅳ-2 동아시아와 인도 지역 질서의 변화

4교시 르네상스, 그리스와 로마의 부활

르네상스가 꽃핀 이탈리아 북부를 둘러보다	152
이탈리아에서 르네상스가 꽃피다	158
르네상스를 이끈 피렌체의 메디치 가문	168
이탈리아가 강대국들의 전쟁터가 되다	177
르네상스가 북유럽으로 퍼지다	182
나선애의 정리노트	189
세계사 퀴즈 달인을 찾아라!	190
용선생 세계사 카페	
위대한 예술가 미켈란젤로 이야기	192
프레스코화 그리는 법	196

교과 연계 중학교 역사① Ⅲ-3 서아시아와 유럽의 교류와 갈등

6교시 신항로 개척으로 유럽이 새로운 세계에 눈을 뜨다

신항로 개척의 출발지 이베리아반도를 가다	256
유럽의 모험가들이 먼바다로 탐험을 떠나다	262
포르투갈이 희망봉을 돌아 인도로 가다	267
콜럼버스가 아메리카에 도착하다	274
유럽인이 태평양을 지나 세계 일주에 성공하다	281
나선애의 정리노트	287
세계사 퀴즈 달인을 찾아라!	288
용선생 세계사 카페	
선원들은 어떻게 생활했을까?	290
중세 유럽 사람들은 어떤 지도를 보았을까?	292

교과 연계 중학교 역사① Ⅳ-3 서아시아와 유럽 사회의 변화

5교시 종교 개혁이 유럽 사회를 뒤흔들다

유럽의 강대국 독일을 가다	202
마르틴 루터가 크리스트교에 거대한 균열을 내다	208
신성 로마 제국 제후들의 지지로 루터의 종교 개혁이 성공하다	215
칼뱅의 신교가 상인들의 지지를 받다	221
헨리 8세의 이혼에서 시작된 영국의 종교 개혁	227
가톨릭이 내부 개혁에 나서다	231
에스파냐와 프랑스가 극심한 종교 갈등을 겪다	236
엘리자베스 1세가 종교 평화를 이끌어 내다	242
나선애의 정리노트	245
세계사 퀴즈 달인을 찾아라!	246
용선생 세계사 카페	
종교 개혁의 불씨를 댕긴 마르틴 루터	248

교과 연계 중학교 역사① Ⅳ-3 서아시아와 유럽 사회의 변화

한눈에 보는 세계사-한국사 연표	296
찾아보기	298
참고문헌	301
사진 제공	307
퀴즈 정답	310

초대하는 글

용선생 역사반, 세계로 출발!

여러분, 안녕! 용선생 역사반에 온 걸 환영해!

용선생 역사반의 명성은 익히 들어 잘 알고 있겠지? 신나고 즐거운 데다 깊이까지 있다고 소문이 쫙 났더라고. 역사반에서 공부한 하다와 선애, 수재, 영심이도 중학교 잘 다니고 있다는 소식을 들었지.

그런데 어느 날 중학생이 된 하다와 선애, 수재, 영심이가 다짜고짜 찾아와서 막 따지는 거야.

"선생님! 왜 역사반에서는 한국사만 가르쳐 주신 거예요?"

"중학교 가자마자 세계사를 배우는데, 이름도 지명도 너무 낯설고 어려워요!"

"역사반 덕분에 초등학교 때는 천재 소리 들었는데, 중학교 가서 완전 바보 되는 거 아니에요?"

한참을 그러더니 마지막에는 세계사도 가르쳐 달라고 조르더라고.

"너희들은 중학생이어서 역사반에 들어올 수 없어~"

그랬더니 선애가 벌써 교장 선생님한테 허락을 받았다는 거야. 아닌 게 아니라 다음날 교장 선생님께서 나를 불러 이러시더군.

"용선생님, 방과 후 시간에 역사반 아이들을 위한 세계사 수업을 해 보면 어떨까요?"

결국 역사반 아이들은 다시 하나로 뭉쳤어.

원래 역사반에서 세계사까지 가르칠 계획은 전혀 없었지만… 피할 수 없다면 즐겨라. 역사반 아이들이 이토록 원하는데 용선생이 어떻게 가만히 있을 수 있겠어? 그래서 중·고등학교 세계사 교과서들은 물론이고, 서점에 나와 있는 세계사 책들, 심지어 미국과 독일을 비롯한 세계사 교과서까지 몽땅 긁어모은 뒤 철저히 조사했어. 뭘 어떻게 가르칠지 결정하기 위해서였지. 그런 뒤 몇 가지 원칙을 정했어.

첫째, 지도를 최대한 활용하자! 서점에 나와 있는 책들은 대부분 지도가 부족하더군. 역사란 건 공간에 시간이 쌓인 거야. 그러니 그 공간을 알아야 역사가 이해되지 않겠어? 그래서 지도를 최대한 많이 넣어서 너희들의 지리 감각을 올려주기로 했단다.

둘째, 사람들이 살아가는 모습을 꼼꼼히 들여다보자! 세계사 공부를 할 때 중요 사건이 왜 일어났는지도 중요하지만, 그때 사람들이 어떤 모습으로 살았는지도 중요해. 그 모습을 보면, 그들이 왜 그렇게 살았는지, 우리와는 무엇이 같고 다른지 알 수 있게 될 거야.

셋째, 사진과 그림을 최대한 많이 보여주자! 사진 한 장이 백 마디 말보다 사건이나 시대 분위기를 훨씬 더 효과적으로 전달할 때가 많아. 특히 세계사를 처음 배울 때는 이런 시각 자료가 큰 도움이 되지. 사진이나 그림은 당시 분위기를 파악하는 데도 아주 좋은 자료란다.

==넷째, 다른 역사책에서 잘 다루지 않는 지역의 역사도 다루자!== 인류 문명은 어떤 특정한 집단이나 나라가 만든 게 아니라, 지구상에 살았던 모든 집단과 나라가 빚어낸 합작품이야. 아프리카, 아메리카 원주민, 유목민도 유럽과 아시아 못지않게 인류 문명의 발전에 기여했다는 말이지. 세계 각지에서 일어난 문명과 역사를 알면 세계사가 더 쉽게 느껴질 거야.

==다섯째, 과거와 현재를 연결하자.== 수업 시작하기 전에 그 시간에 배울 사건들이 일어났던 나라나 도시의 현재 모습을 보게 될 거야. 그 장소가 과거뿐 아니라 지금도 사람들의 삶의 현장이라는 것을 보여 주기 위해서지. 예를 들어 메소포타미아 하면 사람들은 메소포타미아 문명이 일어난 곳으로만 알지, 지금 그곳에 이라크라는 나라가 있다는 사실은 모르는 경우가 많아. 지금 이라크 사람들의 모습과 옛날 메소포타미아 문명 사람들의 모습을 비교해 보는 것도 좋은 역사 공부 방법이란다.

이런 원칙으로 재미있게 세계사 공부를 하려는데, 작은 문제가 하나 있어. 세계사는 한국사와 달리, 직접 현장을 방문하기가 쉽지 않다는 점이지. 하지만 용선생이 누구냐. 역사 공부를 위해서라면 물불 가리지 않는 용선생이 이번에는 너희들이 볼 수 있는 영상도 만들었어. ==책 속의 QR코드를 찍으면 세계 곳곳의 문화유산과 흥미로운 사건을 볼 수 있을 거야.==

자, 애들아. 그럼 이제 슬슬 세계사 여행을 시작해 볼까?

등장인물

'용쓴다 용써' 용선생

어쩌다 맡게 된 역사반에, 한국사에 이어 세계사까지 가르치게 됐다. 맡은바 용선생의 명예를 욕되게 할 수는 없지. 제멋대로 자란 머리카락을 휘날리며 오늘도 용쓴다.

'장하다 장해' 장하다

'튼튼하게만 자라 다오.'라는 아버지의 소원대로 튼튼하게만 자랐다. 세계적인 축구 스타가 꿈! 세계를 다니려면 세계사 지식도 필수라는 생각에 세계사반에 지원했다. 영웅 이야기를 좋아해서 역사 인물들에게 관심이 많다.

'오늘도 나선다' 나선애

역사 마스터를 꿈꾸는 우등생. 공부도 잘하고 아는 게 많아서 잘 나선다. 글로벌 인재가 되려면 기초 교양이 튼튼해야 한다는 생각으로 용선생을 찾아가 세계사반을 만들게 한다. 어려운 역사 용어들을 똑소리 나게 정리해 준다.

'잘난 척 대장' 왕수재

시도 때도 없이 잘난 척을 해서 얄밉지만 천재적인 기억력 하나만큼은 인정. 또 하나 천재적인 데가 있으니 바로 깐족거림이다. 세계를 무대로 한 사업가를 꿈꾸다 보니 지리에 관심이 많다.

'엉뚱 낭만' 허영심

엉뚱 발랄한 매력을 가진 역사반의 분위기 메이커. 남다른 공감 능력이 있어서 사람들이 고통을 겪을 때면 눈물을 참지 못한다. 예술과 문화에 관심이 많고, 그 방면에서는 뛰어난 상식을 자랑한다.

'깍두기 소년' 곽두기

애교가 넘치는 역사반 막내. 훈장 할아버지 덕분에 뛰어난 한자 실력을 갖추고 있으며, 어휘력만큼은 형과 누나들을 뛰어넘을 정도. 그래서 새로운 단어가 등장할 때마다 한자 풀이를 해 주는 것이 곽두기의 몫.

1교시

유럽 곳곳에서 국가가 탄생하고 왕권이 강화되다

중세 유럽을 떠받쳐 온 봉건 제도가 무너지며
유럽에는 강력한 왕권을 가진 왕을 중심으로
여러 국가가 탄생했단다.
이번 시간에는 프랑스와 영국, 에스파냐, 러시아 등
여러 나라의 탄생 과정에 대해서 알아보자.

1273년	1453년	1480년	1485년	1492년	1516년
루돌프 1세, 신성 로마 제국 황제로 선출	백년 전쟁 종전, 콘스탄티노폴리스 함락	모스크바 공국, 몽골로부터 독립	영국에 튜더 왕가 수립	에스파냐 왕국, 레콩키스타 완수	합스부르크 왕가, 에스파냐 왕국을 상속받음

랭커스터와 요크
잉글랜드 북부의 주요 도시. 이곳에 근거지를 둔 두 귀족 가문이 영국 왕위를 두고 30년간 전쟁을 벌였어.

오를레앙
파리 남쪽에 있는 도시야. 잔 다르크가 이곳을 점령함으로써 프랑스군이 역전의 발판을 마련했어.

아키텐
프랑스 남서부 지역. 유명한 포도 산지야. 1154년부터 1453년까지 300년 동안 영국 왕실의 영지였어.

그라나다
에스파냐 남부의 도시. 이베리아반도에 남겨진 이슬람 세력의 마지막 근거지였단다.

노르웨이
스코틀랜드
에든버러
아일랜드
더블린
랭커스터
요크
영국
런던
크레시
파리
오를레앙
프랑크푸르트
신성 로마 제국
프라
베네치아
베네
교황령
로마
나폴리
나폴리
덴마크
코펜하겐
북해
프랑스
아키텐
대서양
포르투갈
리스본
톨레도
에스파냐
그라나다

역사의 현장 지금은?

알프스의 나라 오스트리아를 가다

오스트리아는 독일, 체코, 이탈리아, 스위스 등 8개국과 국경을 맞대고 있는 중부 유럽의 내륙 국가야. 면적은 우리나라보다 조금 작지만, 인구가 약 900만 명에 불과해서 인구 밀도는 우리보다 훨씬 낮지. 인구의 대부분은 독일과 같은 게르만족으로 독일어를 쓰고 있어. 오스트리아는 1인당 국민 소득이 5만 달러가 넘는, 유럽에서도 손꼽히는 부자 나라란다.

➜ 빈의 전경

↑ **빈 필하모닉 오케스트라** 음악 도시 빈을 본거지로 하는 세계적인 오케스트라인 빈 필하모닉 오케스트라의 공연 모습

014

오스트리아의 수도 빈

빈은 190만 명의 인구가 모여 사는 오스트리아 최대 도시야. 오랜 역사를 가진 도시답게 고풍스러운 옛 건물과 세련된 현대식 건물들이 조화를 이루는 멋진 도시지. 한복판에 뾰족하게 솟아 있는 건물은 1160년에 완공된 슈테판 대성당으로 높이가 무려 136미터나 된대.

국토의 대부분을 차지하는 알프스산맥

알프스산맥에 위치한 오스트리아는 울창한 숲과 강, 호수가 많아 빼어난 경치를 자랑하지. 제2차 세계 대전을 배경으로 알프스 기슭의 아름다운 풍경을 담아낸 불후의 명작 영화 <사운드 오브 뮤직>의 배경이 바로 오스트리아라는 사실!

◀ 영화 <사운드 오브 뮤직>의 한 장면 영화는 낯설더라도 영화 속에 등장하는 도레미 송은 들어 본 적 있을걸?

▼ 알프스 산지의 모습

◀ 알프스 전통 의상을 입은 오스트리아 사람들
허리가 높은 치마와 앞치마로 이루어진 디른들과 활동하기 좋은 가죽 반바지와 멜빵을 갖춘 레더호제는 알프스 주변 지역의 전통 의상이야.

알프스의 관문이자 모차르트의 고향 잘츠부르크

알프스로 향하는 관문에 자리 잡은 잘츠부르크는 로마 시대에 건설된 유서 깊은 도시야. 잘츠부르크는 '소금의 도시'란 뜻으로 주변 소금 광산에서 채굴한 소금으로 부를 누렸던 과거를 짐작하게 하지. 천재 음악가 모차르트의 고향이기도 해.

▶ 잘츠부르크에서 판매하는 모차르트 초콜릿

▼ 잘츠부르크 대성당과 잘자흐강 너머 구시가지 모습

오스트리아에서 태어난 음식
비엔나 커피, 비엔나 소시지, 비너 슈니첼

오스트리아는 비엔나 커피와 비엔나 소시지의 고향이기도 해. 둘 다 오스트리아의 수도 빈(비엔나)에서 처음 만들어졌다고 해서 이런 이름이 붙었지.

➡ **비엔나 소시지** 원래 사진처럼 가늘고 길쭉한 모양인데, 일본과 우리나라로 건너오면서 줄줄이 사탕처럼 엮인 작고 둥근 모양으로 바뀌었대.

⬇ **비엔나 커피** 이렇게 휘핑크림을 듬뿍 얹은 커피를 비엔나 커피라고 해.

⬅ **비너 슈니첼**
연한 송아지 고기에 밀가루, 빵가루, 달걀 반죽을 씌운 뒤 기름에 튀긴 요리야. 이 음식은 일본을 거쳐 우리나라에까지 전파돼 우리가 자주 먹는 비프가스와 돈가스가 되었단다. 별다른 소스 없이 레몬즙을 뿌려서 먹는 게 특징이야.

백년 전쟁과 프랑스의 탄생

"오늘은 유럽의 여러 나라가 어떻게 탄생했는지 알아볼 거야. 우선 강력한 왕권을 가지고 있었던 프랑스를 볼까?"

"프랑스 왕은 십자군 원정으로 힘이 약해진 교황을 납치하기까지 했었죠."

나선애의 말에 용선생이 고개를 끄덕였다.

"그래. 하지만 프랑스 왕에게는 아직 해결해야 할 한 가지 숙제가 남아 있었어. 바로 프랑스에 남아 있는 영국 왕의 영지를 전부 빼앗는 거였지."

"프랑스에 아직 영국 왕의 땅이 남아 있었어요?"

"응, 여전히 아키텐을 비롯한 프랑스 남서부의 알짜배기 땅들이 영

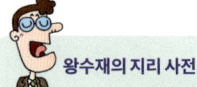

왕수재의 지리 사전

아키텐 프랑스의 남서부에 위치한 지방으로 포도 생산이 많은 지역이야. 중심 도시는 포도주로 유명한 보르도란다.

국 왕의 영지로 남아 있었단다. 두 나라의 영토 갈등은 프랑스 왕 샤를 4세가 후계자 없이 사망한 것을 계기로 폭발했어. 영국 왕 에드워드 3세가 프랑스의 왕위 계승권을 주장하고 나섰거든. 그런데 프랑스의 왕위를 이은 것은 샤를 4세의 사촌인 필리프 6세였어. 촌수로만 따져 본다면 필리프 6세보다 에드워드 3세가 왕위를 계승하는 게 더 자연스러웠지."

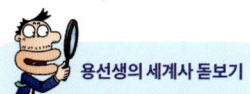

샤를 4세의 여동생 이사벨라가 에드워드 3세의 어머니였어. 이사벨라는 아들과 함께 반란을 일으켜 남편 에드워드 2세를 죽이고 아들 에드워드 3세를 영국 왕위에 올렸지.

"그럼 영국 왕이 억울할 만했네요."

"결국 격분한 에드워드 3세는 바다 건너 프랑스로 군대를 보냈지. 하지만 필리프 6세는 이참에 영국 왕의 영지인 아키텐을 빼앗으려고 했어. 아키텐은 질 좋은 포도와 포도주 산지여서, 포도주를 팔아서 벌어들이는 수입이 영국 전역에서 거두어들이는 수입과 맞먹을 정도였거든. 결국 두 나라는 물러설 수 없는 격전에 돌입했단다. 이로써 '백년 전쟁'이 시작됐어."

"백년 전쟁이라고요? 전쟁을 100년 동안이나 했다는 건가요?"

"정확하게는 116년이야. 물론 하루도 쉬지 않고 전쟁을 벌인 것은 아니야. 하지만 100년이 넘도록 전쟁과 휴전을 거듭한, 참으로 지루한 전쟁이었지."

"어휴, 100년이 넘도록 전쟁을 하다니, 두 나라 다 진짜 끈질기네요."

"전쟁 초반만 해도 프랑스가 일방적으로 궁

↑ 백년 전쟁 시작 직전의 프랑스 내 영국 영토

유럽 곳곳에서 국가가 탄생하고 왕권이 강화되다

용선생의 세계사 돋보기

영국 장궁은 길이가 약 1.9미터나 되는 활이야. 단단하고 탄력이 좋아서 80미터 이상 화살을 쏘아 보낼 수 있었대. 또 장궁의 화살촉은 강도를 높인 철로 만들어 빠른 속력과 파괴력을 지니고 있어. 기사의 철갑옷도 쉽게 뚫고 들어갔지.

허영심의 상식 사전

석궁 기계 장치를 이용해 화살을 쏠 수 있게끔 만든 활이야. 보통의 활보다 더 쉽게 다룰 수 있다는 장점이 있지만, 화살을 장착하는 데 시간이 더 걸린다는 단점이 있어. 쇠뇌라고도 해.

곽두기의 국어 사전

속수무책 묶을 속(束) 손 수(手) 없을 무(無) 꾀 책(策). 손을 묶은 것처럼 어찌할 도리가 없어 꼼짝 못 하는 것을 말해.

지에 몰렸어. 영국군의 상륙을 저지하러 나선 프랑스군이 해전에서 대패하는 바람에 영국군은 아무런 방해를 받지 않고 쉽게 프랑스 땅에 상륙할 수 있었지. 게다가 프랑스 육군마저 곧이어 벌어진 크레시 전투에서 대패하고 말았어. 사기가 오른 영국군은 프랑스 전역을 들쑤시고 다니며 마구 약탈을 벌였어. 엎친 데 덮친 격으로 1347년부터는 프랑스에 흑사병이 번져 수많은 사람들이 죽어 나갔단다. 먹고살기가 막막해진 농민들의 반란도 뒤를 이었어. 전쟁 패배에, 전염병에, 영국군의 약탈에…… 프랑스는 아수라장이 됐어."

"와, 의외네요? 영국군이 그렇게 강했어요?"

장하다가 놀란 듯이 물었다.

"영국군의 연전연승 뒤에는 장궁이라는 신무기가 있었어."

"장궁이라면, 긴 활이라는 뜻인가요?"

"그렇단다. 원래 장궁은 영국 사냥꾼들이 짐승을 사냥하는 데 쓰던 활이었어. 프랑스군이 주로 쓰던 석궁보다 사정거리가 훨씬 길고 파괴력도 뛰어나서 전투에 큰 힘이 되었단다."

"그러면 프랑스군도 장궁을 만들어서 쓰면 되잖아요."

"그야 그렇지. 그런데 장궁은 보통 활보다 훨씬 길고 다루기가 어려워. 제대로 쓰려면 오랜 훈련이 필요하지. 그래서 프랑스군이 장궁을 갖춘다고 해도 당장 실전에 쓸 수가 없었을 거야. 크레시 전투에서 영국 장궁병은 석궁이 닿지 않는 수십 미터 밖 언덕에 자리를 잡고 프랑스군을 향해 활을 쏘아 댔어. 프랑스군은 속수무책으로 당할 수밖에 없었지. 무거운 갑옷으로 단단히 무장한 프랑스의 기사들은 기동성이 떨어져 영국 장궁병이 날린 화살에 속절없이 당했어."

◆ **크레시 전투** 크레시에서 맞붙은 두 나라 군대. 오른쪽의 영국군은 장궁을, 왼쪽의 프랑스군은 석궁을 쓰고 있어. 프랑스는 4,000명의 석궁 부대를 거느렸지만, 사정거리와 발사 속도 면에서 장궁에 뒤져 무용지물이 되었어.

"중무장한 기사들이 달랑 활 하나 든 장궁병한테 맥도 못 추다니……."

나선애가 고개를 절레절레 흔들었다.

"그래도 프랑스가 쉽게 무너질 나라는 아니었어. 두 나라는 공격과 방어를 반복하며 치열한 싸움을 벌였단다. 그런데 50년 정도 시간이 흐른 뒤, 프랑스의 새로운 왕이 정신병에 걸리면서 전세가 영국 쪽으로 기울기 시작했어. 프랑스 안에서 정신병에 걸린 왕 대신 누가 나라를 다스릴 것인가를 놓

곽두기의 국어 사전

전세 싸움 전(戰) 형세 세(勢). 전쟁이나 경기 따위가 흘러가는 형편을 말해.

유럽 곳곳에서 국가가 탄생하고 왕권이 강화되다 **021**

왕수재의 지리 사전

부르고뉴 독일, 스위스와 인접한 프랑스의 중동부 지방. 포도주 생산이 많고 땅이 비옥해서 예로부터 부유한 곳이었어.

고 내전이 벌어졌거든. 영국은 이 틈을 노려 부르고뉴 공작과 손을 잡고 프랑스의 수도인 파리를 점령했어. 새롭게 왕위에 오른 샤를 7세가 수습을 하려고 했지만 형세는 만만찮았지."

"전쟁 중에 내분이라니!"

"그런데 이때 뜻밖의 일이 생겼단다. 전세를 뒤집을 기회가 프랑스에 찾아온 거야."

"영국에 수도까지 점령당했는데 어떻게 전세를 뒤집어요?"

"어느 날 샤를 7세 앞에 열여섯 살짜리 소녀가 나타났어. 소녀는 자신이 프랑스를 구하라는 천사의 목소리를 들었다며, 군사를 주면 영국군을 물리치겠다고 했지."

"에이, 열여섯 살 소녀가 어떻게?"

"하하, 아마 너희들도 한 번쯤은 이름을 들어 봤을 거야. 이 소녀가 바로 잔 다르크거든."

"아, 잔 다르크! 저도 들어 봤어요. 프랑스를 구한 소녀 영웅이잖아요."

아는 이름에 허영심이 반가워했다.

"샤를 7세는 지푸라기라도 잡는 심정으로 잔 다르크에게 군대를 맡겼어. 그런데 이게 웬걸? 잔 다르크가 이끄는 프랑스군이 기적 같은 승리를 거두기 시작한 거야. 잔 다르크는 하얀 갑옷을 입고 언제나 선두에서 프랑스군을 이끌었어. 승리가 계속되자 프랑스군은 하느님이 자기들 편이라는 생각에 사기가 오를 대로 올랐지."

"정말 하느님이 프랑스를 도왔던 건가요?"

"글쎄다. 아무튼 프랑스군은 기세를 몰아 수도 파리를 되찾았어. 영

↑ **흑태자 에드워드**
에드워드는 백년 전쟁 초기에 큰 활약을 펼친 영국의 왕자야. 항상 검은 갑옷을 입어서 흑태자라는 별명이 붙었대.

↑ **랭스를 점령한 잔 다르크** 파리 북동쪽에 위치한 랭스는 대대로 프랑스 국왕의 대관식이 열리는 도시였어. 잔 다르크가 이 도시를 되찾은 덕택에 샤를 7세는 대관식을 올리고 정식으로 왕위에 오를 수 있었지.

국군을 몰아붙여 아키텐을 비롯해 그동안 영국이 점령하고 있던 모든 프랑스 땅을 되찾았고, 1453년에는 영국군을 프랑스 땅에서 완전히 몰아냈단다. 116년간 지루하게 이어졌던 전쟁이 마침내 프랑스의 승리로 끝난 거야."

"이야, 샤를 7세는 잔 다르크에게 큰 상을 줘야겠어요."

"안타깝게도 그렇게 되지 않았어. 잔 다르크는 전투에 참가한 지 2년 만에 영국군에 붙잡혀 처형당했거든. 하지만 프랑스인들은 오늘날까지도 잔 다르크를 백년 전쟁의 최고 영웅으로 기억하고 있단다."

"정말요? 너무 안됐네요."

아이들은 안타까운 듯 입술을 깨물었다.

"자, 이렇게 백년 전쟁이 끝나자 프랑스에는 많은 변화가 일어났

↑ **샤를 7세**
(1403년~1461년) 백년 전쟁을 승리로 이끈 프랑스 왕.

어. 제일 중요한 것은 왕권이 강해졌다는 거야. 기나긴 전쟁 동안 수많은 귀족과 기사들이 사망하는 바람에 왕과 정면으로 맞서던 귀족들이 힘을 많이 잃었거든. 또 전쟁 중에 영주가 전사해 주인이 없어진 땅은 모두 왕의 차지가 되었어. 그래서 예전과는 비교할 수 없을 만큼 넉넉한 재정을 갖추게 되었단다. 프랑스 왕은 넉넉해진 재정을 바탕으로 용병을 고용해 전시에 대비한 강력한 군대를 갖추었어."

"상비군을 말씀하는 거예요?"

"응, 그렇단다. 이전까지는 전쟁을 할 때마다 기사들을 소집해 군대를 조직했어. 당연히 속도도 느리고 효율도 떨어졌지. 그런데 이젠 왕의 명령만 떨어지면 언제라도 출동할 수 있는 군대를 갖추게 된 거야. 상비군은 총과 대포 같은 신무기로 무장했어. 중세의 꽃이라고 할 수 있는 기사들이 설 자리는 더욱 좁아졌지."

"역시 시대가 변하고 있는 거군요."

"게다가 또 한 가지 중요한 변화가 나타났어. 프랑스 사람들 사이에 '나는 프랑스 사람이다.'라는 생각이 자리 잡게 된 거야."

"네? 그거야 너무 당연한 거 아니에요? 프랑스 사람이 프랑스 사람이지 어디 사람이겠어요?"

곽두기가 의아한 듯 물었다.

"지금과 달리 유럽 사람들은 왕이 아니라 영주의 지배를 받고 살았잖니. 그래서 프랑스라는 나라보다는 자신이 속한 영지, 프랑스 왕보다 자신의 영주에게 소속감과 충성심을 가졌지. 예컨대 '나는 부르고뉴 사람', '나는 플랑드르 사람' 이런 식이었어. 그런데

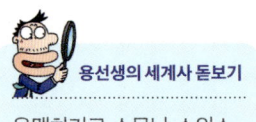

용선생의 세계사 돋보기

용맹하기로 소문난 스위스 용병, 제노바와 같은 이탈리아 도시 국가의 용병을 주로 고용했다고 해.

100년 넘게 영국과 싸우면서 '우리는 모두 프랑스 사람'이라는 의식이 자리 잡게 된 거야. 이때부터 프랑스 사람들은 자신을 프랑스 국민으로 여기고, 프랑스 왕을 중심으로 똘똘 뭉쳤지. 그럴수록 프랑스 왕권은 더욱 강해졌고."

"백년 전쟁이 많은 것을 바꿔 놓았군요."

> **용선생의 핵심 정리**
>
> 영국과 프랑스 왕실의 갈등이 폭발해 백년 전쟁이 시작됨. 초반에는 영국이 앞서 나갔으나 잔 다르크 등의 활약으로 결국 프랑스가 승리함. 전쟁의 결과 프랑스 왕권이 크게 강화됨.

백년 전쟁의 패배와 장미 전쟁의 혼란을 딛고 일어선 영국

"선생님, 그럼 영국은 어떻게 됐어요?"
"전쟁에서 졌으니까 분명히 엄청나게 큰 혼란이 벌어졌겠죠?"
아이들의 질문에 용선생은 고개를 끄덕였다.
"맞아. 전쟁이 끝나갈 무렵부터 귀족 간에 권력 다툼이 이미 시작되었지. 프랑스와 전쟁이 끝나자 왕위 계승권을 가진 랭커스터 가문과 요크 가문 사이에 국왕 자리를 놓고 다시 30년 가까이 내전이 벌어졌단다. 이 전쟁이 장미 전쟁이야."
"어머, 전쟁치고는 이름이 너무 예쁜데요."
허영심이 눈을 반짝거렸다.

> **왕수재의 지리 사전**
>
> **랭커스터** 영국 중서부 랭커셔주의 도시. 중세 영국 해상 교역의 주요 항구 중 하나였어.
>
> **요크** 영국 중부 노스 요크셔주의 도시. 로마 시대에 주요 군사 도시였고, 중세에 영국 남북을 오가는 육상 교역의 중심지 중 하나였어.

유럽 곳곳에서 국가가 탄생하고 왕권이 강화되다 **025**

↑ **에드워드 3세** 장미 전쟁은 백년 전쟁을 일으킨 에드워드 3세의 후손들이 영국의 왕위를 놓고 벌인 내전이야.

↑ **헨리 튜더** 장미 전쟁의 최종 승자. 헨리 7세로 즉위해 튜더 왕조를 열었단다.

"랭커스터는 붉은 장미, 요크는 하얀 장미를 가문의 문장으로 썼기 때문에 장미 전쟁이란 이름이 붙은 거야. 이름뿐 아니라 싸우는 방식도 특이했어. 평민이 아닌 주로 용병을 동원해 전쟁을 치렀거든. 또 전쟁 물자를 마련하기 위해 농가를 약탈하는 일도 거의 없었어. 그래서 30년 동안 영국 곳곳에서 싸움이 벌어졌지만 평민들은 큰 피해 없이 농사를 지으며 평소처럼 생활할 수 있었지."

"후유, 그나마 다행이었네요."

"그렇지? 반면에 귀족끼리는 몹시 잔인했어. 원래 중세 유럽의 전쟁에서 귀족들은 포로로 잡아도 몸값을 받고 풀어 주는 게 보통이었는데, 장미 전쟁 때는 그냥 죽여 버렸단다. 살려 두었다가는 혹시라도 훗날 경쟁자가 될 수 있었기 때문이야. 그 바람에 장미 전쟁이 끝난 뒤에 영국에서 살아남은 귀족의 수는 전쟁 전의 3분의 1에 불과했대. 얼마나 많은 귀족들이 목숨을 잃었는지 알겠지?"

"그렇군요. 그래서 어느 가문이 이겼어요?"

"랭커스터 가문이 이겼어. 랭커스터 가문의 헨리 튜더가 왕위에 올랐거든. 하지만 헨리 튜더는 왕위에 오르자마자 요크 가문의 엘리자베스와 결혼해 두 가문의 화해를 이끌었단다. 이 결혼으로 기나긴 장미 전쟁의 늪에서 벗어나 튜더 왕조 시대가 시작되었어."

"원수처럼 싸우더니 결국 화해했네요."

↑ 랭커스터 가문의 문장인 빨간 장미   ↑ 요크 가문의 문장인 흰 장미   ↑ 두 장미를 합친 튜더 가문의 문장

"그렇단다. 게다가 튜더 왕조의 왕은 이전 왕들보다 훨씬 강한 권력을 가지게 되었어. 전쟁 과정에서 왕에게 대적할 만한 귀족이 사라져 버렸거든. 결국 장미 전쟁의 결과 영국에서도 왕권이 강해지게 된 거야."

"근데 왕권만 강해지면 뭐 해요? 프랑스에 있던 땅을 다 잃었으니 손해가 어마어마한데?"

"그것도 길게 보면 꼭 손해라고만 볼 수는 없었어. 그 덕분에 영국은 유럽 대륙이 전쟁으로 극심한 혼란을 겪을 때도 거기에 휘말리지 않고 한 발짝 떨어져 차분히 국력을 기를 수 있었거든. 또 이때부터 영국 왕은 자신을 프랑스 왕의 신하가 아니라 영국의 왕으로 자각하기 시작했어. 영국의 왕족과 귀족들이 프랑스어 대신 영어를 사용하기 시작한 것도 이때부터였지."

곽두기의 국어 사전

자각 스스로 자(自) 깨달을 각(覺). 현실을 판단해서 자기 입장이나 처지를 스스로 깨닫는 것을 가리켜.

"그럼 여태껏 영국 왕이 영어가 아니라 프랑스어를 썼단 말이에요?"

"그랬지. 영국의 왕과 귀족은 대부분 프랑스 출신이었어. 그래서 결혼도 프랑스 귀족들과 했고, 영국보다 프랑스에 머무는 시간이 많았단다. 영국은 그저 자신들의 영지일 뿐이었지. 그런데 백년 전쟁이 끝난 후에는 자신들을 영국의 왕, 영국의 귀족이라고 스스로 생각하며 자연스럽게 프랑스의 영향력에서 벗어난 거야. 말하자면, 백년 전쟁을 계기로 영국만의 문화와 역사가 시작됐다고 볼 수 있지."

"그러니까 비록 백년 전쟁에서는 패했지만 이때부터 프랑스에서 벗어나 영국이 갈 길을 가게 됐다, 이 말씀이군요?"

나선애의 정리에 용선생은 고개를 끄덕였다.

"그래, 그런 셈이지. 자, 이와 비슷한 시기에 프랑스의 남쪽 이베리아반도에서도 오랜 투쟁 끝에 한 나라가 탄생하고 있었단다. 바로 에스파냐, 혹은 스페인이라고 부르는 나라야."

용선생의 세계사 돋보기

영어로는 스페인, 에스파냐어로는 에스파냐라고 해. 교과서에서는 현지어에 가깝게 '에스파냐'라고 쓴단다.

용선생의 핵심 정리

백년 전쟁 이후 영국에서는 왕위 계승권을 두고 귀족 간의 내전인 장미 전쟁이 벌어짐. 전쟁의 결과 튜더 왕조가 들어서고 왕권이 강화됨. 또 프랑스와 분리되어 영국만의 역사가 본격적으로 시작됨.

이슬람 세력을 몰아내며 탄생한 에스파냐

"어? 이베리아반도는 이슬람이 차지하고 있었던 거 아니에요?"

"맞아. 이베리아반도는 700년대 이후로 이슬람 세력이 차지하고 있었어. 로마 제국 시대부터 이곳을 터전으로 살아왔던 크리스트교 세력은 반도의 북서부 산악 지대로 들어가 이슬람 세력에 맞서 싸웠지. 크리스트교 세력은 이슬람 세력이 내분으로 분열된 틈을 타서 서서히 옛 땅을 되찾으며 남쪽으로 세력을 넓혀 나갔단다. 이렇게 크리

↑ **아스투리아스의 라스트레스 마을** 크리스트교 세력은 이베리아반도 북서부 산악 지대의 험한 지형을 이용해 이슬람 세력에 맞서 싸웠어.

스트교 세력이 이슬람 세력을 몰아내고 이베리아반도를 되찾아 가기 위해 진행한 전쟁을 레콩키스타라고 불러."

"레콩키스타가 무슨 뜻이에요?"

"에스파냐어로 '재정복'이라는 뜻이야. 이슬람에 빼앗긴 옛 영토를 되찾기 위한 전쟁이란 의미지. 레콩키스타를 이끄는 크리스트교 세력은 가진 땅도 작고 인구도 적었지만 정말 치열하고 끈질기게 싸웠단다. 이들의 열정에 감동받아 교황과 유럽의 왕들이 이들을 지원했고, 많은 기사들도 직접 전쟁에 참여해 함께 싸우기도 했어."

"그럼 여기서도 수백 년 동안 전쟁을 한 거예요? 으~아, 지겨워."

"그래. 거의 800년에 걸친 전쟁이었어. 처음에는 이슬람 세력이 절대적으로 우세했지만 시간이 흐를수록 크리스트교 세력이 우세해졌지. 1160년쯤에는 이베리아반도의 절반 정도가 크리스트교 세력에 넘어왔고, 이곳에 4개의 크리스트교 왕국이 들어섰단다. 1400년대

용선생의 세계사 돋보기

레콩키스타는 게르만족이 세운 서고트 왕국이 이슬람 세력에 밀려 멸망한 711년부터 시작되었단다. 그리고 1492년, 에스파냐 왕국이 이슬람 세력의 마지막 근거지였던 그라나다를 함락하며 마무리되었지.

중반이 되면 이베리아반도 남단을 제외한 전 지역이 크리스트교 세력의 손으로 넘어가게 돼. 그리고 크리스트교 왕국들도 카스티야와 아라곤, 포르투갈이라는 세 나라로 정리가 되지. 1469년에는 아라곤 왕국의 페르난도 2세와 카스티야 왕국의 이사벨 여왕이 결혼함으로써 카스티야와 아라곤이 하나의 나라로 합쳐졌어."

"결혼으로 두 나라가 합쳐졌다고요?"

"그렇단다. 결혼으로 페르난도와 이사벨이 두 나라의 공동 통치자가 되었어. 이렇게 카스티야와 아라곤이 연합해 우리가 아는 에스파냐 왕국이 탄생했단다. 그런데 이때 아라곤의 페르난도 2세는 이탈리아 반도 남부에 있는 나폴리 왕국의 왕도 겸하고 있었어. 말하자면 에스파냐 왕국은 삽시간에 이베리아반도와 지중해 서부를 아우르는 강대국으로 떠오른 거지."

용선생의 세계사 돋보기

이탈리아 남부에 위치한 나폴리 왕국은 신성 로마 제국과 프랑스의 지배를 차례로 받다가 1442년부터 아라곤 국왕의 통치를 받았어. 그러다 아라곤과 카스티야가 에스파냐로 합쳐지며 자연스레 에스파냐의 영토가 되었고, 1700년대까지 에스파냐의 지배를 받게 돼.

→ 레콩키스타의 진행 과정

산티아고 순례길과 레콩키스타

800년대, 이베리아반도 북서부 갈리시아 지방에서 한 수도승이 예수 그리스도의 열두 제자 중 한 명인 야고보의 무덤을 발견했대. 이 소문이 퍼지자 유럽 각지에서 순례자들이 몰려들었고, 야고보의 무덤은 금세 예루살렘에 버금가는 크리스트교의 성지가 되었지.

힘겹게 레콩키스타를 벌이던 이베리아반도의 크리스트교도들에게 이 사건은 참으로 큰 힘이 되었어. 성지를 지키겠다며 수많은 기사들이 자진해서 몰려와 레콩키스타에 참가해 목숨을 걸고 이슬람 세력과 싸웠기 때문이지. 영국의 사자왕 리처드 1세도 레콩키스타에 참가해 싸운 적이 있었어.

지금도 해마다 수많은 사람들이 야고보의 무덤 위에 건설된 산티아고 대성당을 종착지로 삼아 마치 중세 시대 순례자처럼 도보 여행에 나서고 있어. 프랑스에서 출발해 피레네산맥을 넘어 산티아고 데 콤포스텔라까지 이어지는 약 800킬로미터나 되는 길이지. 이 길이 바로 유명한 산티아고 순례길이야. 산티아고 순례길은 우리나라 제주도 '올레길'의 모델이기도 해.

▲ 산티아고 순례길

▶ 산티아고 순례길의 이정표
야고보의 조개라고 불리는 가리비 조개는 산티아고 순례길의 상징이야.

▲ 산티아고 순례길

↑ **알람브라 궁전** 이슬람 지배 시기에 그라나다에 건설된 궁전이야. 아름답기로 소문나서 많은 관광객이 찾고 있지.

유럽 최고의 이슬람 건축물, 알람브라 궁전

왕수재의 지리 사전

그라나다 에스파냐 남부 안달루시아 지방에 위치한 그라나다주의 주도야. 이슬람 세력의 이베리아반도에서의 마지막 근거지였어.

용선생의 세계사 돋보기

유대인들은 고대 로마 제국 시절 이스라엘에서 쫓겨나 세계 곳곳에 흩어져 있었어.

"아하, 에스파냐가 결혼으로 탄생한 나라였군요?"

"응. 에스파냐는 1492년, 이슬람의 마지막 보루였던 그라나다를 함락하며 레콩키스타를 마무리 지었단다. 그런데 레콩키스타가 마무리된 뒤 이베리아반도의 이슬람교도와 유대인은 모진 탄압을 받게 된단다."

"전쟁에서 이겼으면 됐지, 모진 탄압이라니요?"

"페르난도 2세와 이사벨 여왕은 에스파냐를 완벽한 크리스트교 국가로 만들겠다는 사명감에 불탔어. 그래서 수백 년 동안 에스파냐에서 살아왔던 이슬람교도와 유대인들의 재산을 몽땅 빼앗고 모두 추방해

버렸어. 물론 개종을 하면 추방을 피할 수 있었지만, 혹시라도 거짓으로 개종한 것이 알려지면 종교 재판에 끌려가 사형을 당했단다."

"종교가 다르다는 이유만으로 수백 년 동안 살아온 땅에서 쫓겨나고 재산까지 빼앗기다니, 정말 너무해."

허영심이 자기 일처럼 목소리를 높였다.

"이렇게 해서 에스파냐 왕실은 유대인과 이슬람교도로부터 막대한 재산을 빼앗았어. 여기에 레콩키스타로 단련된 막강한 군대까지 갖추고 있었지. 넓은 영토, 탄탄한 재정, 막강한 군사력까지 갖추었으니 주변 국가들은 바싹 긴장할 수밖에 없었어. 특히 가까이에 있는 프랑스엔 막강한 라이벌이 등장한 셈이었지."

"간신히 영국을 밀어냈는데 또 다른 라이벌이 생겼군요."

 용선생의 세계사 돋보기

1200년대부터 아라곤 왕국에서 교리를 달리하는 이단을 심판하기 위해 종교 재판이 열렸어. 하지만 이때 에스파냐의 종교 재판은 거짓 개종한 이슬람교 신자와 유대인을 색출하기 위한 재판이었어. 한편으로는 돈이 많은 유대인과 이슬람 상인을 이단으로 몰아 재산을 뺏으려는 의도도 숨어 있었지. 종교 개혁이 일어난 뒤 에스파냐의 종교 재판은 신교 탄압에도 이용됐단다.

유럽 곳곳에서 국가가 탄생하고 왕권이 강화되다 **033**

"그래. 그런데 프랑스에게는 에스파냐보다 더 거대한 경쟁자가 나타나게 된단다. 바로 합스부르크 가문이었어."

> **용선생의 핵심 정리**
>
> 이베리아반도에서는 약 800년에 걸친 레콩키스타 끝에 에스파냐 왕국이 탄생함. 에스파냐 왕국은 유대인과 이슬람교도를 추방하며 유럽의 강국으로 부상함.

결혼으로 힘을 키운 합스부르크 가문

"가문? 어떻게 고작 가문 하나가 프랑스의 라이벌이 돼요?"

나선애가 이해가 안 간다는 듯 고개를 갸웃거렸다.

"그건 합스부르크 가문이 유럽의 여러 강대국을 손아귀에 넣었기 때문이야."

"가문 하나가 유럽을 정복하기라도 했다는 말씀인가요?"

"그렇단다. 다만 방법이 독특했어. 합스부르크 가문은 피 한 방울 흘리지 않고 오로지 결혼을 통해 유럽을 정복하거든."

"아니, 그게 무슨 말씀이시죠? 결혼으로 유럽을 정복하다니요."

용선생의 대답에 아이들이 휘둥그레 눈을 떴다.

"자, 지난 시간에 신성 로마 제국에서 20년 동안의 대공위 시대가 끝난 뒤 유력한 몇몇 제후가 모여 황제를 새로 뽑았다고 한 거 기억하니?"

"네. 일부러 별 볼 일 없는 사람을 새 황제로 뽑았다

↓ **루돌프 1세** 합스부르크 가문 출신의 첫 번째 신성 로마 제국 황제야.

고 하셨어요."

"그래. 이때 선제후들은 합스부르크 가문의 루돌프 1세를 새 황제로 선출했어. 합스부르크 가문은 지금의 스위스와 오스트리아 국경 근처의 알프스 산골짜기에 자리 잡은 그저 그런 귀족 가문이었지. 루돌프 1세가 황제로 선출될 수 있었던 이유는 이렇게 보잘것없는 지방 귀족이었기 때문이란다. 하지만 합스부르크 가문은 이때부터 300년 넘게 신성 로마 제국의 황제 자리를 이어 가며 유럽 최고의 귀족 가문으로 부상하게 돼."

"힘없는 귀족이 어떻게 갑자기 그럴 수 있었죠?"

"루돌프 1세는 먼저 가문의 근거지를 교통의 요지인 오스트리아로 옮겼어. 그리고 딸 네 명을 유럽의 여러 힘 있는 귀족이나 왕가로 시

나선애의 세계사 사전

선제후 신성 로마 제국 황제 선거권을 가진 제후들. 마인츠, 트리어, 쾰른의 대주교, 라인 궁중백, 작센 공작, 브란덴부르크 변경백, 보헤미아 왕이 선제후인데, 시대에 따라 구성이 조금씩 변하기도 해.

왕수재의 지리 사전

오스트리아 독일의 남동부에 있는 오스트리아 지역은 동쪽으로 헝가리 평원, 북쪽으로 보헤미아 평원에 접근할 수 있는 교통의 요지야.

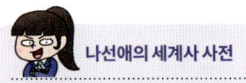

나선애의 세계사 사전

정략결혼 집안의 어른이나 아버지가 자기 이익을 위하여 결혼 당사자의 뜻과 상관없이 시키는 결혼을 가리켜. 두 나라의 왕자와 공주가 결혼하여 동맹을 맺기도 하지.

집을 보내 사돈 관계를 맺었지. 정략결혼을 통해 자신의 편이 되어 줄 든든한 버팀목을 마련한 거야. 이후 합스부르크 가문은 꾸준히 정략결혼을 해 나갔어. 그러다가 거대한 영지를 가진 대귀족의 딸이나 여왕에게서 상속을 통해 영지와 나라를 고스란히 넘겨받는 경우가 생겼지. 프랑스의 부르고뉴 공작령과 플랑드르 지방, 아까 설명한 유럽의 신생 강국 에스파냐 왕국이 이런 식으로 합스부르크 가문에 넘어왔단다."

"에스파냐 왕국까지요?"

"응. 이런 식으로 1500년대 중반에 접어들자 합스부르크 가문은 전 유럽에서 가장 넓은 영지를 다스리는 가문이 되었어. 합스부르크 가문은 선제후를 협박하거나 설득해 자기편으로 만든 뒤, 신성 로마 제국의 황제 자리를 대대로 독점했단다. 자, 이게 바로 1500년대 중반 합스부르크 가문이 차지한 영지들이야. 전부 피 한 방울 흘리지 않고

➜ 합스부르크 가문의 전성기 영지

손에 넣은 땅이지."

용선생이 지도 한 장을 펼쳐 보였다.

"우아, 어마어마하다. 피 한 방울 흘리지 않고 저 넓은 땅을 다 손에 넣다니."

"합스부르크 가문의 전성기는 카를 5세 황제 때였어. 카를 5세는 신성 로마 제국 황제와 오스트리아 대공, 에스파냐와 나폴리의 국왕, 부르고뉴 공작을 겸했지. 그 밖에도 자잘한 작위가 무려 수십 가지가 넘었단다."

"그럼 프랑스는 꼼짝도 못 했겠는데요?"

"하하. 꼭 그렇지는 않았어. 합스부르크 가문은 거대한 영토만큼 막강한 힘을 발휘하지는 못했거든. 결혼을 통해 여러 왕위를 물려받아 덩치만 컸을 뿐이었어. 나라마다 고분고분하지 않은 귀족들도 많았

장하다의 인물 사전

카를 5세 합스부르크 가문의 최전성기를 이끈 왕. 에스파냐어로는 카를로스라고 해. 에스파냐의 왕(카를로스 1세, 재위 1516년~1556년)이자 신성 로마 제국 황제(카를 5세, 재위 1519년~1556년)였어.

↑ 카를 5세
(1500년~1556년)

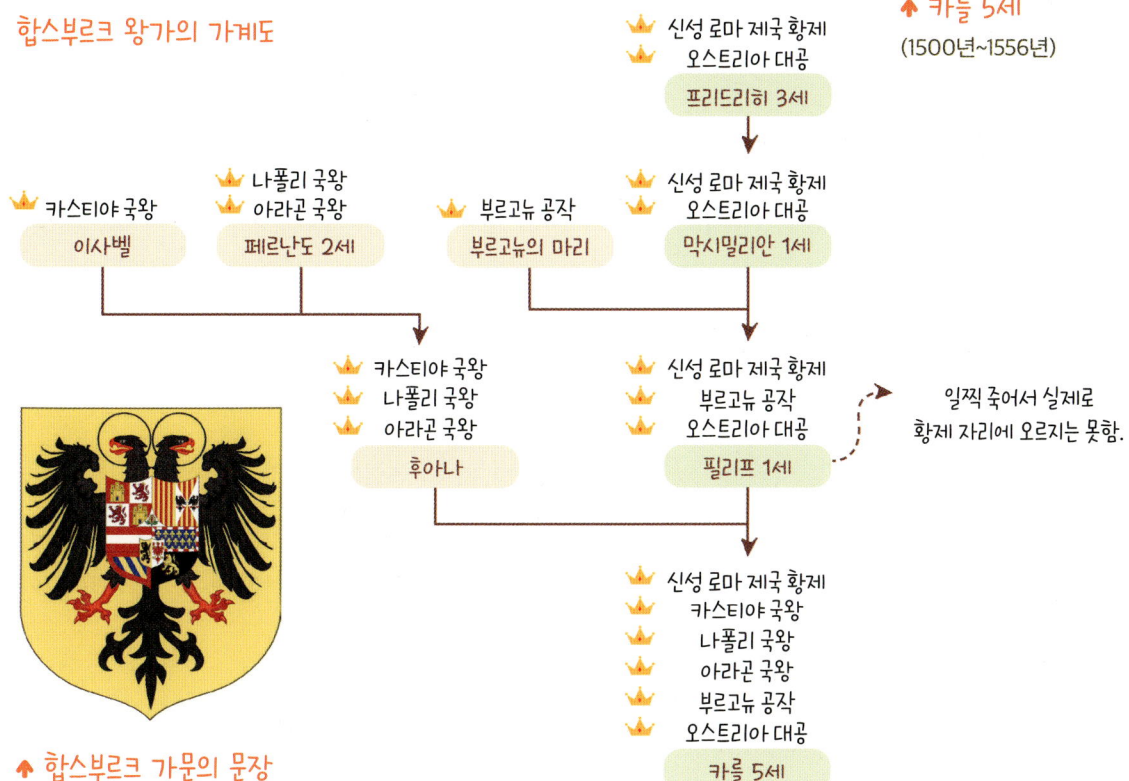

합스부르크 왕가의 가계도

↑ 합스부르크 가문의 문장

037

고 반란도 잦았지. 그래서 합스부르크 가문을 상대로 훨씬 덩치가 작은 프랑스가 수백 년 동안 치열한 라이벌 경쟁을 펼칠 수 있었단다."

용선생의 핵심 정리

합스부르크 가문은 루돌프 1세가 신성 로마 제국의 황제로 선출된 이후 꾸준한 정략결혼을 통해 유럽의 최고 귀족 가문으로 성장함. 가문의 전성기를 이끈 카를 5세는 유럽의 수많은 왕위와 영지를 차지함.

러시아에 전제 군주 차르가 등장하다

"이번에는 좀 더 동쪽으로 가 보자. 이 무렵 250년 넘게 몽골 제국의 지배를 받고 있던 러시아가 독립을 하려고 꿈틀거렸어."

"아, 맞다! 몽골군이 러시아까지 정복했었죠."

"그래, 잘 기억하고 있구나. 여기서 러시아의 역사를 간단히 훑어보고 갈까? 러시아의 역사는 바이킹이 한창 활동하던 800년대로 거슬러 올라가. 바이킹 중에 발트해와 흑해로 흘러드는 유럽 북동부의 강들을 무대로 교역과 약탈을 병행하는 사람들이 있었는데 이들을 '루스'라고 불렀어. 루스는 강을 따라 내륙 깊숙한 곳까지 들어가 무역 거점들을 건설했지. 이 거점들이 도시로 발전해 훗날 러시아의 기반이 된단다. 그 가운데 대장 노릇을 했던 도시가 바로 오늘날 우크라이나의 수도인 키이우야. 러시아어로는 키예프라고 하지. 드네프르강 중류에 자리 잡은 키예프는 발트해와 흑해를 잇는 교역 거점으로 빠르게 성장했고, 러시아의 다른 도시들에 큰 영향력을 발휘했어. 키

용선생의 세계사 돋보기

바이킹 중에서도 동유럽 내륙 지역에 정착한 사람들을 루스라고 불렀어. 러시아란 말이 여기서 나왔단다.

왕수재의 지리 사전

드네프르강 발트해와 모스크바 사이의 구릉지에서 시작되어 오늘날 러시아 연방, 벨로루시, 우크라이나를 지나 흑해로 흘러들어.

038

예프의 지배자를 특별히 대공이라고 부른 것도 그 때문이야. 키예프 대공국은 비잔티움 제국과 동맹을 맺고 비잔티움 제국의 선진 문물을 받아들였지."

"어떻게 비잔티움 제국과 동맹을 맺었죠?"

"두 나라를 이어 준 것은 종교였어. 외적의 침략에 시달리던 비잔티움 제국은 키예프를 자기편으로 만들려고 애썼지. 그 방법으로 택한 것이 키예프에 그리스 정교를 전파하는 거였어. 비잔티움 제국은 이를 위해 키예프 대공국에 수도승을 파견했고, 키예프의 지배자인 블라디미르 대공에게 황제의 여동생을 시집보내기도 했지. 키예프 대공으로서도 강대국인 비잔티움 제국과의 동맹을 마다할 이유가 없었어. 그리하여 키예프 대공국은 비잔티움 제국과의 동맹을 통해 번영을 누렸단다."

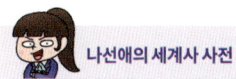

나선애의 세계사 사전

대공 서유럽에서는 공작 중에서 세력이 강한 공작을 가리키는 말이지만, 러시아를 비롯한 동유럽에서는 '왕'과 비슷한 뜻으로 쓰였어.

↓ **우크라이나를 가로질러 흐르는 드네프르강** 왼쪽에 보이는 도시가 바로 키예프야.

키릴 문자	로마자
Корея	Korea

↑ **키릴 문자와 로마자로 쓴 Korea**
키릴 문자는 글자가 없는 러시아인들에게 크리스트교를 전파하기 위해 그리스 알파벳을 변형해 만들었다고 해.

"누이 좋고 매부 좋고~네요."

곽두기가 웃으며 말했다.

"키예프의 영향권에 있는 러시아의 다른 도시들도 앞서거니 뒤서거니 그리스 정교를 받아들여 비잔티움 제국과 긴밀한 관계를 맺었어. 이 과정에서 비잔티움에서 파견한 수도승이 그리스 알파벳을 고쳐 새로운 문자를 만들어 보급했지. 바로 현재까지도 러시아어 표기에 널리 쓰이는 키릴 문자란다."

용선생은 잠시 아이들에게 키릴 문자를 보여 주고는 설명을 이어 갔다.

"1200년대 초 한동안 안정을 누리던 키예프 대공국에 먹구름이 몰려왔어. 러시아 초원에 몽골군이 들이닥친 거야. 키예프를 비롯해 수백 년의 역사를 자랑하던 도시들이 순식간에 폐허로 변했고, 수많은 사람들이 목숨을 잃었지. 몽골군은 주치 울루스를 세우고, 이때부터 250년 동안이나 러시아를 지배하게 돼. 바로 러시아인들이 '타타르의 멍에'라고 부르는 시기지. 타타르의 억압에 짓눌렸던 시기라는 뜻이야. 지금도 러시아인들은 이때를 러시아 역사상 가장 치욕스러웠던 시기로 여기고 있어."

곽두기의 국어 사전

멍에 소나 말 등의 가축이 쟁기를 끌 수 있도록 등에 얹는 구부러진 막대야. 쉽게 벗어날 수 없는 구속이나 억압을 비유하는 말로 쓰여.

↑ 러시아에서 세금을 받아 가는 몽골 관리

"어라? 왜 몽골이 아니라 타타르죠?"

"러시아 사람들은 유라시아 초원의 유목민을 일일이 구분하지 않고 모두 타타르라고 불렀거든. 그래서 몽골도 타타르라고 부른 거지."

"그렇구나……. 근데 그 시기에 무슨 일이 있었길래요?"

040

▶ 모스크바강
러시아 수도 모스크바를 흐르는 강. 강의 지류가 도시 곳곳에 퍼져 있어서 일찍부터 운하가 발달했어.

"주치 울루스의 칸은 러시아 여러 도시의 지배자들을 불러 모아 놓고 충성 맹세를 받았어. 맹세를 거부하면 군대를 이끌고 득달같이 쳐들어가 살육과 파괴, 약탈을 일삼았지. 반면에 칸에게 잘 보인 지배자에게는 칸을 대신해 주변의 다른 도시들로부터 세금을 거둬들이는 권한을 맡기기도 했어."

"몽골의 눈치를 보며 벌벌 떨고 살아야 했군요."

"그렇단다. 키예프가 몽골의 기세에 눌려 있는 동안, 좀 더 북쪽에 위치한 모스크바라는 도시가 커지기 시작했어."

"모스크바라면 지금 러시아의 수도 아닌가요?"

"맞아. 키예프 대공국의 전성기에 모스크바는 한적한 시골 마을에 불과했어. 하지만 몽골의 지배를 거치며 키예프의 뒤를 잇는 러시아의 중심 도시로 떠오르기 시작했지. 주변에 여러 개의 강이 흐르고 있어서 물길을 이용하기에 유리한 도시였거든. 또 주치 울루스의 칸이 있는 곳과 멀리 떨어져 있었기 때문에 몽골군의 위협으로부터 비

유럽 곳곳에서 국가가 탄생하고 왕권이 강화되다 **041**

▶ 모스크바 대공국의 성장

교적 안전했지. 모스크바의 대공 이반 1세는 몽골 칸에게 복종하며 실리를 챙기고 조용히 세력을 키웠지."

"그러니까 말이 좋아 실리를 챙겼다고 하는 거지 사실상 몽골의 앞잡이 노릇을 하면서 성장했다는 뜻 아닌가요?"

나선애의 물음에 용선생이 뒤통수를 긁적였다.

"말하자면 그렇지. 이반 1세는 칸에게 철저히 복종했고, 덕분에 주변 공국들로부터 세금을 거둘 권한을 얻었지. 이반 1세는 이렇게 거둔 세금 일부를 중간에서 슬쩍하는 방식으로 부를 쌓았어. 그러고는 그 돈으로 영지를 구입하는 등 영토 확장에 열을 올렸지. 또 영주들에게 돈을 빌려준 뒤 기한 내에 갚지 못하면 영지를 통째로 꿀꺽하

기도 했어. 어찌나 영토 확장에 열을 올렸는지, '러시아 영토 수집가'라는 별명이 붙을 정도였단다."

"몽골에 빌붙어서 자기 잇속만 챙기다니 정말 얄미운데요."

"하지만 이렇게 힘을 기른 모스크바 대공국은 러시아의 여러 공국들이 몽골로부터 독립하는 과정에서 주도적인 역할을 한단다."

"둘이 한통속인데 독립이라니요?"

"그거야 몽골 제국이 강할 때 얘기지. 이반 1세의 손자인 이반 3세 때에 이르면 몽골 제국은 이미 무너졌고, 러시아를 지배하던 주치 울루스도 쇠퇴하고 있었거든. 이반 3세는 러시아의 다른 공국들과 힘을 합쳐 반란을 일으켰어. 1480년, 반란을 진압하러 온 몽골군을 물리치고 독립에 성공한단다."

"휴~ 이제야 몽골의 기나긴 지배에서 벗어났군요."

허영심이 한숨을 내쉬었다.

"몽골의 지배에서 벗어난 이반 3세는 모스크바를 '제3의 로마'라고 선언했어. 제2의 로마인 콘스탄티노폴리스에 이어 모스크바가 로마를 계승한다는 거였지."

"로마요? 갑자기 웬 로마요?"

"그럴 만한 일이 있었단다. 1453년에 비잔티움 제국은 오스만 제국에 멸망했어. 즉, 서로마에 이어 두 번째로 로마 제국이 멸망한 거야. 이반 3세는 대표적인 정교회 국가인 비잔티움 제국이 멸망했으니, 이제 모스크바 대공국이 정교회의 수장이 되겠다는 포부를 가졌지. 그래서 비잔티움 제국 마지막 황제의 조카인 소피아를 모셔 와 왕비로 삼았어. 그리고 모스크바 대공국이 비잔티움 제국의 정통을 잇는 제3의 로마

▲ **쌍두 독수리**
러시아의 상징인 쌍두 독수리. 독수리는 원래 로마 제국의 상징이었어.

유럽 곳곳에서 국가가 탄생하고 왕권이 강화되다 **043**

라고 선언한 거야."

"아직도 로마 타령이라니, 로마 제국이 참 대단하긴 대단했나 봐요."

"그럼. 유럽에서 로마란 이름은 여전히 정통성의 상징이었어. 모스크바 대공국은 로마의 상징인 독수리 문장을 자신들의 상징으로 삼고, 대공 대신 로마 황제를 뜻하는 차르를 왕의 공식적인 호칭으로 채택했지. 그리고 차르는 비잔티움 황제처럼 정교회 수장을 겸했어. 이렇게 해서 모스크바 대공국은 동유럽의 정치적, 종교적 중심지로 확고한 자리를 차지하게 된단다."

"그럼 차르도 프랑스 왕처럼 막강한 권력을 갖고 있었나요?"

"아직 그러지는 못했어. 차르가 절대적인 권력을 가진 전제 군주로 자리 잡는 것은 이반 3세의 손자인 이반 4세 때의 일이었지. 이반 4세는 '폭군 이반'이라는 무시무시한 별명으로 유명해. 이반 4세

허영심의 상식 사전

차르 차르(Tzar 또는 Czar)는 로마 제국에서 황제를 뜻하는 말인 '카이사르(Caesar)'를 러시아식으로 읽은 거야.

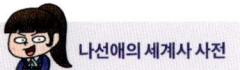

나선애의 세계사 사전

전제 군주 법이나 신하들의 의견과 상관없이 오로지 자신의 뜻대로 나라를 다스리는 왕을 말해.

▲ 이반 4세
이반 4세는 강력한 권력으로 공포 정치를 펼쳐 '폭군 이반' 혹은 '이반 뇌제'라는 별명을 가지고 있어.

는 친위대를 강화해 자신에게 대항하거나 대항할 것으로 의심되는 귀족들을 모조리 제거해 버렸어. 그리고 그 귀족들의 재산과 토지를 빼앗아 자신이 가지거나 자신에게 충성을 바치는 귀족들에게 주었지. 또 영토 팽창에도 적극적으로 나서서 카스피해 북부까지 영토를 넓혔단다. 러시아가 시베리아 개척에 처음 나선 것도 이때였어."

"시베리아요? 그 추운 데는 왜 가는데요?"

"시베리아에는 야생 동물들이 많아서, 동물들을 사냥해 질 좋은 모피를 구할 수 있었거든. 모피를 유럽에 내다 팔면 많은 돈을 벌 수 있었지. 이반 4세는 탐험가들을 지원해서 시베리아 곳곳에 추위와 굶주림, 동물들의 공격을 피할 수 있는 거점을 세우도록 했어. 그 덕에 훗날 러시아가 드넓은 시베리아를 차지할 수 있었던 거야."

"그런 큰 업적을 남겼는데 왜 폭군 취급이죠?"

곽두기가 의문스러운 표정으로 물었다.

"이반 4세가 폭군으로 불린 건 그만한 이유가 있단다. 이반 4세는 평생 귀족들이 반란을 일으키지는 않을까 불안해하며 살았어. 그 탓인지 말년에는 거의 미친 사람처럼 사람들을 죽였단다. 그것도 모자라 임신한 황태자비가 옷을 얇게 입고 다닌다는 이유로 때려서 유산을 시키기도 하고, 항의하는 황태자를 죽이기까지 했지."

"잠깐만요. 황태자라면 자기 아들 아니에요?"

왕수재의 지리 사전

시베리아 유라시아 대륙 북방 내륙 깊숙한 곳을 가리켜. 혹독한 추위 때문에 사람들이 살기는 어렵지만, 풍부한 광물 자원과 목재를 비롯한 천연자원이 풍부하고, 다양한 야생 동물이 사는 자원의 보고이기도 해.

곽두기의 국어 사전

유산 흐를 류(流) 낳을 산(産). 엄마 배 속의 아기가 정상적으로 태어나지 못하고 죽어서 나오는 것을 말해.

▲ 황태자를 끌어안은 이반 4세 홧김에 황태자를 때려죽인 뒤 스스로 놀란 이반 4세. 1800년대에 그려진 그림이야.

"그렇단다. 그것도 하나밖에 없는 아들이었지. 황태자가 이렇게 사라져 버린 탓에 이반 4세는 후계자 없이 세상을 떠났어. 그 뒤로 모스크바 대공국은 황위 계승 다툼으로 30년 가까이 내전을 겪게 된단다."

"황제가 홧김에 황태자를 죽이는 바람에 내전이 벌어지다니, 원 참."

왕수재가 고개를 절레절레 저었다.

"하지만 드넓은 영토와 풍부한 자원 덕분에 모스크바 대공국은 여전히 동유럽의 강국 자리를 지켰어. 나중에 모스크바 대공국은 나라 이름을 러시아로 바꾸고 프랑스, 영국, 에스파냐 같은 서유럽 국가들과 더불어 세계를 좌우하는 강대국으로 인정받게 된단다. 러시아 이야기는 앞으로도 여러 차례 나올 테니까 오늘 공부한 걸 잘 기억해 두렴. 알겠지?"

"네에!"

"좋아. 그럼, 오늘은 여기까지. 안녕, 얘들아!"

>  **용선생의 핵심 정리**
>
> 250년 넘게 몽골의 지배를 받던 러시아는 모스크바 대공국을 중심으로 독립을 이룸. 이반 3세는 모스크바를 제3의 로마라고 선언하였고, 손자인 이반 4세는 전제 군주 '차르'가 되어 왕권을 크게 강화함.

나선애의 정리노트

1. 백년 전쟁과 프랑스, 영국의 왕권 강화

- 영국과 프랑스 왕실의 갈등으로 **백년 전쟁** 시작
  - → 초반에는 영국이 우세했으나 **잔 다르크** 등의 활약에 힘입어 프랑스의 승리로 끝남.
  - → 전쟁의 결과 프랑스는 **왕권이 크게 강화**되고 귀족 세력은 약화됨.
- 전쟁에 패배한 영국은 **장미 전쟁**을 겪은 뒤 **튜더 왕조**가 들어서며 **왕권이 강화됨**.
  - → 프랑스의 영향력에서 벗어나 영국만의 역사가 시작됨.

2. 에스파냐 왕국의 탄생

- **레콩키스타**: 크리스트교 세력의 이베리아반도 **재정복** 전쟁
  - → 800여 년 만에 **에스파냐 왕국**의 탄생과 그라나다 함락으로 마무리
- 에스파냐 왕국은 **이슬람교도**와 **유대인**을 **추방**, 재산을 몰수하며 강대국으로 떠오름.

3. 합스부르크 왕가의 전성기

- **합스부르크 가문**: 알프스 산지의 지방 귀족 가문
  - → 꾸준한 **정략결혼**을 통해 가문의 힘을 키우고 막대한 영지를 얻음.
  - → **신성 로마 제국 황제** 자리를 **독점**하며 강대국 프랑스의 라이벌로 떠오름.

4. 모스크바 대공국의 등장

- 러시아에서는 800년대부터 **키예프 대공국**을 비롯한 여러 무역 도시들이 번성함.
  - → 비잔티움 제국을 통해 **그리스 정교**를 받아들임.
- 몽골 제국의 침략 이후 **250년** 동안 몽골의 지배를 받음.
  - → 이반 3세 시기 **모스크바 대공국**을 중심으로 독립하여 강국으로 성장
  - → 이반 4세는 **전제 군주** '차르'가 되어 왕권을 크게 강화함.

세계사 퀴즈 달인을 찾아라!

1 다음 중 백년 전쟁에 대한 설명으로 옳지 <u>않은</u> 것은? (   )

① 신무기를 내세운 영국이 초반에 우세했다.
② 영국과 프랑스 왕실의 갈등으로 발생한 일어난 전쟁이다.
③ 장궁병의 활약으로 영국이 백년 전쟁에서 승리하였다.
④ 백년 전쟁 이후 영국에서는 왕위 계승권을 두고 장미 전쟁이 벌어졌다.

2 빈칸에 공통으로 들어갈 알맞은 이름을 써 보자.

> 16세의 소녀였던 ○ ○○○는 어느 날 천사의 목소리를 들었다며 프랑스 왕을 찾아왔다. ○ ○○○는 이후 프랑스군을 이끌며 전투에서 기적 같은 승리를 일구었고, 백년 전쟁을 승리로 이끌었다.

(   )

3 다음 중 원인과 결과가 알맞게 연결 되지 <u>않은</u> 것은? (   )

① 장미 전쟁 → 튜더 왕가의 탄생
② 장미 전쟁 → 프랑스의 영향력 확대
③ 백년 전쟁 → 영주와 귀족의 권력 약화
④ 백년 전쟁 → 국왕 중심의 중앙 집권 체제 형성

4 빈칸에 들어갈 알맞은 말을 써 보자.

크리스트교 세력이 이슬람 세력을 몰아내고 이베리아반도를 재정복하려는 전쟁을 (　　　)라고 한다. 이 전쟁은 에스파냐 왕국이 이베리아반도 남부의 그라나다를 함락시키고 이슬람 세력을 모두 몰아내면서 마무리 되었다.

(　　　　　　　　　　　)

6 모스크바 대공국에 대한 설명으로 옳지 <u>않은</u> 것은? (　　)

① 서로마 교회로부터 크리스트교를 받아들였다.
② 몽골 제국에 맞서 싸운 끝에 독립에 성공했다.
③ 이반 3세는 모스크바를 제3의 로마라고 선언했다.
④ 이반 4세는 전제 군주 '차르'가 되어 왕권을 크게 강화했다.

정답은 310쪽에서 확인하세요!

5 합스부르크 가문에 대해 <u>잘못</u> 설명한 친구는? (　　)

 ① 정략결혼을 통해 넓은 땅을 획득했어.

 ② 원래 프랑스 왕실에서 제일가는 가문이었어.

 ③ 신성 로마 제국 황제 자리를 오랫동안 독점했어.

 ④ 전성기를 이끈 카를 5세는 수많은 왕위를 가지고 있었지.

049

용선생 세계사 카페

유대인은 왜 차별 대우를 받게 되었을까?

영국의 극작가 셰익스피어가 쓴 희곡 《베니스의 상인》에는 샤일록이라는 고리대금업자가 악역으로 등장해. 샤일록은 인정사정없이 오로지 돈만 밝히는 유대인으로 묘사되고 있지. 유대인을 지독한 구두쇠, 악랄한 고리대금업자로 나쁘게 묘사하는 건 셰익스피어의 작품뿐 아니라 중세 유럽의 다른 문학 작품에서도 살펴볼 수 있어. 도대체 왜 유대인들은 이런 일에 종사하며, 이런 취급을 받게 된 걸까?

유대인은 누구?

원래 유대인은 유대교를 믿으며 가나안 지역에서 살았어. 이들은 이스라엘이 멸망한 뒤 세계 곳곳으로 흩어져 2,000년 동안이나 나라 없는 민족으로 살았지. 오늘날 유대인은 현지인과 혼혈이 이루어져 다양한 외모를 갖게 되었지만, 모두 유대교를 믿는다는 공통점이 있어.

↑ 다윗의 별
여섯 모서리를 가진 다윗의 별은 유대인의 상징이야. 고대 이스라엘 왕국의 상징에서 유래했다고 해.

↑ 메노라
유대교에서 사용되는 의식용 촛대. 이 촛대 역시 유대인과 유대교의 상징으로 널리 사용되고 있어.

◀ 전통 복장을 한 유대인
전통 복장인 검은색 코트와 중절모를 쓴 유대인의 모습이야.

▼ 에티오피아의 유대인 전설에 따르면 이들은 성서에 나오는 에티오피아 여왕 시바와 이스라엘 왕 솔로몬의 후손이래.

유대인은 어디에 살까?

현재 유대인이 가장 많이 살고 있는 나라는 이스라엘로 약 630만 명의 유대인이 살고 있어. 그다음으로 미국에 약 600만 명, 프랑스에 약 48만 명이 살고 있지. 그 밖에도 캐나다, 아르헨티나, 호주, 브라질, 남아프리카 공화국에 각각 수만 명의 유대인이 살고 있대.

유대인과 디아스포라

디아스포라는 '퍼트리다', '흩뿌리다'라는 뜻의 고대 그리스어에서 나온 말이야. 주로 유대인이 고향인 가나안에서 쫓겨나 타지를 떠돌며 살아가는 것을 가리키는 단어지.

유대인은 기원전 587년 유대 왕국이 신바빌로니아에 정복당한 뒤 바빌론에 포로로 끌려가며 첫 번째 디아스포라를 겪었어. 바로 바빌론 유수였지. 바빌론 유수는 페르시아의 키루스 대왕이 유대인을 가나안으로 돌려보내며 끝났어.

➡ **이스라엘의 마사다 요새**
로마에 반란을 일으킨 유대인들이 저항했다고 전해지는 곳이야.

⬇ **〈포로들의 대이동〉**
바빌론으로 끌려가는 유대인들의 모습을 그린 그림이야.

기원후 66년 유대인들은 로마 제국을 상대로 대규모 반란을 일으켰다가 실패하고 두 번째 디아스포라를 겪게 돼. 유대인이 또다시 반란을 일으킬 것을 우려한 로마 제국은 유대인을 가나안에서 내쫓고 다시는 돌아오지 못하게 했거든. 이때부터 유대인은 유럽과 서아시아를 비롯한 세계 곳곳을 떠돌며 살아가게 되었어.

가장 최근의 디아스포라는 제2차 세계 대전 때 발생했어. 1930년대에 유럽의 유대인이 독일의 유대인 학살을 피해 바다 건너 아메리카로 대대적인 이주를 했거든. 미국에 세계에서 두 번째로 많은 유대인이 살게 된 것은 이 때문이란다.

유럽인은 유대인을 왜 싫어했을까?

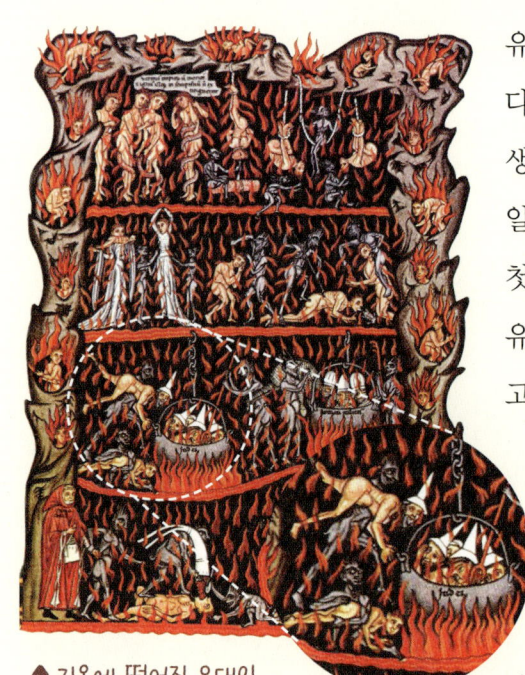

↑ 지옥에 떨어진 유대인
흰 고깔모자를 쓰고 가마솥에 들어가 있는 게 바로 유대인이란다. 중세 유럽 사람들은 유대인들이 당연히 지옥에 떨어질 거라고 생각했어.

유대인은 유럽에서 철저히 따돌림을 당했어. 마을에서 다른 사람들과 어울려 살지도 못했고, 전염병이라도 발생하면 '유대인이 전염병을 몰고 왔다'며 누명을 쓰기 일쑤였지. 도대체 왜 유대인은 이런 취급을 당했을까?

첫 번째 원인으로는 유대인의 선민사상을 들 수 있어. 유대인은 자신들이 신의 선택을 받은 특별한 민족이라고 생각했지. 유대인의 이러한 생각이 현지의 다른 민족 사람에게 곱게 보였을 리 없었어.

두 번째는 성서에 따르면 예수를 배신하고 팔아넘긴 사람들이 다름 아닌 유대인이었기 때문이야. 그래서 크리스트교를 믿는 유럽인들은 유대인을 천대하거나 박해하는 일에 큰 죄의식을 느끼지 않았단다.

유대인이 멸시받은 또 하나의 이유는 유대인이 주로 고리대금업에 종사했기 때문이야. 사실 이것은 유대인들로서는 좀 억울한 면이 있어. 왜냐하면 유대인들은 농사를 짓고 싶어도 그럴 수가 없었거든. 어떤 영주도 농사지을 땅을 내주지 않았기 때문이지. 유대인들은 어쩔 수 없이 생계를 위해 상업에 종사하게 되었고, 이렇게 모은 돈으로 남에게 돈을 빌려주고 이자를 받는 고리대금업을 시작했단다. 고리대금업은 성서에서 금지하고 있기 때문에 크리스트교를 믿는 유럽인들은 할 수 없었지. 유대인은 이 일을 독점해 큰돈을 벌었어. 하지만 이유야 어쨌든 유대인에게 빚을 진 사람들에게는 유대인이 좋게 보일 리가 없었지.

↑ 마이어 암셀 로트실트
오늘날 세계 금융계를 쥐락펴락하는 유대인 가문인 로스차일드 가문을 일으켜 세운 인물이야. 원래는 독일 프랑크푸르트에서 활동하던 유대 상인이었지.

따돌림 속에서도 부자가 된 유대인

유럽인들의 철저한 따돌림 속에서도 유대인은 은행업을 중심으로 계속 부를 쌓아 나갔어. 전쟁 때문에 당장 돈이 급한 왕들에게 돈을 빌려주고 막대한 이득을 챙기기도 했지. 미국으로 건너간 유대인은 큰 회사를 세워 많은 돈을 벌어들였고, 오늘날 세계 경제를 움직이는 큰손이 되었어. 현재 미국 100대 기업 중 약 40퍼센트가 유대인 소유라는 통계가 있을 정도지.

이슬람 세계에 살던 유대인들은 어땠을까?

중세 유럽과는 달리 이슬람 사회에서는 유대인에 대한 차별이나 박해가 덜했어. 굳이 이슬람교로 개종하지 않은 유대인들도 세금만 제대로 내면 자유롭게 살아갈 수 있었거든. 국가 입장에서도 꼬박꼬박 세금을 갖다 바치는 유대인을 굳이 개종시키려고 하지 않았지. 유대인들은 이슬람 세계에서 주로 상업에 뛰어난 능력을 발휘했대. 높은 관직에 오른 유대인들도 있었다고 하니 유럽하고는 참 다른 모습이지.

➔ 마이모니데스 이베리아반도 출신의 유대인 의사. 살라딘의 주치의였어.

용선생 세계사 카페

프랑스를 구한 시골 소녀 잔 다르크

100년 넘게 계속됐던 백년 전쟁 동안 프랑스에는 수많은 영웅들이 나타났어. 그중에서도 10대 소녀의 몸으로 프랑스를 구한 잔 다르크가 가장 유명한 인물이지. 평범한 시골 소녀는 어떻게 나라를 구한 영웅이 된 걸까?

▶ 시골 소녀, 천사의 계시를 받다

프랑스 동부의 한 마을에 살던 16세 소녀 잔 다르크는 들판에서 미카엘 대천사를 만나 '프랑스를 구하라!'는 목소리를 들었다고 해. 잔 다르크는 갑작스러운 일에 놀라 도망가려고 했지만 천사의 목소리는 귓가를 떠나지 않았지. 결국 굳게 마음을 먹은 잔 다르크는 천사의 목소리에 따르기로 맹세하고 프랑스의 왕 샤를 7세를 만나러 길을 떠났어.

◀ 샤를 7세와의 만남

샤를 7세는 영국군에 연패를 거듭하며 수도인 파리마저 함락당한 처지였어. 하지만 천사의 계시를 받고 왔다는 소녀를 무턱대고 믿을 수는 없었지. 샤를 7세는 잔 다르크를 시험하기 위해 시종과 옷을 바꿔 입고 사람들 속에 섞여 있었어. 하지만 잔 다르크는 사람들 속에 섞여 있던 샤를 7세를 단박에 찾아냈대. 결국 샤를 7세는 천사의 계시를 받았다는 잔 다르크의 말을 믿고서 군사를 내줬단다.

◆ 프랑스의 승리를 이끌다

잔 다르크는 맨 먼저 프랑스 남부의 오를레앙이라는 도시를 구하러 달려갔어. 그리고 영국군을 상대로 기적 같은 승리를 거두었지. 프랑스군은 신의 부름을 받았다는 잔 다르크의 활약을 보며 힘을 얻었고, 연전연승을 거두며 전세를 완전히 뒤집어 놓았단다. 프랑스 사람들은 너 나 할 것 없이 잔 다르크를 '오를레앙의 성(聖) 처녀'라고 부르며 무릎을 꿇었지.

◆ 프랑스의 영웅에서 마녀로 몰린 잔 다르크

승승장구하던 잔 다르크는 그만 영국 편을 들던 부르고뉴 군대에 잡혀 포로가 되고 말았어. 영국은 종교 재판을 열었고, 성직자들을 총동원해 잔 다르크를 마녀로 몰고 갔단다. 샤를 7세를 마녀를 부리는 왕으로, 프랑스 국민들을 마녀의 명령을 들은 사람들로 깎아내리려고 했던 거지. 결국 잔 다르크는 유죄판결을 받아 화형당하고 말았어. 하지만 잔 다르크의 죽음을 본 프랑스인들은 오히려 복수심에 불타 전보다 더 열심히 싸웠지. 잔 다르크의 죽음 이후로도 영국은 패전을 거듭했고, 결국 백년 전쟁은 프랑스의 승리로 끝을 맺었단다.

◆ 성인이 된 잔 다르크

백년 전쟁이 끝나고 샤를 7세와 잔 다르크의 어머니는 교황에게 잔 다르크의 마녀 혐의를 재조사해 달라고 요청했어. 교황은 이들의 요청을 받아들여 조사관을 파견했지. 1456년, 교황은 잔 다르크가 억울하게 마녀로 몰려 화형당했다고 판결을 내렸단다. 그리하여 잔 다르크는 마녀의 누명을 벗고 프랑스를 대표하는 영웅이 되었어. 그리고 1920년에는 교황청이 정식으로 인정하는 성인의 반열에 올랐단다.

2교시
번영하는 오스만 제국

유라시아를 뒤흔들던 몽골 제국의 시대가 저물고,
이슬람 세계에서는 튀르크인의 세력이 커지고 있었어.
특히 혜성처럼 등장한 오스만 제국은
비잔티움 제국을 멸망시키고 삽시간에 지중해를 장악하며
유럽의 크리스트교 세계를 충격으로 몰아넣었지.
오늘은 오스만 제국이 어떤 과정을 거쳐
대제국으로 발돋움하게 되는지 알아보자.

1299년	1370년	1402년	1453년	1501년	1538년
오스만 제국 건국	티무르 제국 건국	티무르 제국, 앙카라 전투에서 승리	오스만 제국, 콘스탄티노폴리스 함락	사파비 왕조 건국	프레베자 해전

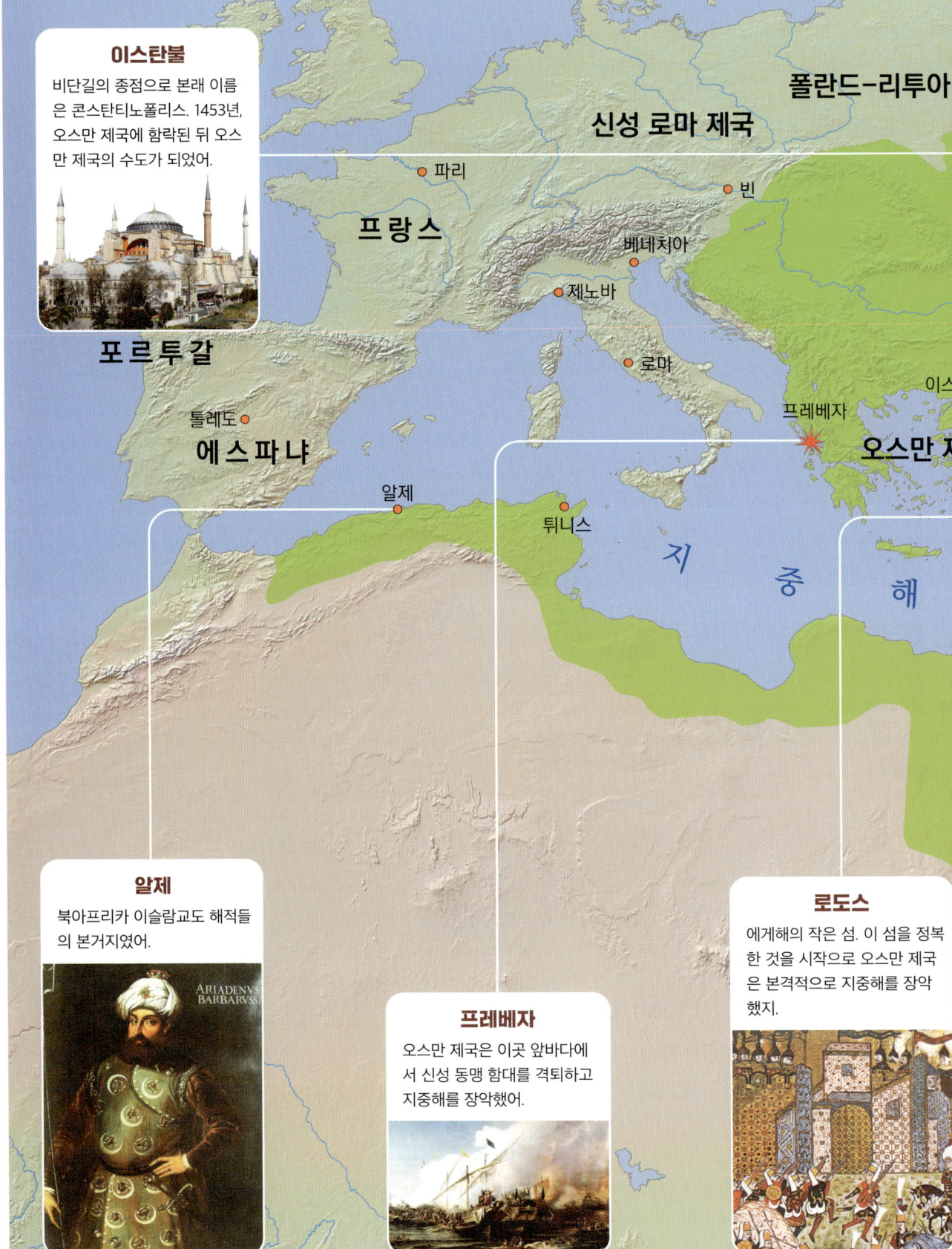

역사의 현장 지금은?

튀르크의 정통 후계자 튀르키예를 가다

튀르키예는 유럽과 아시아에 걸쳐 있는 나라야. 국토 대부분이 아시아에 속해 있지만 이스탄불을 기준으로 바다 건너 서쪽에 위치한 영토는 유럽에 속해. 튀르키예는 면적이 한반도의 3.5배 정도 되고, 인구는 9천만 명 가까이 되는 큰 나라야.

대부분의 지역이 온화한 지중해성 기후를 보이지만, 내륙으로 갈수록 여름과 겨울의 기온차가 커. 땅이 비옥하고 넓어 농업이 매우 발달했고, 고대 그리스와 로마의 유산과 빼어난 자연 경관 덕분에 관광업 또한 무척 발달했지.

2,000년 동안 지중해 세계의 중심이었던 도시 이스탄불

이스탄불은 인구 1,600만 명을 자랑하는 튀르키예의 최대 도시이자 튀르키예의 문화와 경제 중심지란다. 너비 750미터의 보스포루스 해협을 사이에 두고 유럽과 아시아 두 대륙에 걸쳐 있는 도시로도 잘 알려져 있어. 원래 이름은 비잔티움이었다가 콘스탄티누스 대제 때 로마의 수도가 되면서 콘스탄티노폴리스가 되었고, 오스만 제국이 세워지면서 이스탄불로 바뀌었지. 이스탄불은 약 2,000년 동안이나 지중해 세계의 중심지였던 만큼 수준 높은 문화유산이 즐비해. 거기에 아름다운 경관까지 더해져 수많은 관광객을 불러 모으는 도시야.

↑ **보스포루스 해협** 다리의 왼쪽은 유럽, 오른쪽은 아시아야.

↑ **앙카라** 튀르키예의 수도 앙카라는 튀르키예 제2의 도시야. 1923년 튀르키예 공화국이 수립될 때 수도가 되었단다.

↓ 이스탄불의 전경

유목민의 정취를 물씬 풍기는 튀르키예 문화

튀르키예는 튀르크의 후예로 오늘날까지도 유목 생활의 흔적이 곳곳에 배어 있어. 대표적인 것이 튀르키예의 특산물인 양탄자야. 튀르키예의 양탄자는 질 좋은 양털을 이용해 숙련된 장인이 짜낸 정교하고 화려한 무늬로 유명하지.

↑ **아나톨리아고원의 유목민들** 내륙 지방에는 아직도 이렇게 유목 생활을 이어 가는 사람들이 꽤 많아.

← 튀르키예의 특산품 양탄자

다양하고 맛있는 튀르키예 요리

갖은 채소와 고기, 향신료가 어우러진 튀르키예 요리는 종류가 다양하고 맛있기로 유명해. 유목민의 고기 요리에서 유래한 케밥, 넓적한 밀가루 반죽에 갖가지 토핑을 얹어 먹는 피데 등이 대표적이지. 또 녹말 반죽에 견과류나 과일을 넣고 설탕 시럽을 듬뿍 뿌려 만든 로쿰, 과일을 넣은 사탕 마준은 튀르키예 사람들이 열광하는 디저트야. 보통 진한 튀르키예식 커피나 차에 곁들여 먹어.

↑ 다채로운 튀르키예 요리

↑ 달콤한 디저트와 차

↑ 아나톨리아고원의 밀밭

관광의 나라 튀르키예

튀르키예는 유서 깊은 문화유산뿐 아니라, 환상적인 자연 경관으로도 유명해. 아나톨리아반도 내륙의 카파도키아는 버섯 모양 바위들로 이루어진 독특한 풍경으로 잘 알려져 있어.

▲ **카파도키아의 풍경** 하늘에 떠 있는 열기구가 눈에 띄지? 카파도키아 열기구 관광은 세계에서 손꼽히는 여행 상품이야.

▶ **파묵칼레** 땅속에서 솟아 나오는 온천수에 섞인 석회 성분이 오랜 세월 차곡차곡 쌓여 마치 하얀 구름이 땅에 내려앉은 듯한 이색적인 풍경을 만들어 냈어. 로마 시대에 파묵칼레의 온천수는 귀족들 사이에서 피부병 치료 효과가 뛰어난 것으로 유명했지.

◀ **온천욕을 즐기는 관광객** 고대 로마 제국의 온천 휴양 도시 히에라폴리스 유적에서 온천을 즐기는 관광객들의 모습이야.

서아시아에 다시 대제국이 나타나다

용선생의 세계사 돋보기

칭기즈 칸의 손자이자 쿠빌라이의 동생인 훌라구가 서아시아 지역을 다스리기 위해 세운 나라야. 일한국이라고도 불러. 크리스트교에 호의적이어서 유럽과 교류가 활발했고, 본국인 원나라와 사이가 좋은 편이었어. 그래서 어느 때보다 동서 간의 접촉과 문화 교류가 활발했단다.

"자, 지난 시간에 배운 내용을 잠시 복습해 볼까? 몽골 제국은 서아시아에 훌라구 울루스란 나라를 세워서 약 80년 동안 통치를 이어 나갔단다. 그동안 전쟁으로 많은 사람이 죽고 도시들이 파괴되었지만, 훌라구 울루스의 통치 아래 동서 간의 교류가 서서히 되살아났지. 그러나 훌라구 울루스가 무너지고 몽골 제국의 기세가 꺾이며 서아시아 세계는 다시 혼란에 빠지게 돼. 어수선한 틈을 타서 세력을 넓히려는 튀르크인, 페르시아인, 그리고 몽골인까지 치열한 경쟁을 벌였거든."

"어째 혼란이 멈추질 않네요."

"이 와중에 혜성처럼 한 남자가 등장했어. 이 남자는 마치 칭기즈 칸이 부활한 듯 동서남북으로 정복 전쟁을 펼쳐 순식간에 대제국을 건설했지."

"칭기즈 칸이 부활한 것 같다니, 그게 누군데요?"

장하다의 얼굴에 호기심이 피어올랐다.

"그 이름도 유명한 티무르야! 인도의 델리를 정복한 뒤 '내가 인도의 왕이다' 하고 선언하고는 딱 2주간 델리를 점령하고 있다가 중앙아시아로 돌아갔던 사람 말이야."

"아! 기억나요. 자기가 칭기즈 칸의 후예라고 했어요."

나선애가 정리 노트를 들춰 보며 말했다.

"맞아, 티무르는 자기가 칭기즈 칸의 후예라고 주장했지만 사실은 따져보면 좀 복잡해. 티무르의 아버지는 몽골인이 아니라 튀르크인이었고, 어머니 쪽으로 칭기즈 칸의 피를 물려받았다고 해. 그리고 티무르의 본거지는 몽골 초원이 아니라 오늘날 우즈베키스탄의 중심 도시인 중앙아시아의 사마르칸트였어. 이곳이 페르시아 문화권이니만큼 티무르는 어려서부터 페르시아 문화의 영향을 받으며 자랐지."

가만히 설명을 듣던 왕수재가 볼멘소리를 했다.

"어휴, 이제 보니 티무르가 칭기즈 칸의 후손이라기에는 혈통이며 문화며 온갖 것이 뒤섞였는데요."

"하하, 사실 중앙아시아는 유라시아의 한가운데 자리 잡고 있어서 사방에서 여러 민족과 문화가 만나는 곳이야. 중앙아시아 출신인 티무르도 다양한 문화의 영향을 받았지. 하지만

↑ 티무르의 두상
유물과 유골을 토대로 만들어진 티무르의 두상. 학자들이 유골을 조사한 결과, 티무르는 튀르크인과 페르시아인의 혼혈로 보인다는구나.

↑ 티무르 제국

> **용선생의 세계사 돋보기**
>
> 티무르의 이름을 따서 보통 티무르 제국이라고 불러. 1507년에 우즈베크의 침략으로 멸망했어.

티무르의 꿈은 매우 간단하고 분명했어. 바로 '칭기즈 칸이 이룩한 세계 제국을 부활시키는 것'이었지."

"와, 꿈 한번 크네요."

"티무르는 그 꿈을 행동으로 옮겨 평생 정복 전쟁을 펼쳤어. 죽을 때까지 말안장에서 내려오지 않았다는 말이 있을 정도였지. 그 결과 티무르는 1370년부터 40년 동안 중앙아시아와 서아시아의 대부분을 정복하며 대제국을 건설했단다."

"헉, 정말요?"

"응, 티무르가 사용한 전술은 칭기즈 칸의 전술과 아주 비슷했어. 유목민답게 기병을 적극적으로 활용하고, 심지어 도시를 파괴하거나 사람들을 잔인하게 죽이고 약탈하는 모습까지 칭기즈 칸과 빼닮았지. 티무르는 1398년에 인도로 쳐들어가 북인도의 델리 술탄 왕조를 정복했어. 그리고 죽기 직전에 중국을 정복하겠다며 20만 대군을 이끌고 동쪽으로 원정을 떠나기도 했지."

"세상에! 성공했다면 진짜 몽골 제국이 부활할 수도 있었겠네요?"

"그렇지. 근데 티무르는 전쟁에는 천재였지만 정복한 땅을 다스릴 줄 몰랐어. 그저 정복한 도시를 약탈해 막대한 전리품만 챙겨 본거지인 사마르칸트로 돌아가 버리곤 했지."

"그러니까 영토에는 별 관심이 없었던 거군요."

"그런가 봐. 근데 한 가지 재미있는 건 정복지에서

↑ **티무르의 인도 침략** 티무르의 침략군이 인도의 코끼리 부대를 무찌르는 모습을 묘사한 그림이야.

◀ **사마르칸트 전경**
비단길 교역의 주요 거점이었던 사마르칸트. 몽골 제국의 침입으로 황폐해졌지만 티무르 제국의 수도로 다시 한 번 큰 번영을 누렸지.

전리품과 함께 건축가와 예술가들도 데려왔다는 거야."

"건축가와 예술가는 왜요?"

"티무르는 분명 무지막지한 정복자였지만, 한편으로는 예술에 대한 안목이 꽤 높았대. 건축가와 예술가들을 데려간 것도 제국의 수도인 사마르칸트를 아주 아름답게 가꾸기 위해서였지. 그 덕분에 사마르칸트는 동방의 진주라고 불릴 만큼 화려한 면모를 갖추었어."

"쳇! 아무리 그래 봤자 누가 약탈자를 좋아하겠어요?"

허영심이 마음에 들지 않는다는 듯 투덜거렸다.

"사실 티무르의 무자비한 약탈은 끊임없는 반발을 불러일으켰어. 그때마다 티무르는 반란을 진압하러 달려가야 했지. 잠시도 쉴 틈이 없었어. 티무르가 세상을 떠나자 곳곳에서 반란이 일어났고, 왕위 계승 다툼으로 내분까지 겹치는 바람에 티무르 제국은 금방 산산조각이 나고 말았단다."

번영하는 오스만 제국 **067**

"그럴 줄 알았어요. 무작정 정복만 하다가 망한 나라가 한둘이 아닌데……."

왕수재가 한심하다는 투로 중얼거렸다.

"제국은 분열됐지만, 티무르의 후손들은 전쟁을 자제하고 나라를 안정시키려고 노력했어. 그 덕분에 티무르 제국이 몰락한 뒤에도 사마르칸트는 한동안 동서 무역의 중심지로 번영을 누렸지. 하지만 오래가지는 못했어. 티무르 제국은 1500년에 이웃 우즈베크인의 침략으로 수도 사마르칸트마저 빼앗기고 말았단다. 한편 이 와중에 이란 고원에서 페르시아의 후예를 자처하는 시아파 이슬람 제국이 등장했어."

"네에? 시아파에, 페르시아의 후예라고요?"

아이들이 어리둥절한 표정을 지었다.

"하하. 들어 보렴. 서아시아의 이슬람 세력은 몽골의 침략을 받은 이후 내내 전쟁과 혼란의 소용돌이에 빠져 있었어. 오랫동안 번영을 누려 왔던 도시들은 난장판이 되었고, 수많은 사람들이 목숨을 잃었지. 그래서 사람들은 신이 벌을 내렸다고 생각했단다. 그동안 이슬람 세계를 주도해 온 권력자들이 알라의 뜻을 거스르고 사치에 젖어 살았기 때문에 천벌을 내렸다는 거지. 이런 분위기 속에서 주목받기 시작한 것이 바로 이슬람교의 수도승인 수피들이었어. 수피들은 '기도와 명상을 통해 이슬람교 초기의 진정한 정신으로 돌아가자'고 주장하며 추종자를 모으고 있었거든. 영향력이 큰 수피들은 추종자들과 함께 교단을 만들고 자체적으로 무장을 갖춰서 세력을 불려 나갔단다. 여기에 전통적으로 수니파 이슬람교도들을 비판해 온 시아파 세

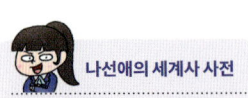

나선애의 세계사 사전

우즈베크인 중앙아시아에서 가장 큰 튀르크계 부족이야. 대부분이 이슬람교를 믿고, 오늘날 우즈베키스탄에 주로 살고 있어.

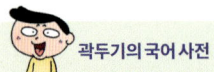

곽두기의 국어 사전

교단 가르칠 교(敎) 모일 단(團). 같은 교리를 믿거나 따르는 사람들이 모여서 만든 종교 집단을 가리켜.

▲ 사파비 왕조

▲ 이스마일 1세
자신이 옛 사산 왕조 페르시아 제국의 후예라고 주장하고, '술탄' 대신 왕을 뜻하는 페르시아어인 '샤'를 사용했단다.

력, 이란고원의 터줏대감인 페르시아인의 세력도 만만치 않았지."

"흠, 그럼 그 사람들이 나라를 세웠던 모양이죠?"

"맞아. 특히 1400년대 들어 '사파비'라는 수피 교단이 이라크 남부를 중심으로 빠르게 세력을 확장하게 돼. 사파비 교단의 지도자 이스마일 1세는 세력을 더욱 굳건히 하기 위해 시아파 이슬람교를 내세우고, 자신이 옛 사산 왕조 페르시아 제국 황족의 후예라고 주장하며 시아파 이슬람 제국을 건설했지. 점점 세력이 커지는 시아파 이슬람교도와 페르시아인의 지지를 함께 얻으려는 전략이었어."

"엥? 그럼 진짜 페르시아의 후예가 아닌 거예요?"

"흐흐. 그거야 뭐 정확히 알 수 없는 일이지. 중요한 건 이 선택이 큰 성공을 거두었다는 거야. 1501년 이스마일 1세는 이란고원 일대를 정복하고 '사파비 왕조'를 열었어. 이슬람 세계 곳곳에서 핍박받던 시아파 이슬람교도는 이제 사파비 왕조를 중심으로 뭉쳤고, 사파비 왕조는 옛 페르시아의 영토였던 이란고원과 메소포타미아 지역을 차근차근 장악하며 대국으로 성장해 갔단다."

"캬, 그럼 이제 사파비 왕조가 서아시아 세계를 휘어잡나요?"

용선생의 세계사 돋보기

사파비 왕조(1501년~1736년)는 오늘날 이란의 직접적인 뿌리가 된 시아파 이슬람 국가야. 오늘날 이란이 시아파 대표 국가가 된 건 바로 사파비 왕조 덕분이지.

▲ **이스파한 이맘 광장** 사파비 왕조의 수도였던 이스파한에 건설된 광장이야. 동서 160미터, 남북 510미터에 이르는 큰 규모야. 광장의 사방에는 왕궁과 모스크, 재래시장 등 여러 건물이 들어서 있어.

장하다의 말에 용선생은 고개를 휘휘 저었다.

"하하. 아니야. 아주 강력한 라이벌이 승승장구하던 사파비 왕조의 앞길을 떡하니 가로막고 나섰거든. 바로 오늘의 주인공, 오스만 제국이란다."

> **용선생의 핵심 정리**
>
> 훌라구 울루스가 쇠퇴한 뒤 서아시아 세계에서 새로운 대제국이 속속 등장. 티무르 제국은 사마르칸트를 중심으로 중앙아시아 일대를 지배했고, 사파비 왕조는 이란고원 일대를 차지하고 페르시아 제국의 부활을 선언함.

떠오르는 태양 오스만 제국

"오스만 제국이라니요? 그 나라는 갑자기 어디서 나타났는데요?"

"오스만 제국의 뿌리는 몽골의 침략을 피해 아나톨리아반도 깊숙이 이동해 온 한 튀르크 부족으로부터 시작되었어. 이 부족은 1300년 대 들어서 아나톨리아반도 북서부부터 시작해 차근차근 영토를 넓히며 튀르크인을 하나로 모아 나갔지. 이 튀르크인들을 이끌었던 사람이 오스만이었어."

↑ 오스만 제국의 초기 영토

"그 사람 이름을 따서 오스만 제국이라고 부른다, 이 말씀이죠?"

곽두기의 말에 용선생은 흐뭇하게 미소를 지으며 고개를 끄덕였다.

"1300년대 아나톨리아반도는 거의 무주공산이나 다름없었어. 일단 몽골군이 한바탕 휩쓸고 가면서 토착 세력은 박살이 났지. 오랫동안 아나톨리아반도를 지배했던 비잔티움 제국도 제4차 십자군에게 심하게 약탈을 당한 뒤 겨우 명맥만 유지하는 형편이었단다."

"그럼 비잔티움 제국이 아직 완전히 멸망한 건 아니에요?"

"그렇단다. 비잔티움은 60년 만에 십자군으로부터 콘스탄티노폴리스를 되찾고 부활했어. 물론 예전의 비잔티움 제국은 아니었지. 동지중해를 호령하기는커녕 돈이 없어서 군대조차 유지하기 어려웠으니까. 이 틈을 타서 오스만 제국은 바다 건너 발칸반도에 있는 비잔티움 제국의 영토를 차례로 점령해 나갔단다. 그리고 '데브시르메 제

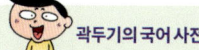

곽두기의 국어 사전

무주공산 없을 무(無) 주인 주(主) 빌 공(空) 뫼 산(山). '주인이 없는 빈 산'이란 뜻으로 어떤 것의 확실한 주인이 없는 상태를 빗대어 이르는 말이야.

왕수재의 지리 사전

발칸반도 이탈리아 동쪽에 위치한 반도야. 오늘날 그리스와 루마니아, 크로아티아 등의 나라가 자리 잡고 있지.

▲ 데브시르메 제도를 통해 뽑힌 아이들
빨간 옷을 입은 아이들이 술탄 앞에 모여 있어. 먼 여행을 하느라 저마다 짐을 짊어지고 있지. 담장 너머로는 아이들을 걱정하는 어머니와 검은 옷을 입은 정교회 사제가 보여.

도'를 실시해 앞으로 오스만 제국을 든든히 떠받칠 인재를 길러 냈지."

"데브시르메 제도가 뭔데요?"

"흠…… 너희들 맘루크가 뭐였는지 기억하지?"

"네. 튀르크 노예 병사잖아요? 칼리프가 키워 낸 노예 병사."

나선애가 자신 있게 대답했다.

"그래. 데브시르메 제도도 그것과 비슷해. 오스만 제국이 정복한 지역에서 크리스트교 가정의 십 대 아이들을 뽑아서 철저히 술탄에게만 충성하고 복종하는 인재로 길러 내는 제도거든. 엄격한 기준에 따라 선발된 아이들은 이슬람교로 개종한 뒤에 당대 최고의 교육과 훈련을 받았어. 이들은 엄격한 교육 과정이 끝나면 오스만 제국을 이끄는 핵심 인재로서 제국의 요소요소에서 활약했어. 이렇게 데브시르메 제도를 통해

▼ 튀르키예의 에디르네 아나톨리아반도와 발칸반도 사이의 요충지로 로마 시대에는 아드리아노폴리스로 불렸어. 1360년대 오스만 제국에 정복당한 뒤 한동안 오스만 제국의 수도 역할을 하며 유럽 침략의 발판이 되었지.

길러 낸 인재 중 군인들을 가리켜 예니체리라고 해. 예니체리 군단은 오스만 제국의 최정예 부대로 수많은 전쟁을 승리로 이끌었지. 이웃 나라들은 예니체리 군단이 출동했다는 소식만 들려도 벌벌 떨었대."

"근데 이슬람교를 믿는 오스만 제국이 왜 크리스트교 가정의 아이들을 뽑아요?"

"맘루크와 마찬가지로, 원칙적으로 예니체리는 술탄의 노예였어. 그러다 보니 알라 앞에 모든 이슬람교도가 평등하다는 《쿠란》의 가르침 때문에 이슬람교도는 예니체리로 뽑을 수 없었던 거야. 게다가 이렇게 튀르크인이 아닌 사람들을 관리로 활용함으로써 튀르크 귀족 세력의 힘이 지나치게 커지는 것을 견제할 수 있었지. 크리스트교 아이들을 예니체리로 만든 데는 그런 뜻이 있었단다."

"오, 생각보다 깊은 뜻이 있었네요."

"그래. 예니체리는 점점 오스만 제국을 떠받치는 세력으로 성장했고, 그만큼 권력도 커졌어. 보잘것 없던 노예 병사가 술탄에게 충성을 바친 대가로 크나큰 권력을 지니게 된 거지."

"그렇게 큰 권력을 갖게 되면 혹시 예니체리도 딴 생각을 품지 않을까요?"

"그래서 술탄은 만약의 사태를 대비해서 온갖 법을 통해 예니체리를 단단히 옭아매고 감시했단다. 대표적인 것이 예니체리의 결혼을 금지하고 자식을 둘 수도 없도록 한 거야."

"왜요?"

↑ **로도스섬을 공격하는 예니체리** 최신 무기였던 총과 대포로 무장한 예니체리 군대는 숱한 전투를 승리로 이끌었어.

"예니체리가 결혼해서 자식을 낳으면 어떻게든 자기 재산과 지위를 물려주려고 할 테니까. 예니체리가 그렇게 대대손손 부와 권력을 물려주게 된다면 또 다른 귀족이 돼서 술탄을 압박할 수도 있거든. 그래서 예니체리는 살아서는 온갖 영화를 누릴 수 있었지만 죽을 때는 모든 걸 술탄에게 돌려주어야 했단다."

"흠, 오로지 술탄에게만 충성을 바치도록 한 거네요."

"그렇단다. 오스만 제국의 술탄은 예니체리를 잘 활용한 덕분에 누구도 넘볼 수 없는 강력한 권력을 손에 쥐었어. 그 덕분에 매우 효과적으로 나라를 다스릴 수 있었단다."

아이들은 잠자코 고개를 끄덕였다.

"오스만 제국이 강국으로 급부상한 건 제4대 술탄이었던 번개왕

바예지트 1세가 동에 번쩍, 서에 번쩍 과감하게 전투를 벌인다고 해서 붙은 별명이야.

바예지트 1세 때였어. 바예지트 1세는 예니체리를 이끌고 발칸반도의 대부분과 아나톨리아반도의 동쪽까지 영토를 넓혔지. 1396년에는 비잔티움 제국을 도우러 달려온 프랑스와 헝가리 연합군을 물리치며 한껏 기세를 올렸단다. 하지만 이렇게 거침없이 세력을 넓히던 바예지트 1세 앞을 막아선 강적이 있었지. 바로 티무르였어."

"아까 말씀하신 티무르요?"

"그렇단다. 바예지트 1세와 티무르는 오늘날 튀르키예의 수도 앙카라 인근에서 맞붙었어. 결과는 바예지트 1세의 처참한 패배였지. 바예지트 1세는 포로로 붙잡혔다가 곧 풀려나긴 했지만 패배의 충격을 이겨 내지 못하고 마흔셋의 젊은 나이에 그만 세상을 떠나고 말았어. 미처 후계자도 정해지지 않은 상태였지. 네 명의 왕자들이 왕위를 차지하기 위해 전쟁을 벌였고, 그 바람에 오스만 제국은 삽시간에 혼란에 빠졌단다."

◆ **포로로 사로잡힌 바예지트 1세를 그린 상상도** 흰 터번을 쓴 노인이 바예지트 1세이고, 왼쪽에 지팡이를 짚고 있는 거만한 남자가 티무르야. 하지만 실제로는 이때 바예지트 1세는 40세가 막 넘었고 티무르는 백발의 노인이었대.

용선생의 세계사 돋보기

오스만 제국에는 1603년까지 특별한 왕위 계승 원칙이 없었어. 왕자라면 누구나 술탄이 될 수 있었지. 그래서 치열한 경쟁, 때로는 전쟁을 통해 경쟁자를 누르고 자신의 능력을 입증한 이들만이 술탄 자리를 차지할 수 있었단다.

"티무르가 정말 대단했나 봐요. 오스만 제국의 기세를 단숨에 꺾어 버리다니……."

"그래. 하지만 길게 보면 이 패배가 오스만 제국에는 도리어 약이 되었어. 내전 끝에 최고의 능력을 가진 왕자가 새로운 술탄이 되어 제국을 이끌게 되거든. 그리하여 오스만 제국은 새로 도약하기 시작했단다. 도약의 첫 신호탄은 메흐메트 2세가 쏘았어. 메흐메트 2세는 비잔티움 제국의 수도 콘스탄티노폴리스를 점령하겠다는 야심찬 목표를 세웠지."

"그게 뭐 대단하다고 그래요? 비잔티움 제국은 거의 무너지기 직전인데."

장하다가 고개를 갸웃거렸다.

"콘스탄티노폴리스는 1,000년의 역사를 자랑하는 동지중해 무역의 중심지야. 게다가 제4차 십자군에 함락당한 것을 빼면 여태껏 한 번도 함락당한 적이 없는 난공불락의 요새였지. 만약 메흐메트 2세가 콘스탄티노폴리스를 점령한다면 이슬람 세계의 그 어떤 군주도 이루지 못한 업적을 세우는 셈이었어."

↑ 오스만 제국의 대포(복원 모형) 콘스탄티노폴리스의 성벽을 무너뜨리는 데 쓰였다는 길이 8미터, 무게 19톤에 이르는 거대한 대포야. 크기만큼이나 그 위력도 몹시 강력했다고 하는구나.

"흠~ 그러니까 콘스탄티노폴리스를 점령해서 이익도 챙기고 위신도 세우겠다, 이거네요?"

"그래. 메흐메트 2세는 20만 명의 대군을 이끌고 콘스탄티노폴리스를 포위했어. 그리고 거대한 대포를 끌고와 도시를 둘러싸고 있는 성벽에 포격을 가하기 시작했지. 도시 안에 갇힌 비잔티움 황제는 로마 교황과 유럽의 크리스트교 국가들에게 간절하게 구원을 요청했어. 하지만 끝끝내 도움은 없었단다. 1453년 5월, 콘스탄티노폴리스는 결국 메흐메트 2세에게 함락당하고 말았어. 서로마 제국이 멸망한 뒤에도 1,000년을 버텨 온 비잔티움 제국이 마침내 최후를 맞이한 거야."

"에구, 이제 정말로 끝이네요."

"비잔티움 제국의 멸망은 중세 유럽을 뒤흔든 거대한 사건이었어. 유럽 사람들은 큰 충격을 받았지. 크리스트교 세계의 동쪽 방어를 책임지던 비잔티움 제국이 무너졌으니 이슬람교도가 언제라도 유럽으로 들이닥칠 것만 같았거든. 제4차 십자군 전쟁 이후에 지중해 해상권을 장악했던 베네치아도 콘스탄티노폴리스를 점령한 오스만 제국이 자신들을 밀어내고 지중해를 장악할까 봐 몹시 불안했어."

↑ **루멜리 히사리** 메흐메트 2세가 콘스탄티노폴리스를 공격할 때 지은 요새야. 석공 1만 명과 인부 1만 명을 동원해 불과 139일 만에 지었대.

↑ **성 소피아 대성당(모스크)** 비잔티움의 상징인 성 소피아 대성당은 모스크로 개조됐어. 성당 외부엔 네 개의 미나렛이 세워졌고, 내부에는 벽에 석회칠을 해 벽화를 지우고 아랍어로 '알라'나 '무함마드'라고 쓴 원판 장식을 내걸었단다.

↑ 콘스탄티노폴리스로 들어서는 메흐메트 2세

"쉽게 무너지지 않을 거라고 믿었던 콘스탄티노폴리스가 함락됐으니 정말 겁나긴 했을 것 같아요."

"거꾸로 이 일은 이슬람 세계의 부흥을 알리는 나팔 소리이기도 했어. 메흐메트 2세는 콘스탄티노폴리스를 제국의 새로운 수도로 삼고 이름을 '이스탄불'로 바꾸고 파괴와 약탈을 금지했어. 콘스탄티노폴리스의 자산과 명성을 고스란히 활용하기 위해서였지. 심지어 오스만 제국의 술탄은 자신들이 로마 제국의 정통 후계자라고 주장하며 스스로를 '로마의 황제'라고 부르기도 했어."

"이제는 튀르크까지 로마 황제를 자처해요? 튀르크는 이슬람교도인데, 그건 좀 이상하잖아요."

곽두기가 이해가 안 간다는 듯 물었다.

"종교나 민족이 그렇게 중요할까? 따지고 보면 오스만 제국은 옛 로마 제국의 영토에 세워진 나라였어. 게다가 비잔티움 제국을 멸망시킨 오스만 제국은 옛 로마 제국과 마찬가지로 빠르게 영토를 넓혀 나갔지."

↑ 메흐메트 2세의 초상화
메흐메트 2세는 제국의 영토를 크게 넓히는 성과를 거두었기 때문에, '정복자'를 뜻하는 파티흐(Fatih)라는 별명으로도 불린단다.

 용선생의 핵심 정리

튀르크인이 세운 오스만 제국은 데브시르메 제도와 예니체리를 활용해 세력을 확장함. 티무르에게 대패해 큰 위기를 맞기도 했지만, 1453년에 메흐메트 2세가 비잔티움 제국을 멸망시키며 본격적인 전성기를 맞이함.

두 명의 술탄이 오스만 제국을 전성기로 이끌다

용선생이 스크린에 그림 한 장을 띄웠다.

"이 사람이 셀림 1세야. 콘스탄티노폴리스를 정복한 메흐메트 2세의 손자지. 할아버지가 서유럽 크리스트교 국가들을 상대로 전쟁을 벌였다면, 셀림 1세는 주로 동쪽과 남쪽의 이슬람 세력을 상대로 전쟁을 벌였어. 그런데 그 기세가 얼마나 대단했는지 셀림 1세가 다스린 9년 동안 오스만 제국의 영토는 3배나 늘어났단다."

"9년 만에 3배요?"

"응. 셀림 1세의 첫 상대는 이란고원에서 일어나 급속히 팽창하고 있던 사파비 왕조였어."

"어, 사파비 왕조도 강력한 제국 아닌가요? 함부로 덤비면 곤란할 텐데."

나선애가 고개를 갸웃거리며 물었다.

"사파비 왕조가 시아파 이슬람 국가였던 것 기억하지? 하지만 셀림 1세는 독실한 수니파 이슬람교도였어. 바로 옆에서 시아파의 세력이 커 가는 것을 그냥 내버려 둘 수 없었던 거야. 1514년, 오스만 제국과 사파비 왕조는 각각 군대를 이끌고 찰드란이란 곳에서 승부를 겨뤘지."

"흠, 그래서 누가 이겼는데요?"

"오스만 제국이 압도적인 승리를 거두었어. 승리의 일등 공신은 당대 최신 무기인 총과 대포로 무장한 예니체리였지. 기병이 주력이었

▲ 셀림 1세 (1470년~1520년) 시리아와 이집트를 비롯한 서아시아 일대의 광활한 영토를 점령하며 오스만 제국의 전성기를 활짝 열어젖혔어.

왕수재의 지리 사전

찰드란 아나톨리아반도 동쪽 깊숙한 곳에 위치한 평원으로 오늘날 이란과 국경을 마주하고 있는 튀르키예 땅이야. 지진이 잦은 곳으로 유명해.

▲ **찰드란** 오늘날 찰드란에 세워진 전쟁 기념물이야. 찰드란 전투를 기점으로 오늘날 이란과 튀르키예 사이의 대략적인 국경선이 정해졌지.

던 사파비 왕조는 신식 무기로 무장한 예니체리 군대에 큰 피해를 입었어. 전투를 이끌던 이스마일 1세까지 부상을 입고 말았지. 결국 사파비 왕조는 메소포타미아 일대의 영토를 오스만 제국에 내주고 동쪽의 이란고원으로 후퇴하게 돼. 이 전투로 정해진 두 나라의 경계가 대략 오늘날 튀르키예와 이란의 국경선이 되었지."

"우아, 대단한데요. 오스만 제국이 승승장구하던 사파비 왕조를 꺾었네요."

"그래, 맞아. 셀림 1세는 곧이어 남쪽의 시리아와 이집트로 눈을 돌렸어. 이때 시리아와 이집트를 지배하던 맘루크 왕조는 때마침 번진 흑사병 때문에 심각한 타격을 입고 휘청거리고 있을 때였지. 셀림 1세는 맘루크 왕조를 손쉽게 무너뜨리고 시리아와 이집트를 제국의 영토에 추가했어. 그리고 이집트에 머물던 아바스 왕조의 칼리프로부터 정식으로 칼리프 자리까지 넘겨받았지."

"술탄이 칼리프 자리까지 차지해요?"

"그렇단다. 이때부터 오스만 제국이 멸망할 때까지 오스만 제국의 술탄은 칼리프를 겸했어. 오스만 제국의 최고 권력자인 술탄이 이슬

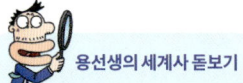
몽골군의 침략으로 바그다드가 폐허가 된 이후, 칼리프는 맘루크 왕조의 보호를 받으며 이집트에 머물고 있었어.

람 세계 최고 종교 지도자 자리까지 겸하게 된 거지."

"크, 오스만 제국이 정말 떠오르는 태양이었군요."

장하다가 혀를 내두르며 놀란 표정을 지었다.

"하하, 하지만 아직 놀라기엔 일러. 오스만 제국의 위세는 셀림 1세의 아들인 술레이만 1세 때 절정에 달하거든. 그래서 술레이만 1세는 그냥 술탄이 아니라 술레이만 대제라고 불리기도 한단다."

"와, 아버지보다 훨씬 대단한 일을 한 모양이죠?"

"술레이만 대제는 서쪽으로 눈을 돌려 크리스트교 지역이었던 발칸반도와 그 북쪽의 헝가리를 완전히 점령했어. 그리고 1529년에는 합스부르크 가문의 본거지이자 신성 로마 제국의 수도였던 오스트리아의 빈을 포위하고 공격했지. 유럽의 심장부가 이슬람 세력의 기세 앞에 바람 앞의 등불처럼 흔들린 거야."

"유럽 사람들, 정말 겁났겠어요."

"그래. 유럽이 오스만 제국의 손아귀에 들어가는 건 그야말로 시간문제처럼 보였어. 빈 공격은 때마침 내린 폭우 때문에 실패로 끝났지만, 유럽 사람들은 언제 오스만 제국이 다시 쳐들어올지 몰라 두려움에 떨었단다. 술레이만 대제는 서유럽 말고도 사방으로 영토를 넓혀

↑ **술레이만 대제** (1494년~1566년)
안으로는 나라를 다스릴 법률을 정비하고, 밖으로는 활발한 정복 전쟁을 벌여 오스만 제국의 전성기를 이끌었어.

→ **빈을 포위한 오스만 제국 군대** 오스만 제국은 땅굴을 파서 빈의 성벽을 무너뜨리려고 했지만 갑작스레 폭우가 내린 바람에 큰 피해를 보고 실패했대.

나갔단다. 오스만 제국은 유럽의 발칸반도, 서아시아의 시리아와 메소포타미아, 북아프리카를 아우르는 거대한 제국이 되었지."

"유럽에 아시아, 아프리카까지……."

아이들의 눈이 말똥말똥했다.

"오스만 제국은 이제 그 넓은 땅만큼이나 다양한 문화와 종교를 가진 민족들이 어우러져 사는 나라가 되었어. 술탄은 이 넓은 제국을 잘 다스리기 위해 많은 노력을 했단다. 여러 민족의 문화와 종교를 존중하고 밀레트 단위로 자치를 허용했지."

"밀레트가 뭔데요?"

"오스만 제국 내에서 같은 종교를 믿는 사람들이나 같은 종파에 속한 사람끼리 모여 만든 집단을 가리키는 말이야. 대표적으로 그리스

▶ 오스만 제국의 확장

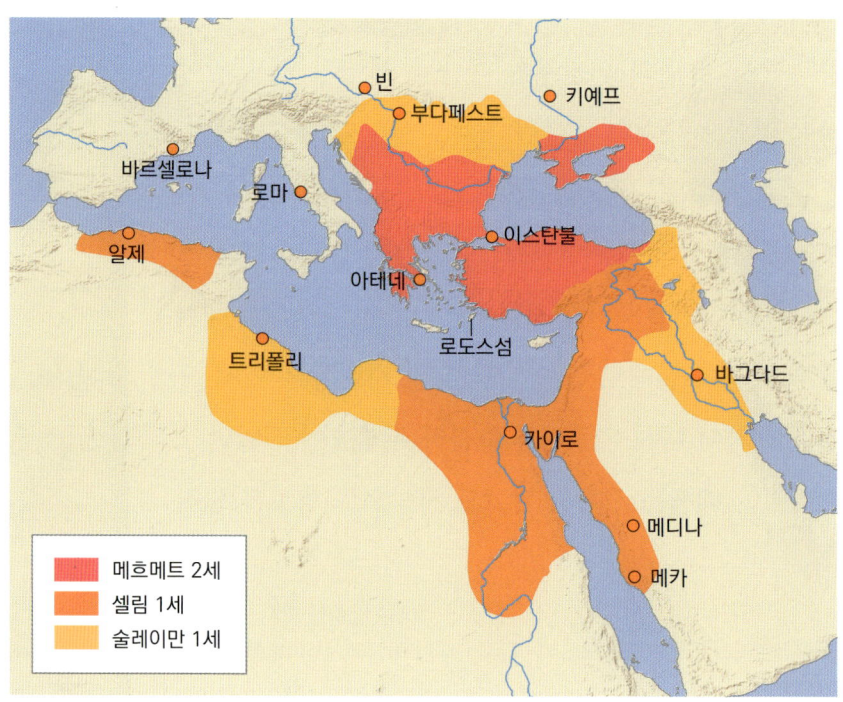

▲ **캅카스산맥 지역에서 가장 큰 세반호 인근의 아르메니아 정교 교회** 아르메니아인은 하나의 밀레트를 이루어 이 호수 주변에 모여 살며 활발하게 상업 활동을 펼쳤어.

인, 유대인, 아르메니아인이 자기들끼리 밀레트를 이루어 학교나 병원을 세우고, 종교 의식도 치렀지. 나아가 자기들만의 법으로 재판도 하고 범죄자를 처벌하기도 했어. 심지어는 범죄자를 가두는 감옥도 따로 만들었단다. 밀레트의 자치를 허용했다는 것은 바로 이런 일들

왕수재의 지리 사전

아르메니아 아나톨리아반도의 동북쪽 내륙 지역을 가리키는 말이야.

번영하는 오스만 제국 **083**

을 계속할 수 있도록 인정해 주었다는 뜻이야. 그 대신 밀레트는 자체적으로 세금을 거두어 술탄에게 납부했단다. 말하자면 오스만 제국과 각각의 밀레트가 서로 협력하며 공존했던 거지."

"와, 그 정도면 오스만 제국의 지배를 받아도 큰 불만이 없겠어요."

나선애가 고개를 끄덕거렸다.

"밀레트 제도는 술탄에게도 유리한 점이 있었단다. 밀레트의 지도자가 되려면 술탄의 인정을 받아야 했기에 술탄은 자기 입맛에 맞는 사람을 밀레트의 지도자로 뽑아서 간접적으로 밀레트를 지배할 수 있었어. 굳이 직접 다스리겠다고 욕심을 부려 저항에 부딪히느니 이렇게 간접적으로 지배하는 게 훨씬 더 수월했던 거야."

"역시 머리를 잘 썼던 거군요."

왕수재가 팔짱을 낀 채로 중얼거렸다.

"맞아, 여러 민족으로 이루어진 거대한 제국을 현명하게 다스리기 위한 수단이었지. 마지막으로 한 가지만 더 이야기하자. 사실 술레이만 대제는 제국의 법을 만든 걸로 유명하단다. 그 업적 때문에 입법자라는 별명이 있을 정도거든."

"법을 만들어요? 그게 왜 중요한데요?"

"지금까지 이슬람 세계에서 최고의 법은 오직 하나였어. 바로 이슬람교의 탄생과 함께 만들어진 이슬람의 율법 샤리아였지. 그런데 오스만 제국이 건설된 것은 샤리아가 만들어진 지 수백 년이 더 지난 때였어. 세월은 변했는데 법은 수백 년 전에 만들어졌으니 시대에 너무나도 뒤떨어져 있었지. 게다가 오스만 제국에는 이슬람교를 믿지 않는 사람도 많았어. 이들에게는 샤리아를 강요할 수도 없었지."

곽두기의 국어 사전

입법자 설 립(立) 법 법(法) 사람 자(者). 법을 세운 사람이라는 뜻이야.

나선애의 세계사 사전

샤리아 샤리아는 이슬람교의 경전인 《쿠란》과 예언자 무함마드의 말씀인 '하디스'에 기초한 이슬람 율법이야. 샤리아는 엄격한 교육 과정을 거친 이슬람 율법 학자들과 재판관들을 통해 집행되었지.

오스만 제국의 번영을 느낄 수 있는 토프카프 궁전

이스탄불의 토프카프 궁전은 1465년부터 1853년까지 오스만 제국의 술탄이 살던 곳이야. 전성기에는 관리와 궁녀, 황족을 비롯해 5,000여 명이 생활했을 만큼 그 규모가 어마어마하지. 오늘날 토프카프 궁전은 오스만 제국의 번영을 상징하는 장소이자, 이스탄불을 찾는 사람이라면 반드시 들르는 명소로 이름을 날리고 있단다.

▲ **토프카프 궁전 전경**
'토프'는 대포, '카프'는 문이라는 의미야. 궁전이 자리 잡고 있는 언덕에는 과거 대포가 설치되어 있었대. '토프카프'란 이름은 바로 여기서 유래한 거야.

▶ **에메랄드가 박힌 단검**
오늘날 박물관으로 사용되는 토프카프 궁전에는 무함마드가 쓰던 보검 등 숱한 보물들이 보관되어 있어. 하지만 대부분이 종교적으로 신성한 물건이라 사진 촬영이 금지되어 있지.

▲ **경의의 문** 궁전으로 들어서는 세 개의 문 중 두 번째 문이야.

▲ **하렘** 왕비를 비롯한 궁궐의 여성과 어린 황족들이 생활하던 공간이야. 궁전에서도 가장 깊숙한 곳에 위치해 있고, 아무나 마음대로 출입할 수 없었지.

"그럼 샤리아를 시대에 맞게 좀 바꾸면 되잖아요."

"하하. 그게 불가능해. 샤리아는 이슬람 경전 《쿠란》을 근거로 하고 있기 때문에 《쿠란》을 바꾸지 않는 한 샤리아도 바꿀 수 없지. 그래서 술레이만 대제는 역대 술탄들의 명령을 수집하고 정리해 샤리아를 보완할 새로운 법을 만들었단다. 술레이만 대제가 정리한 이 법을 카눈이라고 해. 카눈은 나중에 샤리아만큼 제국을 통치하는 데 중요한 법으로 인정을 받게 되지."

"그래서 법을 만든 게 대단한 업적이라고 하셨던 거군요."

아이들은 고개를 끄덕였다.

허영심의 상식 사전

카눈 그리스어 'Canon'에서 유래한 말이야. 규범이나 기준, 일반적인 규칙을 뜻해.

> **용선생의 핵심 정리**
>
> 셀림 1세는 시리아와 이집트를 정복하고 사파비 왕조를 물리쳤음. 그 뒤를 이어 술레이만 대제가 제국의 영토를 크게 넓히고 오스만 제국의 전성기를 이어 나감. 또한 술레이만 대제는 제국 내 여러 민족의 종교와 관습, 자치를 인정하고 종교법 샤리아를 보완할 법을 만들기도 함.

지중해의 주인이 된 오스만 제국

"술레이만 대제 시절 오스만 제국은 육지뿐 아니라 바다에서도 승승장구했단다. 특히 술레이만 대제는 지중해를 장악하는 데에 많은 공을 들였어."

"저렇게 넓은 영토를 쉽게 차지했으니 지중해쯤은 그냥 꿀꺽 집어삼킬 수 있었겠네요."

"하하. 꼭 그렇진 않았단다. 오스만 제국은 육지에서는 무적이었지만 바다에서는 아니었거든. 오스만 제국의 전성기가 시작된 1500년대 초에도 지중해 해상권은 여전히 베네치아가 쥐고 있었어."

"베네치아가 아직도요? 덩치는 작은데 대단하네요."

"사실 그때까지 오스만 제국은 지중해에 큰 관심이 없었어. 베네치아도 가급적 오스만 제국과 부딪히지 않으려고 노력했지. 두 나라 사이에 갈등이 싹트기 시작한 건 에게해 끝자락에 있는 로도스라는 작은 섬 때문이었어."

"로도스섬이 어디에 있어요?"

두기의 물음에 용선생이 스크린에 지도 한 장을 띄웠다.

▲ 로도스섬의 위치

"바로 여기야."

"어? 저렇게 조그만 섬이 뭐라고 다퉈요?"

"섬의 위치를 잘 봐. 제국의 수도 이스탄불과 이집트를 오가는 뱃길이 로도스섬의 근처를 지나가게 되거든. 이렇게 절묘한 위치 때문에 로도스섬에는 크리스트교 해적이 둥지를 틀고 지나가는 이슬람교도의 선박을 공격해 약탈을 일삼았지."

"크리스트교 해적이라고요? 그게 누군데요?"

"성 요한 기사단이었어. 흔히 병원 기사단이라고도 해. 원래는 십자군 원정 때 성지 예루살렘을 지키기 위해 만들어진 기사단이지. 그런데 십자군 원정이 실패로 돌아간 이후에 로도스섬에 자리 잡고 해적

질을 시작한 거야. 1522년, 술레이만 대제는 직접 10만 명의 군대를 이끌고 쳐들어가서 성 요한 기사단을 쫓아내고 섬을 점령했어. 이 사건을 시작으로 오스만 제국은 본격적으로 지중해 장악에 나섰단다. 내친김에 지중해에서 크리스트교 세력을 싹 청소해 버리려고 했던 거지."

"베네치아가 바싹 긴장했겠는데요?"

"하지만 아직 오스만 제국은 바다에서만큼은 베네치아에 비하면 겨우 걸음마를 뗀 수준이었어. 함선도 부족했고, 유능한 해군 사령관도 없었거든. 그런데 그때 술레이만 대제에게 복덩이가 나타났어. 바로 북아프리카 출신의 하이레딘이라는 해적 두목이었지."

"해적이라고요? 북아프리카에도 해적이 있었어요?"

"응. 로마가 멸망한 뒤 지중해에는 내내 해적이 들끓었어. 특히 오늘날의 알제리, 모로코 등이 있는 북아프리카 해안 지역이 주된 해적 소굴이었지. 그런데 북아프리카 해적은 이베리아반도에서 레콩키스

▼ 로도스섬에 지어진 성 요한 기사단의 성채
성 요한 기사단은 이렇게 두꺼운 성벽을 쌓고 로도스섬에 틀어박혀 있었어. 오스만 제국은 이전에도 몇 차례 로도스를 공격했지만, 이 성벽 때문에 번번이 실패를 겪었지.

타가 마무리가 된 이후 더욱 기승을 부렸어. 에스파냐에서 쫓겨난 이슬람교도들이 가까운 북아프리카로 건너가 해적이 되었거든. 해적들이 마을을 약탈하고 사람들을 잡아가는 통에 에스파냐 왕국의 동부 해안 지대는 사람이 살 수 없을 정도였지."

왕수재가 팔짱을 끼고는 고개를 설레설레 내저었다.

"에스파냐도 가만히 있지는 않았겠죠?"

"당연하지. 에스파냐는 대대적으로 해군을 조직해 해적 소탕에 나섰어. 그러자 해적들은 자신들을 도와줄 강력한 동맹을 찾게 된단다. 이때 나선 게 바로 오스만 제국이었어. 하이레딘은 북아프리카의 알제라는 도시의 해적 대장이었는데 오스만 제국의 지원을 받고 에스파냐 해군과 싸웠지.

▲ 하이레딘 (1478년?~1546년)
하이레딘은 형제들과 함께 북아프리카의 해적으로 악명을 떨쳤어. 오스만 제국의 해군 대장으로 활약하며 오스만 제국이 지중해를 제패하는 데 큰 공을 세웠지.

하이레딘을 눈여겨본 술레이만 대제는 하이레딘을 오스만 제국의 해군 총사령관으로 임명했단다."

"해적이 해군 사령관이 된 거네요?"

"그런 셈이지. 사실 하이레딘은 말이 해적이지 굉장히 뛰어난 해군 지휘관이었어. 여기에 술레이만 대제의 적극적인 지원까지 받았으니 그야말로 날개를 단 격이었지. 하이레딘의 지휘 아래 오스만 제국의 해군은 곧 막강한 전력을 갖추게 되었어. 이제 지중해 서쪽 해상 강국인 에스파냐와 동쪽의 오스만 제국이 지중해 해상권을 놓고 대치하게 된 거야."

"잠깐만요. 그럼 베네치아는 어떻게 되는 거예요?"

나선애가 손을 번쩍 들며 물었다.

"베네치아는 매우 난처한 상황에 빠졌단다. 만약 오스만 제국이 본격적으로 지중해를 장악하려고 한다면 더 이상 지중해를 무대로 장사를 하기가 힘들어질 게 뻔했지. 눈치를 보던 베네치아는 에스파냐를 끌어들여 오스만과 맞서려고 했어. 그런데 에스파냐가 베네치아와 동맹을 맺는 일에 그다지 적극적이지 않았어."

"왜요? 이슬람 세력이 쳐들어오는데, 맞서 싸워야 하는 거 아닌가요?"

"이 무렵 에스파냐의 왕은 합스부르크 가문의 카를 5세였는데, 카를 5세는 이탈리아 북부의 여러 도시를 집어삼키려고 이웃 프랑스와 치열한 전쟁을 벌이고 있었어. 이 전쟁 때문에 베네치아와 사이가 나빠졌던 거야. 오스만 제국도 무섭지만, 혹시라도 베네치아를 도왔다가 자칫 이탈리아에서 주도권을 놓치게 될까 봐 걱정이었던 거지."

"그럼 아무도 오스만 제국을 막지 않았단 말이에요?"

장하다가 고개를 갸웃거렸다.

"그러자 정말 다급해진 사람은 따로 있었어. 바로 로마의 교황이야! 이 당시 유럽에는 술레이만 대제가 곧 로마의 교황청을 공격할 거란 소문이 파다하게 퍼져 있었거든. 교황은 에스파냐와 베네치아를 설득해 오스만과 맞설 동맹군을 만들려고 무진 애를 썼어."

"그래서 동맹군이 만들어졌어요?"

왕수재의 지리 사전

프레베자 그리스 북서부의 항구 도시야.

"응. 교황의 열성적인 노력 덕분에 베네치아와 에스파냐가 손잡고 오스만 제국에 맞설 연합 함대를 구성했어. 이른바 신성 동맹이지. 신성 동맹은 300척이 넘는 배를 끌어 모아 그리스 서쪽의 프레베자라는 곳에서 오스만 해군과 한판 전쟁을 벌였어. 하이레딘이 이끄는

오스만 제국의 함선은 122척에 불과했지."

"역시, 바다에서는 유럽 국가들도 만만치 않았네요."

"그렇게 보이지? 그런데 하이레딘이 이끄는 오스만 해군이 프레베자에서 신성 동맹 해군을 보기 좋게 격파했어. 심지어 단 한 척의 배도 잃지 않았지."

"어떻게 그럴 수가 있어요?"

"우여곡절 끝에 전쟁에 나서긴 했지만 에스파냐 해군이 적극적으로 싸우려 들지를 않았거든. 괜히 열심히 싸우다가 피해를 보기 싫었던 거지. 그나마 베네치아 해군이 앞장서서 적을 공격하다가 오스만 해군에게 포위되어 왕창 공격을 받았어. 그걸 지켜보던 에스파냐는 도와주기는커녕 제대로 싸움 한 번 안 해 보고 그대로 후퇴해 버렸다는구나."

"에구, 결국 자기들끼리 손발이 안 맞았다는 말씀이시

▲ **안드레아 도리아** 프레베자 해전에 참여한 에스파냐 해군 제독. 도리아는 제노바 출신이어서 라이벌인 베네치아와의 연합 작전에 소극적이었어.

▲ **프레베자 해전** 오스만 제국은 그리스 북서부의 프레베자에서 신성 동맹 함대를 격파하고 지중해 해상권을 장악했어.

네요."

안타까운 듯 장하다가 목소리를 높였다.

"응. 그래서 프레베자 해전 이후 신성 동맹은 곧바로 해체됐어. 베네치아는 오스만 제국의 높은 관리들에게 뇌물을 주면서 눈치작전을 벌였지. 최대한 전쟁을 피하는 방법을 선택한 거야. 이렇게 해서 지중해는 오스만 제국의 수중에 들어가 버렸어. 오스만 제국은 이스탄불을 중심으로 전 세계 상인들을 상대로 중계 무역을 펼치며 눈부신 번영을 누렸단다."

"비잔티움 제국의 뒤를 이어 오스만 제국도 상업으로 크게 번영을 누렸다는 거죠?"

"여러 번 말했지만 이스탄불은 유럽과 아시아, 지중해와 흑해를 잇는 절묘한 위치에 자리 잡은 도시야. 그래서 주인이 누구든 계속 번영을 이어 갈 수 있었지. 오스만 제국의 술탄은 이스탄불 중심에 거대한 시장을 만들고 상인들이 이용할 수 있도록 숙소나 식당, 목욕탕 같은 편의 시설을 설치했어. 이 시장을 그랜드 바자르라고 불러. 그랜드 바자르에는 무려 65개나 되는 골목길에 3,500개가 넘는 가게가 몰려 있었대. 그야말로 없는 물건이 없는 이스탄불 최고의 쇼핑몰이었지."

"그럼 오스만 제국이 이제 지중해 최강국이 된 거예요?"

허영심의 상식 사전

그랜드 바자르 이스탄불의 대표적인 관광지로, 지붕이 덮인 커다란 시장이야. 우리나라 재래시장과 비슷하게 생겼어.

튀르키예 최고의 모스크, 블루 모스크

↑ **블루 모스크** 1616년에 완공된 오스만 제국의 대표적인 모스크야. 본래 이름은 '술탄 아흐메트 모스크'지만, 외부를 뒤덮고 있는 푸른빛 도자기 타일 때문에 '블루 모스크'라는 애칭으로 더 많이 불리지. 이 모스크는 세계에서 유일하게 여섯 개의 첨탑을 가진 모스크이기도 하단다.

"오스만 제국이 다시 유럽을 정복하려 할지도 모르겠네요."

허영심과 장하다가 번갈아 가며 말하자 용선생은 싱긋 웃음을 지어 보였다.

"하지만 술레이만 대제가 세상을 떠난 이후 오스만 제국은 급속한 팽창을 멈추고 안정기로 접어들었어. 그 와중에 1571년에는 다시 한번 결성된 신성 동맹 연합 함대에 크게 패배하기도 했지. 프레베자 해전 이후 33년 만의 일이었어."

"뭐야. 엄청 잘나가는 줄 알았는데 잠깐 반짝하고 말았던 거예요?"

"그렇지 않아. 오스만 제국은 그 후에도 한참 동안 함부로 볼 수 없는 강대국이었거든. 심지어 1900년대 초에 벌어진 제1차 세계 대전에서도 큰 역할을 했지. 오스만 제국의 몰락에 대한 이야기는 길어질 테니까 다음에 하자. 오늘 수업은 여기까지!"

용선생의 핵심 정리

오스만 제국은 해적 대장 하이레딘을 해군 총사령관으로 임명해 해군력을 키움. 에스파냐와 교황, 베네치아 연합 해군을 프레베자에서 물리치며 지중해를 장악함. 수도 이스탄불은 동서 교역의 중심지로 번영을 누림.

나선애의 **정리노트**

1. **티무르 제국과 사파비 왕조**
   - **티무르**: 서아시아의 혼란을 정리하고 대제국을 건설
     → 델리 술탄 왕조 약탈. 후손들은 사마르칸트를 중심으로 번영을 누림.
   - **사파비 왕조**: 수피 교단에서 시작된 시아파 이슬람 제국
     → 이란고원 일대를 평정하고 페르시아 제국의 부활을 선언

2. **오스만 제국의 등장**
   - **기원**: 아나톨리아반도의 한 튀르크 부족이 인근의 튀르크인을 규합하기 시작
   - 메흐메트 2세 시기 비잔티움 제국을 멸망(1453년)시키며 제국의 전성기가 시작됨.
   - * 데브시르메 제도: 크리스트교 가정의 아이들을 선발해 오직 술탄에게만 복종하는 인재로 키우는 제도 → 맘루크 제도와 비슷함.

3. **오스만 제국의 전성기**
   - **셀림 1세**: 사파비 왕조와의 결전에서 승리(찰드란 전투), 시리아와 이집트 정복
     → 오스만 제국의 술탄이 술탄과 칼리프를 겸하게 됨.
   - **술레이만 대제**: 신성 로마 제국의 수도 빈을 공격함. 제국의 최대 영토 달성
     → 종교법 샤리아를 보완하는 법률 '카눈'을 정리함. → 입법자라고 불림.
   - 오스만 제국은 피정복민에게 밀레트 제도를 통한 자치를 보장

4. **지중해를 지배하게 된 오스만 제국**
   - 술레이만 대제의 로도스섬 정복을 시작으로 지중해 장악 시작
   - 해적 출신 하이레딘을 해군 사령관으로 임명함.
     → 교황의 주도 아래 베네치아와 에스파냐가 연합 함대 구성(신성 동맹)
     → 프레베자 해전에서 오스만 제국이 승리함.
   - 제국의 수도 이스탄불은 동서 교역의 중심지로 명성을 이어 감.

세계사 퀴즈 달인을 찾아라!

1 다음 중 서로 관련 있는 것들을 바르게 연결해 보자.

① 티무르 제국 •
② 사파비 왕조 •

• ㉠ 시아파
• ㉡ 사마르칸트
• ㉢ 이스마일 1세
• ㉣ 칭기즈 칸의 후예

2 다음에서 설명하고 있는 사건으로 알맞은 것은? ( )

이 사건으로 1,000년을 버텨 온 비잔티움 제국은 멸망했다. 유럽 사람들은 큰 충격을 받았지만, 이슬람교도들은 이 사건이 이슬람 세계의 부흥을 알리는 신호탄이라고 생각했다.

① 찰드란 전투
② 로도스섬 점령
③ 프레베자 해전
④ 콘스탄티노폴리스 함락

3 다음 그림에서 설명하는 제도를 실시한 이유로 알맞은 것은? ( )

〈데브시르메 제도〉

① 영어를 잘하는 인재를 키우기 위해서
② 술탄의 재물을 가난한 사람들에게 베풀기 위해서
③ 오직 술탄에게만 충성하는 군대와 관료를 만들기 위해서
④ 똑똑한 아이들에게 어려서부터 교육의 기회를 보장하기 위해서

4 오스만 제국에 대해 잘못 설명한 친구는? ( )

 ① 건국 초기 사파비 왕조에 크게 패배했어.

 ② 밀레트 제도를 통해 피정복민의 자치를 보장했어.

 ③ 술레이만 대제는 신성 로마 제국의 수도인 빈을 공격했어.

 ④ 아시아와 유럽, 아프리카를 아우르는 대제국으로 성장했어.

5 다음 사건들을 일어난 순서대로 써 보자.

㉠ 오스만 제국이 건국됨
㉡ 프레베자 해전에서 오스만 제국이 승리
㉢ 오스만 제국이 콘스탄티노폴리스를 점령

(- -)

6 빈칸에 들어갈 알맞은 말을 써 보자.

로도스섬 공격을 시작으로 오스만 제국의 지중해 장악이 시작되었다. 오스만 제국은 해적 출신 하이레딘을 해군 총사령관으로 임명했고, 이에 교황은 에스파냐와 베네치아를 끌어들여서 ○○ 동맹을 조직해 오스만 제국에 맞서려고 하였다.

( )

7 다음 설명이 나타내는 장소의 이름으로 알맞은 것은? ( )

오스만 제국의 술탄들이 이스탄불 중심에 설치한 시장. 상인을 위한 숙소나 식당, 목욕탕 같은 편의 시설들이 함께 설치되어 있었고, 65개나 되는 골목길에 3,500개나 되는 가게들이 몰려 있었음.

① 블루 모스크
② 그랜드 바자르
③ 토프카프 궁전
④ 성 소피아 대성당

정답은 310쪽에서 확인하세요!

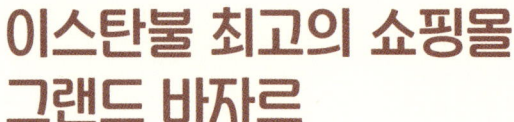

이스탄불 최고의 쇼핑몰 그랜드 바자르

그랜드 바자르가 마구간이었다고?

튀르키예의 이스탄불에 위치한 그랜드 바자르는 이스탄불의 주요 관광지야. 튀르키예 사람들은 '지붕이 있는 시장'이란 뜻으로 '카팔르 차르슈'라고 부르지. 오늘날 그랜드 바자르는 매일 25만 명에서 40만 명의 방문객이 찾는다고 해. 그랜드 바자르가 어떤 곳인지 지금부터 하나씩 살펴보도록 할까?

↓ 그랜드 바자르

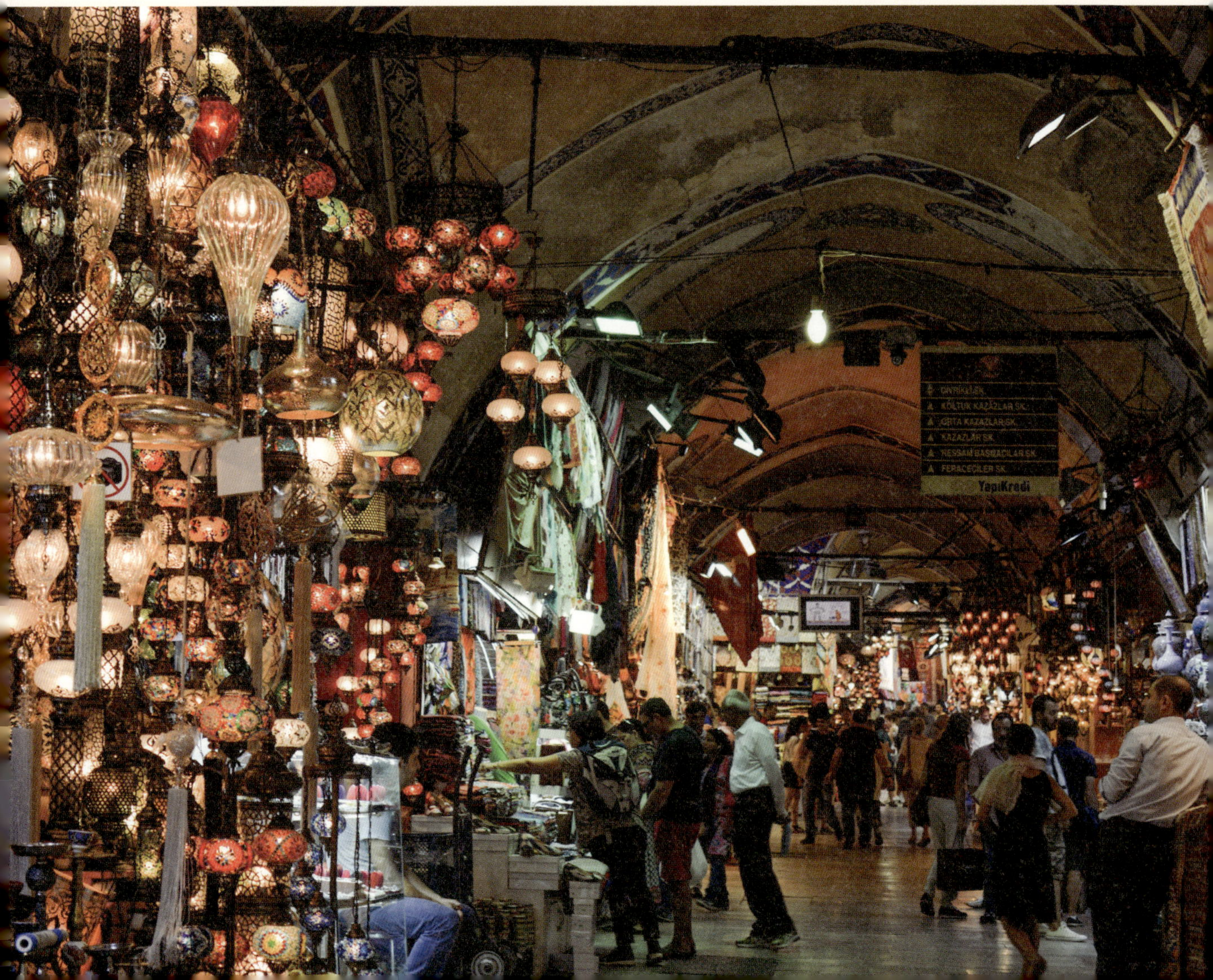

시장으로 탈바꿈한 마구간

비잔티움 제국 시절에 그랜드 바자르는 시장이 아니라 말과 낙타를 가둬 놓던 마구간이었어. 콘스탄티노폴리스를 점령한 메흐메트 2세는 이 마구간 자리에 시장을 짓고 세계 각지에서 모여든 상인들이 물건을 사고팔 수 있도록 숙소와 사원, 목욕탕 등 여러 편의 시설을 짓게 했어. 그랜드 바자르가 명성을 쌓기 시작한 것은 이때부터였지.

↑ 그랜드 바자르의 1890년대 풍경
대지진으로 무너진 시장을 복구하는 과정에서 그랜드 바자르 시장 건물 위에 돔형 지붕을 올렸는데, 이 돔형 지붕은 오늘날 그랜드 바자르의 상징이 되었단다.

시장에 지붕을 덮다

오스만 제국의 힘이 커지며 이스탄불은 동서 교역의 중심지로 더욱 큰 번영을 누렸어. 전 세계에서 몰려드는 상인들의 수가 늘어나는 데 맞춰 술레이만 1세는 점차 시장을 확장했지. 그랜드 바자르는 1894년 대규모 지진으로 큰 피해를 입었어. 하지만 오스만 제국 정부는 큰돈을 들여 그랜드 바자르를 새롭게 단장하고 시장 건물 위를 지붕으로 덮었어. 오늘날 그랜드 바자르의 돔형 지붕은 바로 이때 만들어진 거야.

↑ 하늘에서 본 그랜드 바자르

여러 개의 출입문을 가진 복잡한 시장

'세계 최대의 시장'이란 명성에 걸맞게 그랜드 바자르에는 수많은 출구와 다양한 쇼핑 거리가 조성되어 있어. 하지만 시장 안으로 들어가는 입구만 22개나 되는 데다 워낙 좁은 길이 이리저리 얽혀 있어서 자칫 잘못 돌아다녔다간 길을 잃기 일쑤야. 그래서 그랜드 바자르에서는 품목에 따라 판매 구역을 정해 놓고, 매장에 번호를 매겨 시장을 찾는 사람들이 길을 잃어버리지 않도록 해 두었지.

↑ 누루오스마니에 게이트 누루오스마니에 게이트는 그랜드 바자르 동쪽에 위치한 출입구야. 문 위는 오스만 제국의 상징들로 꾸며져 있어.

→ 베야즈트 게이트 베야즈트 게이트는 그랜드 바자르를 대표하는 두 개의 출입구 중 하나야. 각 출입구들은 생긴 모양과 장식이 각기 다른데, 베야즈트 게이트 위에는 술탄의 서명이 장식되어 있어.

그랜드 바자르에선 어떤 물건들을 팔까?

그랜드 바자르에서 파는 대표적인 상품은 보석과 카펫이야. 특히 보석을 취급하는 가게가 1,100여 군데나 되지. 또한 고급 카펫 가게도 굉장히 많은데, 아름답고 복잡한 무늬가 들어간 카펫은 값이 매우 비싼데도 불구하고 금세 동이 나곤 한대. 그 밖에도 그랜드 바자르엔 가죽 제품, 도자기, 각종 향신료, 색색가지 전등 등 다양한 물건들을 판매하는 가게들이 즐비하단다.

↑ 보석 가게를 지나는 관광객

↑ 출입구 근처의 카펫 가게들

↑ 그랜드 바자르의 화려한 도자기

3교시

균형과 조화로
번창하는 무굴 제국

1500년대 초반 북인도에는 강력한 이슬람 제국이 등장했단다.
그 이름은 바로 무굴 제국!
무굴 제국은 한때 인도 아대륙 대부분을 지배하며
찬란한 번영을 누렸어.
오늘은 무굴 제국이 번영할 수 있었던
비법이 뭔지 함께 살펴보도록 하자.

1526년	1556년	1653년	1658년	1738년	1739년
무굴 제국 성립	아크바르 대제 즉위	타지마할 완공	아우랑제브, 반란을 일으켜 황제 즉위	마라타 동맹, 델리를 일시적으로 점령	이란의 나디르 샤, 델리 약탈

카불
오늘날 아프가니스탄의 수도. 페르가나에서 쫓겨난 바부르가 이곳에 정착했어.

구자라트
인도 북서부에 자리 잡은 해상 교역의 중심지. 예로부터 상업과 수공업이 발달해 부유한 곳이었어.

고아
인도 서부 해안의 항구 도시야. 포르투갈 사람들은 이곳을 인도 교역의 근거지로 삼았어.

서인도의 보석 구자라트 지방을 가다

구자라트는 인도 북서부의 끝에 위치해 있어. 아라비아해를 향해 툭 튀어나와 있는 구자라트 반도를 중심으로 대략 한반도만 한 면적에 7천만 명이 살고 있지. 라자스탄주와 접한 북쪽은 대부분 사막과 활용도가 낮은 습지이지만 남쪽은 기름진 평야 지대라 목화, 사탕수수, 밀 등 다양한 작물을 재배해. 구자라트는 지리적인 특성상 예로부터 인도양 해상 무역의 중심지로 많은 상인들이 활동한 곳이란다.

▲ 구자라트 최대의 도시 아마다바드
인구 557만 명의 대도시로 1411년 건설된 이후 줄곧 구자라트의 중심지 역할을 해 왔어. 현재는 섬유 공업을 중심으로 구자라트주의 경제 발전을 이끌고 있단다.

▼ 인도의 국민차 타타 나노
세계에서 가장 싼 차 타타 나노가 태어난 곳이 바로 구자라트야.

인도 경제의 성장 엔진 구자라트

구자라트 지역은 지난 10년간 2배 이상 경제 성장을 이루며 인도 경제의 허브로 자리 잡았지. 인도 굴지의 기업들이 구자라트에서 활발한 활동을 이어 간단다.

↑ 알랑에 위치한 세계 최대의 폐선소
고철과 부품을 재활용하기 위해 오래된 선박을 해체하는 곳이야.

↑ 건설 중인 구자라트 인터내셔널 테크 시티(GIFT)
아마다바드와 간디나가르 사이에 위치한 경제특구 지역으로 구자라트의 첨단 산업 기지가 될 예정이야.

↑ 실을 생산하는 아마다바드의 섬유 공장

볼거리가 많은 구자라트

구자라트에는 특색 있는 관광지와 볼거리가 많아서 매년 2천만 명의 관광객이 세계 곳곳에서 찾아와. 매년 1월 중순에 열리는 국제 연날리기 축제에는 각 나라 사람들이 각양각색의 화려한 연을 날리는 진풍경이 펼쳐지지. 또 매년 가을에 열리는 힌두교 축제 '나브라트리'도 유명해. 9일 동안 이어지는 나브라트리 축제에서 구자라트 사람들은 한데 모여 전통 춤을 추는데, 100명에서 1,000명에 이르는 사람들이 한꺼번에 참여해.

⬆ 산간 피서지 사푸타라의 기라 폭포
높이가 30미터나 되는 아주 멋진 폭포야.

⬇ 파탄의 라니키바브
화려한 조각으로 장식된 우물로 11세기에 건설되었어. 라니키바브는 '여왕의 우물'이란 뜻이야.

⬇ 바도다라 시의 락슈미 빌라스 고궁
1890년에 지어진 왕궁으로 규모가 영국 버킹엄 궁전의 4배나 되는 거대한 궁전이야.

↑ 연날리기 축제 현장

← 나브라트리 축제
축제에 참여한 사람들이 전통 복장을 입고 춤을 추고 있어.

→ 물고기 모양의 연

↑ 기르 국립 공원의 아시아 사자
구자라트의 기르 국립 공원에서는 멸종 위기에 처한 아시아 사자를 볼 수 있어. 원래 아시아 사자는 유럽의 지중해에서 서아시아, 인도 북부에 이르는 넓은 지역에 서식했는데, 지금은 멸종 위기라고 해.

광활한 소금 사막 '캇츠'

구자라트 북부에는 총 면적이 2만 5천 제곱킬로미터나 되는 소금 사막 '캇츠'가 자리하고 있어. 캇츠는 한때 소금기를 머금은 습지였지만, 건조한 기후 탓으로 세계에서 가장 넓은 소금 사막으로 바뀌었어. 지평선 너머로 광활하게 펼쳐진 하얀 황무지의 풍경은 그야말로 장관이라 할 만하지. 구자라트에는 '당신이 구자라트에서 아직 캇츠를 보지 않았다면, 아직 아무것도 보지 않은 것이나 다름없다.'는 말이 있을 정도란다.

↑ 소금을 채취하는 현지 주민들

← 낙타를 타고 소금 사막을 둘러보는 관광객들

↓ 드넓게 펼쳐진 소금 사막 캇츠

구자라트의 다양한 먹거리들

구자라트는 다양한 간식거리가 많은 지역이기도 해. 병아리콩 가루와 버터밀크로 쪄 낸 일종의 빵에 향신료를 곁들여 먹는 도클라, 병아리콩 반죽을 롤 케이크처럼 둘둘 말아 먹는 간식인 칸드비가 유명하지. 모두 가볍게 먹기 좋은 음식들이라 아침 대용으로 인기가 좋대.

➜ 칸드비

➜ 도클라

무굴 제국이 탄생하다

"오늘은 인도에 등장한 강력한 이슬람 제국에 대해 알아보자."

"인도에 이슬람 세력인 델리 술탄 왕조가 있지 않나요?"

용선생의 말에 왕수재가 번쩍 손을 들어 물었다.

"맞아. 오늘 배울 무굴 제국은 바로 그 델리 술탄 왕조를 밀어내고 들어선 나라란다. 그런데 무굴 제국의 시작을 알기 위해서는 우선 인도가 아니라 북쪽에 있는 중앙아시아를 살펴봐야 해. 음, 너희들 지난 시간에 공부했던 티무르라는 사람 기억나니?"

"네. 중앙아시아에 나타난 정복자라고 하셨어요."

"칭기즈 칸의 후예라고 주장하면서 사방을 침략했다고도 하셨습니다."

아이들의 말에 용선생은 밝게 웃으며 설명을 이어 갔다.

"하하, 그래. 무굴 제국을 건국한 바부르는 바로 그 티무르의 5대 후손이란다. 바부르는 원래 중앙아시아의 페르가나 지역을 다스리는 영주였어. 그런데 티무르 제국이 무너지면서 이웃한 우즈베크인의 공격을 받아 페르가나에서 쫓겨나고 말았지. 바부르는 남쪽으로 멀리 떨어진 카불이란 도시에 정착하게 돼."

"어이쿠, 고향에서 쫓겨났군요."

"응. 카불에 자리를 잡은 바부르는 이를 악물고 부활을 꿈꿨어. 바부르의 최종 목표는 옛 티무르 제국의 수도였던 사마르칸트를 되찾고 중앙아시아를 거머쥐는 것이었지. 그래서 이 무렵 이란에서 세력을 확장하기 시작한 사파비 왕조와 동맹을 맺기

↑ 바부르의 이동 경로

왕수재의 지리 사전

페르가나 타림 분지에서 중앙아시아로 넘어오는 지역에 위치한 교통의 요지야. 중국에서는 대완이라고 불렀고, 한 무제가 탐을 낸 한혈마의 산지이기도 해.

← 카불의 모습
카불은 예로부터 인도와 중앙아시아를 잇는 중요한 교역 도시 중 하나였어. 오늘날 아프가니스탄의 수도이기도 해.

균형과 조화로 번창하는 무굴 제국

도 했어. 하지만 바부르는 우즈베크에 패배해서 끝내 목표를 달성하는 데에 실패했단다. 그래서 눈을 돌리게 된 게 바로 남쪽에 있는 인도 땅이었어."

"그러니까 바부르는 중앙아시아에서 내쫓기는 바람에 인도에서 나라를 세우게 된 거네요."

나선애의 정리에 용선생이 고개를 끄덕였다.

"그렇지. 자, 그럼 이때 인도의 정세는 어땠는지 한번 살펴볼까? 원래 인도 북부를 지배하던 델리 술탄 왕조는 티무르의 침입을 받은 이후 거의 힘이 빠져 있었어. 수도 델리와 그 주변 지역에서 명맥을 이어 가고 있었지. 지방 곳곳의 이슬람 귀족들은 술탄에게 불만을 품고 호시탐탐 반란의 기회만 엿봤어. 또 힌두교를 믿는 라지푸트 영주들도 만만찮게 힘자랑을 했지. 바부르는 이렇게 복잡한 북인도의 정세를 잘 파고들면 힘을 크게 들이지 않더라도 큰 나라를 세울 수 있을 거라고 생각했어."

"에이, 암만 그래도 바부르는 고향에서 쫓겨난 신세잖아요? 제대로 된 군대도 없었을 것 같은데?"

장하다가 퉁명스럽게 핀잔을 놓았다.

"그래. 하지만 바부르에게는 확실히 내세울 한 가지 무기가 있었어. 자신이 한때 인도를 점령했던 티무르의 자손이라는 것! 바부르는 델리의 술탄에게 이렇게 선언했어. '인도의 황제, 정복자 티무르의 후손이 돌아왔으니 이제 왕위를 내놓으시오.'"

용선생의 이야기에 아이들이 좀 얼떨떨한 표정을 지었다.

"너희들이 생각하기에도 좀 황당하지?"

"네. 술탄이 순순히 따라 줄 것 같지도 않은데요."

"하하. 물론 그렇지! 하지만 정작 바부르가 인도로 쳐들어오자, 호시탐탐 반란의 기회를 노리던 인도의 귀족들은 바부르를 막는 게 아니라 오히려 술탄에게 반기를 들었단다. 바부르에게 들러붙는 영주도 있었고, 자기가 술탄이 되면 인도 땅을 떼어 주겠다며 바부르에게 먼저 손을 내민 힘센 영주도 있었지. 바부르는 이렇게 인도의 핵심 세력들이 분열된 틈을 노려 비옥한 펀자브 지방을 점령하고 술탄이 있는 수도 델리 정복을 눈앞에 두게 되었어."

"수완이 대단한데요?"

아이들이 감탄한 듯 고개를 끄덕였다.

"불안정한 북인도의 상황을 잘 이용한 셈이지. 그래도 아직 군사력

은 델리의 술탄이 바부르보다 훨씬 강력했단다. 바부르의 원정군은 2만 명 정도에 불과했는데, 술탄의 군대는 10만 명이 넘었거든. 더구나 막강한 코끼리 부대를 앞세웠지. 두 군대는 델리 인근의 파니파트라는 곳에서 맞닥뜨렸어."

"어휴, 그렇게 차이가 나면 싸움이 안 되겠네."

장하다가 손을 내저으며 말했다.

"하지만 놀라운 일이 벌어졌어! 바부르의 군대가 훨씬 수가 많은 술탄의 군대를 격파해 버린 거야. 바부르는 이 무렵 신무기인 화승총과 대포를 전쟁에 적극 활용했어. 이게 술탄의 코끼리 부대를 상대로 큰 위력을 발휘했지. 1526년, 순조롭게 델리를 차지한 바부르는 자신이 인도의 새로운 황제라고 선언했어. 앞으로 200년 동안 인도 아대륙을 지배하게 될 무굴 제국이 세워진 거야."

가만히 귀를 기울이고 있던 곽두기가 번쩍 손을 들며 물었다.

"선생님, 그런데 '무굴' 제국이 무슨 뜻이에요?"

"좋은 질문이야. '몽골'을 페르시아어로 읽으면 '무굴'이 돼. 그러니까 무굴 제국은 곧 페르시아어로 읽은 몽골 제국인 셈이지."

"어머, 이제 와서 웬 몽골 제국이에요? 생각도 못 했어요."

"몽골 제국이 무너진 지 어언 몇백 년이 흘렀지만, 중앙아시아에서 힘 좀 쓴다는 유목민 지도자들은 여전히

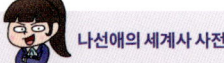

나선애의 세계사 사전

화승총 1400년대 후반에 유럽에서 발병된 화약 무기. 총을 어깨에 고정한 채 화약심지에 불을 붙여서 총알을 발사했어.

↑ **파니파트 전투** 1526년 파니파트에서 바부르가 델리의 술탄을 무찌르는 장면이야. 바부르는 총과 화약을 동원해 불리한 전투를 승리로 이끌었어.

칭기즈 칸의 후예이자 몽골 제국의 후계자를 자처했단다. 중앙 아시아가 고향이었던 바부르 역시 마찬가지였던 거야."

"칭기즈 칸이 대단하긴 대단하네요."

"흐흐, 하지만 무굴 제국의 시작은 몹시 험난했어. 힌두교를 믿는 라지푸트 영주들의 저항이 거셌거든. 델리 술탄 왕조의 패잔병 역시 라지푸트와 손을 잡고 무굴 제국을 공격했지. 그래서 바부르는 델리를 정복한 이후에도 쉴 새 없이 전쟁을 치러야만 했어. 그래도 바부르는 인도 북동부 원정을 성공적으로 마무리 지었단다. 그런데 본거지 카불로 돌아오는 길에 그만 세상을 떠나고 말았어. 인도를 힘들여 정복하긴 했지만 정작 제대로 다스려 보지는 못했던 거야."

▲ **무굴 제국의 대포** 델리 술탄 왕조의 가장 강력한 무기였던 코끼리 부대는 바부르의 군대가 쏘아 대는 대포의 폭발음에 놀라 제대로 싸우지도 못하고 흩어져 버렸다고 해.

"저런, 안됐네요."

"바부르가 너무 빨리 세상을 떠난 탓에 무굴 제국은 여전히 인도에서 기반을 제대로 잡지 못한 상태였단다. 바부르의 뒤를 이은 큰아들 후마윤은 반란군과의 전쟁에서 패배하여 인도에서 쫓겨나 카불로 돌아가야 했지. 그런데 설상가상으로 카불을 지키고 있던 후마윤의 동생들마저 후마윤에게 등을 돌려 버린 거야. 결국 후마윤은 집도 절도 없는 신세가 되어 머나먼 페르시아까지 도망을 가야 했단다. 한편 반란군들은 인도 땅에 새 나라를 세웠는데 이 나라를 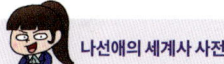라고 해."

"그게 뭐예요. 세워지자마자 망했네요?"

장하다가 어이없다는 듯 중얼거렸다.

"하지만 페르시아로 피신한 후마윤은 이를 갈며 나라를 되찾을 날

> **나선애의 세계사 사전**
>
> **수르 왕조** (1540년~1556년) 아프간계 이슬람 귀족들이 후마윤을 몰아내고 북인도에 세운 이슬람 왕조. 관료 조직을 개편하고 도로 공사를 벌이는 등 다양한 개혁 작업을 벌였어. 수르 왕조의 개혁 작업은 훗날 무굴 제국이 안정적으로 유지되는 데에 밑거름이 되었지.

만 손꼽아 기다렸어. 이때 아버지 바부르의 동맹국이었던 페르시아의 사파비 왕조가 후마윤의 복귀를 도왔단다. 사파비 왕조의 도움 덕분에 후마윤은 5년 만에 동생들을 내쫓고 카불을 되찾았고, 15년 후에는 수르 왕조를 몰아내고 인도에 돌아올 수 있었지. 왕위에서 쫓겨난 지 15년 만에 황제 자리를 되찾은 거야."

"우아, 완전 드라마의 주인공 같아요."

"근데 결국 사파비 왕조 덕분에 왕위를 되찾은 거잖아요? 페르시아는 후마윤을 왜 도와줬어요?"

나선애가 필기를 멈추며 고개를 들었다.

"이때 페르시아의 사파비 왕조는 이슬람 세계의 대표적인 시아파 국가였거든. 그런데 서쪽의 지중해에서 수니파인 오스만 제국이 술레이만 대제의 통치 아래 대제국으로 떠올랐지. 그러니까 사파비 왕조에게는 등 뒤에서 인도를 든든하게 지켜 줄 시아파 동지가 필요했

던 거야. 그래서 후마윤은 페르시아의 도움을 받는 대신 시아파로 개종했고, 이후로도 무굴 제국과 사파비 왕조는 원만한 관계를 유지했단다."

> 용선생의 세계사 돋보기
> 무굴 제국 초기에는 시아파가 우세했지만, 시간이 흐르면서 점점 수니파 이슬람 국가로 변화하게 돼.

"역시 세상에 공짜는 없구나. 그래도 이제 든든한 동맹군을 얻었으니 무굴 제국도 안정이 됐겠어요."

장하다의 말에 용선생은 씩 미소를 지었다.

"그런데 그게 뜻처럼 잘되질 않았어. 후마윤이 델리로 돌아온 지 고작 6개월 만에 허무하게 세상을 떠나고 말았거든. 도서관 계단에서 발을 헛디디는 어처구니없는 사고로 목숨을 잃은 거지. 다행히 후마윤에게는 뒤를 이을 아들이 하나 있긴 했지만, 고작 13세밖에 안 된 소년이었단다."

"어휴, 산 넘어 산이네요. 보나 마나 또 반란이 줄을 이었겠죠?"

곽두기가 한숨을 내쉬었지만 용선생은 싱긋 웃음을 띠었다.

"그런데 재밌게도 이 소년은 훗날 무굴 제국 최고의 황제로 불리며 널리 존경을 받게 된단다. 이 황제의 이름은 '아크바르'야. 아크바르는 아랍어로 '위대하다'는 뜻을 가진 말인데, 아크바르 황제는 그 이름에 걸맞게 위대한 업적을 남긴 인물이지."

아이들이 눈을 동그랗게 떴다.

> **용선생의 핵심 정리**
>
> 중앙아시아 페르가나의 영주이자 티무르의 후손인 바부르가 인도를 침략해 무굴 제국을 건설함. 바부르의 아들인 후마윤은 반란으로 황제 자리에서 쫓겨났지만 페르시아 사파비 왕조의 도움으로 나라를 되찾음.

아크바르 대제가 무굴 제국의 기반을 다지다

↑ 소년 시절의
아크바르 대제

"아크바르 대제는 무굴 제국의 위기를 온몸으로 겪으면서 자란 사람이었단다. 아버지 후마윤이 페르시아에 도망가 있을 때 태어난 탓에 아버지를 배신한 삼촌들한테 붙들려 어린 시절을 보내기도 했지."

"듣고 보니 아크바르도 후마윤처럼 사연이 참 기구하네요."

"그렇지? 게다가 아크바르가 황제 자리에 올랐을 때 무굴 제국은 정말로 위태로운 상태였어. 후마윤이 죽었다는 소식을 듣고 인도인들이 다시 한 번 힘을 모아 무굴 제국을 내몰려고 했거든. 특히 힌두교도인 헤무 장군이 이끄는 반란군의 기세가 폭발적이었어. 헤무는 아크바르가 펀자브에 있는 틈을 타서 델리를 점령하고 자신이 인도

↑ 무굴 제국의 수도 아그라 무굴 제국 초기의 수도 역할을 한 도시. 타지마할과 아그라성 등 무굴 제국을 대표하는 다양한 문화유산이 있는 곳이야.

의 새로운 황제라고 선언하기도 했단다."

"그럼 어떡해요? 열세 살이면 전쟁을 하기엔 너무 어린데……."

"다행히 어린 아크바르를 대신해서 전쟁에 나선 바이람 칸이란 장군이 있었단다. 바이람 칸은 페르시아 출신 장군이었는데, 아크바르의 아버지 후마윤의 둘도 없는 친구이자 천재적인 전략가였지. 무굴 제국의 군대는 바이람 칸의 지휘 아래 제국 역사상 가장 위험한 시기를 무사히 넘길 수 있었어."

"다행이긴 한데, 그럼 이제 그 장군이 권력을 잡고 아크바르는 그냥 허수아비가 되는 거 아니에요?"

왕수재가 보지 않아도 안다는 표정을 지었다.

"맞아. 실제로 바이람 칸은 같은 페르시아인과 시아파 이슬람교도를 우대하면서 권력을 굳혀 나갔어. 권력에서 밀려난 이슬람 귀족들과, 시아파보다 수가 훨씬 많은 수니파 이슬람교도의 불만은 조금씩 커져 갔지. 그래서 아크바르는 성인이 되자 바이람 칸과 그의 추종자를 제국에서 모두 추방해 버렸단다. 그뿐만 아니라 어린 시절부터 자신을 키워 준 페르시아인 유모도 쫓아냈어. 페르시아인들이 유모를 등에 업고 권력을 휘두르려고 했기 때문이었지. 아크바르는 자신의 권력을 견고하게 하기 위해 아버지 후마윤을 쫓아냈던 장군들과도 과감히 손을 잡았어."

"헐, 그럼 나라가 어려울 때 지켜 준 충신이랑 자기를 키워 준 유모는 몰아내고, 아버지를 쫓아냈던 원수들과

↑ **바이람 칸에게 총 쏘는 법을 배우는 어린 아크바르** 바이람 칸은 어린 아크바르의 충신이자 보호자이기도 했어.

균형과 조화로 번창하는 무굴 제국　**123**

↑ **아크바르 대제의 결혼을 소재로 한 인도 영화** 아크바르 대제와 라지푸트 공주의 결혼 이야기는 인도 영화나 소설 등 다양한 이야기의 소재로 쓰인단다.

는 손을 잡았다는 거예요?"

"응. 아크바르는 무엇보다 제국을 안정적으로 다스리려고 했어. 그러기 위해선 무굴 제국 안의 수많은 세력들 사이에서 힘의 균형을 잡는 게 가장 중요했지. 황제가 어느 특정 세력의 편만 들어 준다면 나라가 다시 혼란에 빠질 거라고 판단한 거야. 그래서 아크바르는 라지푸트 귀족들을 비롯한 힌두교도들 역시 적극적으로 끌어안았단다."

"힌두교도를요?"

"응. 무굴 제국은 이슬람 국가였지만, 인도인의 절대다수는 여전히 힌두교를 믿었거든. 그러니 힌두교도의 마음을 얻지 못한다면 인도를 안정적으로 다스리는 건 사실상 불가능했어. 아크바르는 힌두

교도에게 포용 정책을 펼쳐 힌두교도의 지지를 얻으려 한 거야. 게다가 힌두교 세력을 밀어 주면 그동안 왕권을 위협해 왔던 이슬람 귀족 세력을 상대적으로 약화시키는 효과도 얻을 수 있었지."

"괜찮은 아이디어인데요?"

"아크바르는 먼저 힌두교도를 비롯한 이교도들에게만 걷던 세금을 폐지했어. 그리고 힌두교도를 이슬람교로 강제 개종시키는 일도 금지했지. 여기에 제국의 각종 고위 관료 자리에 힌두교도를 적극적으로 앉히는 건 물론, 이슬람교도와 힌두교도 사이의 결혼을 적극적으로 장려했어. 아크바르 본인부터 힌두교를 믿는 라지푸트 출신의 공주와 결혼했단다."

"황제부터 솔선수범한 거네요."

"하하, 그런 셈이지. 이렇게 여러 방법을 동원해서 제국을 안정시킨 아크바르 대제는 뒤이어 적극적인 정복 활동에 나섰어. 우선 할아버지 바부르가 정복했던 인도 북부 전체를 되찾았고, 라지푸트 세력이 가장 강력했던 구자라트반도를 정복했지. 이렇게 착실히 영토를 넓힌 끝에 아크바르 대제의 말년에는 데칸고원의 북부 지역까지도 무굴 제국의 영토가 된단다. 지도로 확인해 볼까?"

용선생이 스크린에 지도를 띄웠다.

▲ 수라트로 입성하는 아크바르 구자라트 지방의 수라트는 예로부터 상업과 수공업이 발달해 부유한 곳이었어.

▼ 무굴 제국 초기의 영토

균형과 조화로 번창하는 무굴 제국 125

▲ **아크바르의 묘** 묘에는 총 네 개의 문이 있는데, 종교에 관용적인 태도를 보였던 아크바르 대제에게 어울리게 각기 이슬람교, 힌두교, 크리스트교, 자이나교 양식으로 지어져 있대. 무굴 제국의 수도였던 아그라 인근에 있어.

"우아, 저렇게 넓은 땅을 정복한 거예요?"

"그래, 하지만 아크바르 대제는 땅만 넓힌 게 아냐. 내부 제도를 정비하는 데에도 결코 소홀하지 않았단다. 아크바르 대제 시대부터 비로소 무굴 제국 특유의 통치 제도인 '만사브다르' 제도가 확립되거든."

"만사브다르요?"

"응. 만사브다르는 무굴 제국 황제의 눈과 귀의 역할을 하는 관료들을 가리키는 말이란다. 만사브다르들은 각자의 등급에 따라 10명부터 1만 명에 이르는 병력 지휘권을 부여 받았어. 이들은 평상시에는 관료로 일을 하면서 병력을 관리하다가 전쟁이 나거나 황제의 호출이 있을 때에는 즉시 군사를 이끌고 전투에 참가했지. 만사브다르

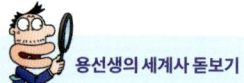
용선생의 세계사 돋보기

무굴 제국의 만사브다르 제도는 몽골 제국의 천호제에서 유래했대. 가장 많은 1만 명의 병력 지휘권은 보통 왕자들에게 주어졌지.

는 철저히 능력과 황제에 대한 충성심만 보고 뽑는 자리였기 때문에 일만 잘 해낼 수 있으면 힌두교도라도 얼마든지 만사브다르가 되어서 출세할 수 있었단다."

용선생의 설명에 아이들이 고개를 끄덕였다.

"만사브다르들 덕분에 황제는 제국의 가장 구석진 곳에서 일어나는 일도 즉각 파악할 수 있었지. 또 명령 한 번으로 수십만이 넘는 병력을 전쟁에 즉시 동원할 수도 있었어. 게다가 만사브다르들은 직위와 재산을 세습할 수 없었기 때문에 황제는 언제든지 마음에 드는 사람을 새롭게 만사브다르로 세울 수 있었지. 만사브다르 제도는 무굴 제국의 황제가 인도 전체를 장악하는 데에 매우 큰 역할을 했단다."

"그럼 이제 황제가 보낸 만사브다르가 인도 곳곳을 다스리는 건가요?"

곽두기가 눈을 동그랗게 뜬 채 질문을 던졌.

"실제로 인도 곳곳의 마을을 다스리고 세금을 거두는 일은 현지의 인도인 세력가들이 맡았단다. 이들은 보통 힌두교도인 경우가 많았지. 그러니까 인도를 정복했다고 해서 이제껏 마을을 잘 다스려 온 인도인을 굳이 몰아내지 않고, 그대로 존중하면서 관리만 했던 거야."

"오호~ 그랬군요. 현명하네요."

"또 아크바르 대제는 전국의 토지를 다시 측량했어. 지방마다 곡물 생산량과 가격을 파악해 해마다 내야 할 세금을 새롭게 매긴 거지. 그 덕분에 제국의 세금 수입이 크게 늘어나면서 나라는 더욱 부강해졌어. 그리고 인도인들이 세금을 납부하거나 시장에서 물건을 사고 팔 때 화폐를 사용할 수 있도록 화폐 사용을 적극적으로 장려해서 제국의 경제를 발전시키려고 했단다."

"이렇게 보니 아크바르를 왜 대제라고 하는지 알겠어요."

"하하, 그렇지? 아크바르는 무굴 제국의 황제 자리를 자그마치 50년 가까이 지켰어. 이렇게 오랜 세월이 흐르는 동안 무굴 제국은 인도에 확실하게 뿌리를 내렸단다. 그리하여 아크바르 이후 무굴 제국은 인도 역사상 가장 찬란한 시대를 맞이하게 돼."

용선생의 핵심 정리

어린 나이에 황제가 된 아크바르 대제는 페르시아 출신 인사들의 도움으로 위기를 넘기고, 성인이 된 이후에는 힌두교도와 이슬람교도를 차별하지 않는 관용 정신으로 제국에 평화를 가져옴. 만사브다르 제도 등 제국을 다스리는 여러 제도가 체계화됨.

무굴 제국에 세계의 부가 모여들다

"전 아크바르가 대제라는 칭호를 받아서 아크바르 시대가 전성기라고 생각했어요."

곽두기가 중얼거리듯 말했다.

"아크바르가 나라의 기반을 단단히 다져 놓은 덕분에 그 뒤의 황제들이 제국을 전성기로 이끌 수 있었던 거지. 하지만 아크바르도 말년에는 반란 때문에 곤욕을 치렀단다. 그런데 뜻밖에도 반란을 일으킨

↑ 자한기르의 초상

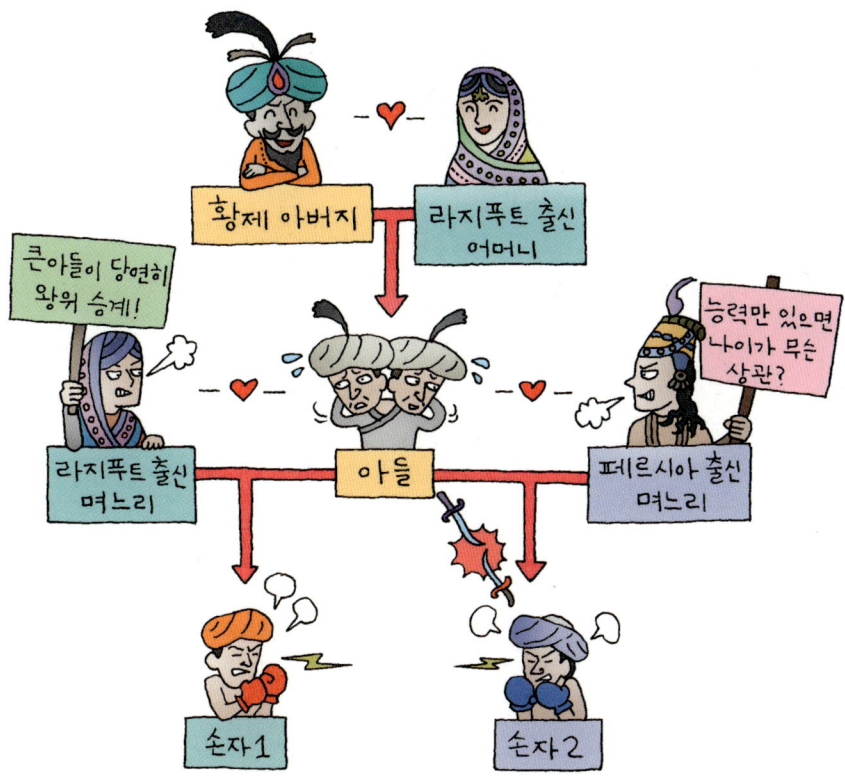

건 이미 황제 자리를 물려받기로 예정된 아들이었어."

"아들이 반란을요? 대체 왜 그랬죠?"

"아크바르는 아들과 사이가 별로 좋지 못했어. 그래서 아들이 아니라 손자에게 황제 자리를 물려주려고 조용히 일을 꾸몄지. 아크바르의 아들이 일으킨 반란은 실패로 끝났지만, 아크바르가 얼마 안 가 세상을 떠나는 바람에 무사히 황제 자리에 올랐단다. 이 아들이 바로 자한기르야. 자한기르는 황제가 된 지 얼마 되지 않아 경쟁자라고 할 수 있는 아크바르의 손자, 즉 자기 아들을 인도에서 추방해 버렸어. 황제 자리를 더욱 단단히 굳히려고 한 거지."

"헉, 아버지랑 아들이 황제 자리를 놓고 싸우다니 그게 무슨 난리

🔺 샤자한과 그의 아내 뭄타즈 마할

래요."

"조금 더 생각해 볼까? 사실 황제 자리를 놓고 벌어지는 싸움에는, 황제가 되려는 왕자의 욕심뿐만 아니라 그 주변 인물들의 욕심도 얽혀 있다는 걸 생각해야 돼. 특히 왕자와 결혼으로 맺어진 집안, 즉 외척의 경우 자신의 외손자나 사위를 황제로 만들 수 있으니 욕심이 커지는 거지. 게다가 무굴 제국에는 뚜렷한 황위 계승 원칙이 없었어. 그래서 무굴 제국은 고질적으로 황제 자리를 두고 왕자들이 벌이는 내분에 시달려야 했단다. 자한기르도, 그 아들인 샤자한도 마찬가지였지."

"거참, 되게 복잡하네요."

장하다가 한숨을 내뱉었다.

"하하. 이렇게 황제 자리를 두고 권력 다툼이 극심해질수록 황제와 왕자들은 자신만의 세력을 길러서 전쟁에 대비하려는 생각을 가지게 되었어. 그래서 아크바르 대제가 중요하게 생각한 균형과 조화의 정신, 즉 인도 내부의 여러 세력 사이에서 균형을 잘 잡아 제국의 평화를 지키려는 정책은 점점 소홀해졌어. 자한기르와 샤자한은 모두 페르시아 출신 귀족들을 팍팍 밀어 주며 자기편으로 삼으려고 했지. 특히, 샤자한은 여러 왕비 중에서 페르시아 출신의 왕비 뭄타즈 마할을 매우 가까이한 것으로 유명해."

"그럼 왕비한테 힘을 실어 준 건가요?"

"응. 뭄타즈 마할은 페르시아 출신 명문 귀족 가문의 여인이었어. 왕비의 집안은 샤자한이 치열한 권력 다툼을 거쳐 황제 자리에 오르는 과정에서 큰 힘이 되어 주었지. 왕비 본인도 샤자한의 둘도 없는 조언자이자 친구였단다. 바로 이 왕비 때문에 만들어진 건축물이 있는데, 그게 바로 유명한 타지마할이야."

"어, 텔레비전에서 본 적이 있어요."

용선생의 말에 장하다의 눈이 동그래졌다.

"근데 왕비랑 타지마할이랑 무슨 연관이 있는데요?"

"타지마할은 뭄타즈 마할의 무덤이거든. 뭄타즈 마할은 서른아홉 살의 나이에 아이를 낳다가 그만 세상을 떠나고 말았어. 왕비를 너무

▼ **건축 중인 타지마할** 매일 2만여 명의 인부가 동원돼 22년 만에 완공됐어.

▲ 시타르 오늘날 북부 인도에서 흔히 볼 수 있는 민속 악기야. 페르시아 악기 '세타르'의 영향을 받아서 만들었대.

▲ 타블라 시타르와 함께 북인도의 대표 타악기야. 인도 남부에서 사용하던 북을 이슬람 음악가들이 개량해서 만들었대.

나 사랑했던 샤자한은 자신의 권력을 모두 동원해서 세상에서 가장 아름다운 무덤을 만들기로 했지. 무굴 제국의 영광을 상징하는 건물 타지마할은 이렇게 만들어지게 되었어."

"사랑하는 왕비를 위해서라니, 낭만적인데요?"

허영심이 손을 모으며 말했다.

"하지만 샤자한은 타지마할을 짓느라 돈을 어마어마하게 썼어. 값비싼 대리석을 아낌없이 쓰고, 다이아몬드와 루비 등 귀한 보석들로 내부를 장식했거든. 건물의 화려함만큼 공사 규모도 어마어마하게 커서 매일 2만 명의 일꾼을 동원해 공사를 시작한 지 22년 만에 완성했대."

"무덤을 짓는 데 그렇게 엄청난 돈을 낭비했단 말이에요?"

나선애가 볼멘소리를 했다.

"하하. 이렇게 어마어마한 공사가 가능했던 건 도리어 무굴 제국이 얼마나 부유하고 평화로운 나라였는지를 알려 주는 증거이기도 해. 무굴 제국은 타지마할이 건축된 이후로도 100년 가까이 인도를 지배하며 번영을 누렸어. 이 당시의 무굴 제국은 전 세계의 부가 흘러드는 나라라고 해도 과언이 아니었지."

"전 세계의 부가 흘러들었다고요?"

용선생의 말에 아이들의 눈이 커졌다.

"응. 바로 인도양 무역 때문이야. 무굴 제국의 황금기라고 할 수 있는 1600년대에 인도양 무역이 전성기를 맞았거든. 특히 인도 특산물인 후추에 이어 면직물, 동남아시아 특산물인 향신료가 세계적으로 큰 인기를 끌면서 전 세계에서 수많은 상인들이 인도에 모여들었어."

"그 이야기는 지난번에도 하셨어요. 인도산 특산물이 큰 인기였다고."

"그래. 게다가 인도 반도는 거대한 인도양의 정중앙에 자리 잡고 있어서, 유럽과 아시아의 상인들이 바다를 오갈 때 자연스럽게 거치는 곳이기도 해. 이때 서아시아에는 오스만 제국과 사파비 왕조 같은 이슬람 제국이 자리를 잡고 있어서 서쪽의 유럽인은 육로를 통해 아시아에 자유롭게 드나들기가 어려웠지. 아시아로 가려면 바닷길을 이용해야 하는데, 바닷길을 통해 아시아로 향하다 보면 맨 먼저 만나는 곳이 바로 인도였던 거야."

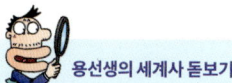

▲ 무굴 제국의 주요 무역항

"결국 위치도 중요했다는 말씀이시네요."

왕수재가 지도를 보며 고개를 끄덕였다.

"맞아. 한편으로는 무굴 제국이 상인들의 활동을 장려한 이유도 컸지. 황제는 상인들에게 매기는 세금을 낮춰 주거나 때때로 면제해 줬어. 이렇게 하면 더 많은 상인들이 찾아와서 결과적으로는 세금을 더 많이 거둘 수 있었거든. 그 덕분에 많은 나라에서 상인들이 찾아와 더욱 활발하게 상업 활동을 펼쳤던 거야."

"주로 어디에서 상인들이 찾아왔어요?"

"주로 아랍 상인과 페르시아 상인, 인도 상인이었지. 그런데 1600년대에 들어서면서 막강한 해군을 앞세운 유럽 상인, 특히 포르투갈 상인의 활동이 두드러지기 시작했어. 포르투갈은 이미 1510년에 인도

> **용선생의 세계사 돋보기**
>
> 무굴 제국은 상인들이 물건을 가지고 항구나 도시를 이동할 때마다 세금을 거뒀어. 그래서 세금을 낮춰 주면 당장은 수입이 줄겠지만 세계 각지의 상인들로 시장이 붐비게 되면 결과적으로는 수입이 늘게 되지.

균형과 조화로 번창하는 무굴 제국 **133**

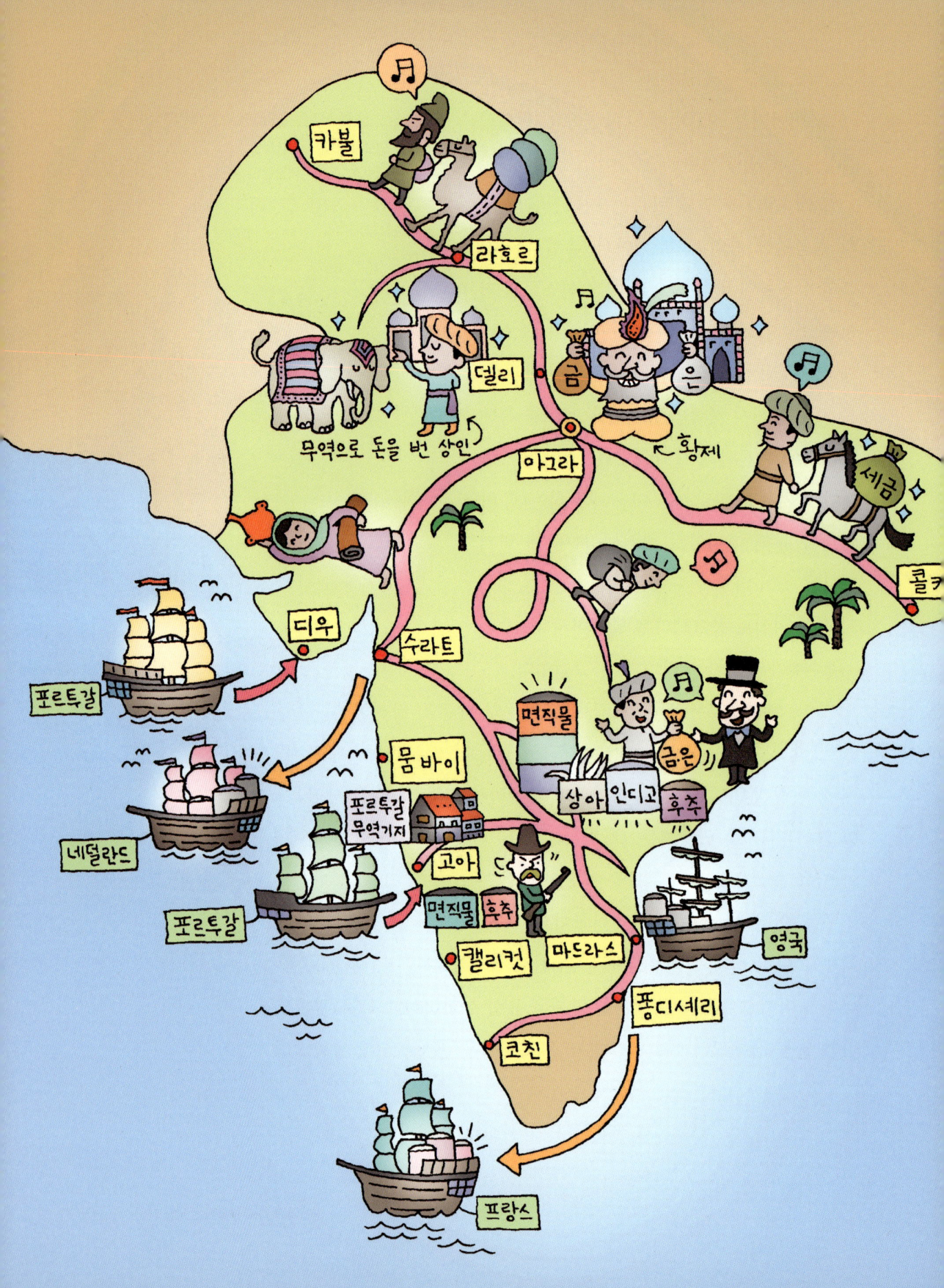

중서부 해안의 '고아'라는 곳을 점령해서 인도양의 무역 기지로 삼고 있었어. 무굴 제국이 생기기 전이었지. 이후에도 인도 해안 곳곳에는 네덜란드, 프랑스, 영국 등 유럽의 여러 나라 상인들이 드나드는 무역항이 차례로 자리를 잡았어. 유럽 상인들의 활동에 대해서는 나중에 더 자세하게 배우게 될 거야."

"그래도 타지마할 같은 건물을 마구 지어 대면 나라 경제가 금세 어려워질 거 같아요."

"그건 그래. 아크바르 대제부터 그 손자인 샤자한까지 화려한 전성기를 누렸던 무굴 제국은 그 아들인 아우랑제브 황제 시기에 이르러 서서히 무너지기 시작했단다."

용선생의 핵심 정리

아크바르를 이은 자한기르와 샤자한의 시대에 무굴 제국은 전성기를 맞이하였으나 아크바르 시대의 관용 정신은 조금씩 퇴색함. 한편으로는 타지마할 등 화려한 건축물을 짓고, 인도양 무역이 활발해지며 세계의 부가 무굴 제국으로 흘러들어 옴.

무굴 제국이 쇠퇴하다

"아우랑제브요? 그 사람은 어떤 황제였는데요?"

"야심이 많고 강인한 황제였어. 일단 황제 자리에 오르는 과정부터 예사롭지 않았단다. 아우랑제브는 반란을 일으켜서 아버지 샤자한을 내쫓아 버리고 스스로 황제 자리에 올랐거든. 아들한테 황제 자리를

→ 샤자한이 갇혔던 아그라 궁성(오른쪽)과 아그라 궁성에서 바라본 타지마할(위)
아그라 궁성에서는 창밖 멀리 작게 타지마할의 모습을 볼 수 있었다고 해.

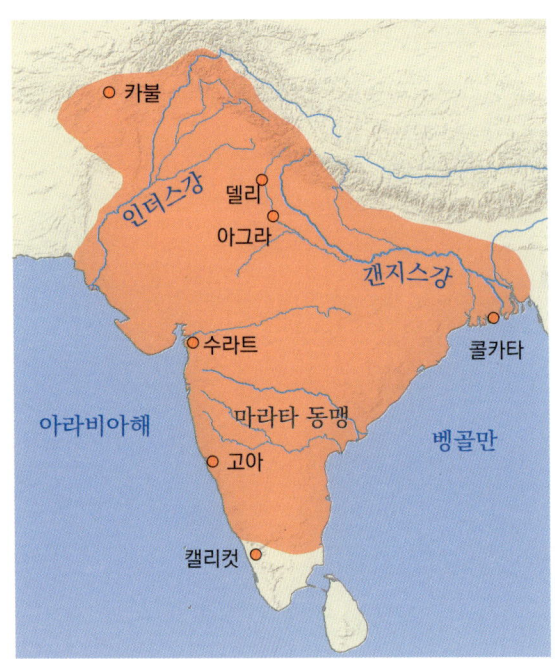

↑ 무굴 제국의 최대 영역

뺏긴 샤자한은 아그라의 궁성에 갇힌 채 자신이 지은 타지마할을 먼발치에서 바라보며 쓸쓸히 숨을 거두었다고 해."

"헉, 아들한테 쫓겨나다니, 가엾어라……."

허영심이 안타까운 듯 입술을 깨물었다.

"그런데 아우랑제브는 굉장히 독실한 이슬람교도로, 소탈하고 검소한 생활이 몸에 밴 사람이었대. 또 뛰어난 전략가로 전쟁에도 매우 능숙했지. 아우랑제브는 아직 무굴 제국의 지배를 받고 있지 않던 데칸고원을 향해 꾸준히 정복 활동을 벌여서 무굴 제국의 영토를 가장 넓게 확장했단다. 인도에 이렇게 거대한 제국이 들어선 것은 먼 옛날 마우리아 왕조 이후로 처음 있는 일이었어."

"그런데 아까는 아우랑제브 황제 시기부터 무굴 제국이 쇠퇴했다고 하셨잖아요?"

장하다가 이상하다는 듯 고개를 갸웃거렸다.

"사실 아우랑제브가 외국 군대에 크게 패하거나 반란군에 완전히 무릎을 꿇은 적은 없었어. 하지만 문제는 정복 전쟁이 너무나도 길고 지루하게 이어졌다는 거야. 이때 데칸고원 일대에는 마라타 동맹이라고 하는 힌두교 영주들의 연합 왕국이 있었어. 마라타 동맹은 무굴 제국의 지배를 받아들이는 대신 자신들의 자치를 인정해 주고 세금 중 일부를 나눠 달라고 했지만 아우랑제브는 이 요구를 끝까지 받아들이지 않았지. 그래서 마라타 동맹은 산지가 많은 데칸고원 곳곳에 숨은 채 무굴 제국에 대항해 게릴라전을 펼쳤단다. 아우랑제브에게 마라타 동맹은 끝까지 해결하지 못한 골칫거리였지."

허영심의 상식 사전

게릴라전 적군의 후방이나 측면을 소규모의 군대로 기습해 괴롭히는 전투 방식을 뜻해.

"이제 보니 데칸고원을 완전히 지배한 게 아니었군요."

"그래. 더 큰 문제는 아우랑제브가 힌두교에 대한 차별 정책, 이슬람교 제일주의를 강력하게 실시했다는 거야. 그게 결정적으로 제국을 병들게 했단다."

▶ **시바지** (1630년~1680년) 마라타 동맹을 이끌며 무굴 제국과 맞서 싸운 인물이야. 특히 농민들의 폭넓은 지지를 받았대.

"그럼 이제 힌두교도는 관리로 뽑지 않는 건가요?"

"그래. 이런 정책은 자한기르 때부터 나타나긴 했지만, 아우랑제브 때 그 정도가 매우 심해졌지. 아우랑제브는 우선 이교도에게 부과하는 인두세를 부활시켰고, 힌두교 사원과 학교를 파괴했어. 그리고 제국의 주요 관직에서 힌두교도를 쫓아내고 앞으로는 이슬람교도만 무굴 제국의 관리가 될 수 있다고 선포했단다."

"힌두교도들이 반발하지 않았어요?"

나선애의 물음에 용선생이 고개를 끄덕였다.

"반발 정도가 아니라 아예 곳곳에서 전쟁이 벌어졌어. 아우랑제브는 재위 기간의 절반 정도를 반란군 진압에 썼다고 해도 지나친 말이

↓ **암베르성** 인도의 라자스탄주에 있는 오래된 성으로 라지푸트들의 근거지 중 하나였어. 이 성의 규모와 화려함은 무굴 제국의 수도 델리와 비교해도 손색이 없을 정도였대.

아니었지. 이때 아우랑제브에게 반기를 든 세력은 크게 둘이었어."

용선생은 인도 북서부 지역을 콕콕 찔렀다.

"먼저, 인도 북서부 지역! 이곳은 전통적으로 힌두교를 믿는 라지푸트 영주들의 세력이 굉장히 강했어. 바부르와 후마윤에 맞서 가장 격렬하게 저항했던 곳이기도 하지. 하지만 아크바르 대제가 관용 정책을 펼치면서 이 지역 라지푸트들은 무굴 제국의 든든한 동맹이 되었단다. 라지푸트들은 아크바르 대제에게 공주를 시집보내기도 했지. 하지만 아우랑제브가 힌두교 차별 정책을 펼치자 라지푸트들은 다시 무굴 제국의 저항 세력으로 돌아섰어. 1679년에는 대규모 반란이 일어났고, 아우랑제브는 30년 동안이나 반란군과 싸웠지만 죽을 때까지 끝내 반란을 진압하지 못했지."

"제국 초부터 가장 힘을 실어 줬던 세력이 등을 돌려 버렸군요."

"그렇지. 두 번째는 바로 인도 북서부의 펀자브 지역을 근거지로 삼은 시크교도들이야. 이들 역시 아크바르 대제 때에는 좋은 대접을 받았지만 이슬람 제일주의가 강화되면서 설 자리가 없어지고 말았지."

"아니, 왜 이렇게 적을 많이 만든 거예요?"

"그러게 말이다. 아우랑제브의

▶ **아우랑제브 황제**
(1618년~1707년)
이슬람교 제일주의를 고집하고 인두세를 부활시키는 바람에 재위 기간 내내 숱한 반란에 직면해야 했어.

균형과 조화로 번창하는 무굴 제국 **139**

▲ **서고츠산맥의 칸달라 계곡** 마라타 동맹의 근거지였어. 지금은 뭄바이와 푸나를 잇는 고속 도로가 뚫려 있지.

말년에는 방금 이야기한 두 지역 외에도 제국 전역에서 반란이 들끓었던 탓에 세금조차 제대로 걷기가 힘들었단다. 반란은 아우랑제브가 죽고 그 아들이 황제가 된 뒤에야 겨우 진압됐어. 사실 말이 좋아서 진압이지, 그냥 원하는 것을 모조리 들어주고 황제가 한발 물러선 것에 가까웠지만 말이야. 그런데 혼란이 채 수습되기도 전에 새로운 황제가 죽으면서 더 큰 문제가 생기고 말았어. 황족들 사이에 치열한 계승 전쟁이 벌어졌거든. 무굴 제국은 산산조각 나기 시작했어."

"아이고, 어쩜 좋아."

"내분이 심해지자 지방 영주들이 사실상 독립을 선언했고, 반란군의 기세는 더욱 거세어졌어. 1738년에는 제국의 수도인 델리가 마라타 동맹에게 점령당하기까지 했지. 엎친 데 덮친 격으로 인도 밖에서 외적이 침입해 결정타를 날렸단다."

아이들은 놀란 표정을 지었다.

"외적이라면 누구를 말씀하시는 거예요?"

"사파비 왕조의 뒤를 이어 이란 일대를 통일한 아프샤르 왕조였어. 1739년, 아프샤르 왕조는 무굴 제국으로 쳐들어와 델리를 대대적으로 약탈했어. 이 사건 이후로 우리가 알던 무굴 제국은 사실상 멸망했다고 보면 돼. 아직 이름이야 남아 있었지만 델리 주변의 아주 좁은 지역을 제외하곤 인도 아대륙에 영향력을 행사할 수 없었으니까."

 나선애의 세계사 사전

아프샤르 왕조 (1736년~1796년) 아프간에서 시작해 사파비 왕조를 몰아내고 이란고원 일대를 지배한 이슬람 왕조. 창건자 나디르 샤 시절 중앙아시아 일대를 정복하며 전성기를 이룩했어.

"그렇게 강대했던 나라가 허무하게 몰락하고 만 거네요."

"그런데 이렇게 혼란에 빠진 인도를 향해 야금야금 손을 뻗는 침략자들이 있었단다. 바로 바다를 통해 인도에 도착한 유럽 상인들이었어."

"그 사람들은 그냥 장사만 하고 있었던 거 아니에요?"

▶ **나디르 샤** (1688년~1747년) 아프샤르 왕조를 세운 인물이야. 이란의 사파비 왕조가 내전에 휩싸인 틈을 타 이란 일대를 점령하고, 인도로 쳐들어와 무굴 제국의 수도 델리를 약탈했지.

균형과 조화로 번창하는 무굴 제국 **141**

"원래는 그랬지. 하지만 무굴 제국이 유명무실해지자 유럽 상인들이 강력한 무력을 바탕으로 인도 곳곳을 장악해 나갔단다."

"멀리서 온 유럽 상인들이 어떻게 인도를 장악해요?"

"무기와 군대 때문이야. 무굴 제국이 혼란에 빠진 1700년대 초쯤 유럽인들은 세계에서 가장 무시무시한 무기를 갖춘 군대를 보유하고 있었거든. 그래서 적은 수로도 인도를 장악해 나갈 수가 있었지. 물론 그 밖에도 많은 이유가 있다만……. 어, 벌써 시간이 이렇게 됐네? 자, 오늘 수업은 여기까지!"

용선생의 핵심 정리

아우랑제브 황제 시대에 이슬람교 제일주의가 강화되며 무굴 제국은 수많은 반란에 시달림. 1700년대에 마라타 동맹, 아프샤르 왕조의 공격으로 사실상 무너짐. 이후 인도에서는 강력한 군사력을 앞세운 유럽인들이 강한 세력으로 떠오르게 됨.

나선애의 정리노트

1. ### 무굴 제국의 탄생
   - 중앙아시아 페르가나의 영주이자 티무르의 후손인 바부르가 인도를 침략함.
     → 북인도의 불안한 정치적 상황과 신무기 대포를 잘 활용했음.
   - 제2대 황제 후마윤은 반란으로 황제 자리에서 쫓겨남.
     → 페르시아 사파비 왕조의 도움으로 복귀에 성공

2. ### 제국의 기반을 다진 아크바르 대제
   - 아크바르 대제는 힌두교도와 이슬람교도를 동등하게 대하는 관용 정신으로 나라를 다스림.
     → 힌두교도와 결혼, 이교도에게 걷는 세금 폐지, 힌두교 관직 진출 허용
   - 만사브다르 제도를 실시하고 토지 조사를 실시하는 등 제국의 체계를 세움.

3. ### 무굴 제국의 전성기
   - 아크바르의 아들과 손자인 자한기르, 샤자한 황제 시기까지 전성기가 이어짐.
     → 타지마할 등 화려한 건축물이 지어지고 인도양 무역이 전성기를 맞이함.
     → 바닷길을 통해 찾아온 유럽 상인들이 곳곳에 무역 기지를 설치함.
   - 아크바르 이후 지속적으로 황위 계승 갈등이 이어지며 관용 정신이 약화됨.

4. ### 무굴 제국의 쇠퇴
   - 제5대 아우랑제브 황제: 제국의 영토를 사상 최대로 넓힘.
     → 이슬람 제일주의를 내세워 반란을 자초함.
     → 아우랑제브 사후 본격적인 쇠퇴 → 아프샤르 왕조의 침략으로 결정적 타격을 입음.
   - 무장을 갖춘 유럽 상인들이 강력한 세력으로 성장함.

세계사 퀴즈 달인을 찾아라!

1 무굴 제국의 지도자에 대한 설명으로 옳지 <u>않은</u> 것은? ( )

① 바부르는 중앙아시아 페르가나의 영주였다.
② 후마윤은 사파비 왕조의 도움으로 황제 자리를 되찾았다.
③ 아우랑제브 황제 시기 제국의 영토를 사상 최대로 넓혔다.
④ 아크바르 대제는 데브시르메니 제도와 예니체리를 통해 세력을 확장했다.

2 빈칸에 공통으로 들어갈 알맞은 이름을 써 보자.

○○○○ 대제는 무굴 제국의 제3대 황제이다. 성인이 된 이후 관용 정신을 앞세워 무굴 제국의 기반을 단단하게 다졌다. ○○○○은 아랍어로 '위대하다'라는 뜻이며, ○○○○ 대제는 무굴 제국 최고의 황제로 존경 받는다.

( )

3 무굴 제국에 대해 <u>잘못</u> 설명한 친구는? ( )

 ① 티무르의 후손인 바부르가 세운 국가야.

 ② 아우랑제브 황제 시기 관용 정책이 실시되었어.

 ③ 아크바르 대제 시기 만사브다르 제도가 실시되었어.

 ④ 활발한 인도양 무역 덕분에 큰 부를 쌓을 수 있었어.

4 다음 건물에 대한 설명으로 알맞지 않은 것은? ( )

① 무굴 제국의 궁전으로 사용되었다.
② 무굴 제국의 영광을 상징하는 건물이다.
③ 샤자한이 아내 뭄타즈 마할을 위해 지었다.
④ 내부는 귀한 보석으로 찬란하게 장식되었다.

5 무굴 제국의 쇠퇴에 대한 설명으로 알맞은 것에 ○표, 알맞지 않은 것에 X표 해 보자.

○ 아우랑제브 황제는 이슬람 제일주의를 주장하여 반란에 시달렸다. ( )

○ 아우랑제브 황제 시기 힌두교도들과 시크교도들이 반란을 일으켰다. ( )

○ 이란고원의 사파비 왕조가 델리를 약탈하여 무굴 제국은 큰 피해를 입었다. ( )

6 다음 그림을 보고 알 수 있는 점으로 옳지 않은 것은? ( )

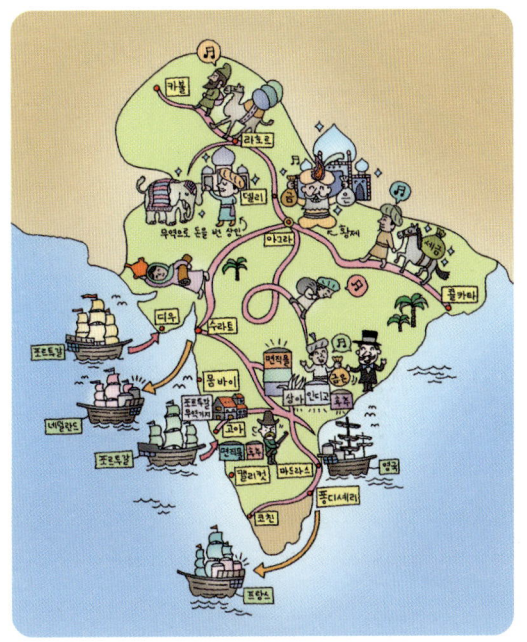

〈무굴 제국의 전성기 모습〉

① 황제는 상인들의 활동을 억압하고 막았다.
② 인도의 특산물은 유럽 상인들에게 인기가 좋았다.
③ 인도에 유럽 상인들의 무역 기지가 많이 지어졌다.
④ 그림은 인도양 무역이 활발하게 진행되는 모습이다.

용선생 세계사 카페

무굴 제국의 건축 탐방

무역과 상공업의 융성으로 부유해진 만큼 무굴 제국에서는 건축 사업이 매우 활발하게 이루어졌어. 특히 아크바르, 자한기르, 샤자한 같은 무굴 제국 전성기의 황제들은 아낌없이 자원을 쏟아부어 아름답고 웅장한 건축물들을 지었지. 그때 지어진 대표적인 건축물들을 구경해 볼까?

▶ 후마윤의 무덤

델리에 있는 무굴 제국 제2대 황제 후마윤의 무덤이야. 이 건물은 연못과 나무들로 꾸며진 거대한 정원에 나지막한 건물을 짓고 그 안에 무덤을 배치한 인도 최초의 '정원식 무덤'이지. 정원식 무덤은 훗날 타지마할에서 정점을 맞게 돼.

▼ 델리의 '붉은 성'

타지마할과 함께 무굴 제국의 건축을 대표하는 걸작이야. 제5대 황제였던 샤자한이 왕족이 머무는 성으로 쓰기 위해 10년에 걸쳐 지었지. 성벽의 높이 18미터, 총 길이 2.4킬로미터로 인도에서 가장 큰 성이라고 해. '붉은 성'이란 이름은 성 전체를 붉은빛을 띠는 돌로 쌓아 올렸기 때문에 붙은 이름이란다. 이 붉은빛 덕분에 해가 질 무렵 석양을 받은 모습이 특히 매우 아름답대.

▶ 라호르 게이트

붉은 성의 정문이야. 파키스탄의 라호르를 향하고 있어서 이런 이름이 붙었어.

↓ 아그라의 타지마할

타지마할은 이슬람 양식과 힌두 양식이 어우러진 무굴 제국 최고의 걸작품으로 꼽히고 있어. 예컨대 건물 주위에 첨탑을 세워서 장식한 건 이슬람 문화의 특징이고, 건물에 팔각기둥과 여러 개의 작은 지붕을 세운 건 인도에서 유래한 건축 양식이지. 그리고 건물 벽에 새겨진 연꽃무늬는 힌두 문화의 전통 양식이란다. 값비싼 대리석으로 지어진 타지마할은 특유의 티 없는 하얀빛으로 유명하지. 원래 건물 내부는 지금보다 훨씬 더 휘황찬란했어. 다이아몬드, 터키석, 수정, 산호처럼 온갖 귀한 보석들로 장식되어 있었거든. 중국부터 프랑스까지 그야말로 전 세계에서 구해 온 물건들이었지. 아쉽게도 이 보석들은 인도가 영국의 식민 지배를 받을 때 영국군 장교들이 훔쳐 가 오늘날엔 거의 남아 있지 않다고 하는구나.

세계에서 가장 아름다운 무덤? 타지마할

타지마할 내부의 꽃 장식
벽을 장식하고 있는 인도 고유의 연꽃무늬야. 하얀 대리석을 파내고 그 안에 색색의 대리석을 일일이 오려 붙여서 만들었어.

타지마할 내부에 안치된 관
타지마할은 엄격한 좌우대칭을 이루고 있는 것으로 유명하지. 하지만 좌우대칭이 아닌 곳이 딱 한 군데 있는데, 바로 뭄타즈 마할의 관이 있는 곳이야. 처음 타지마할이 지어졌을 때에는 이곳 역시 완벽한 좌우대칭을 이루고 있었지만, 훗날 샤자한의 관이 뭄타즈 마할의 관 옆에 놓이면서 좌우대칭이 깨지게 되었대.

대리석을 깎아 만든 섬세한 꽃 장식

타지마할 중심부의 돔과 첨탑
둥근 돔형 지붕과 타지마할 중심부를 둘러싼 네 개의 첨탑은 이슬람 건축 양식의 특징이야.

타지마할의 벽면
타지마할의 겉면에는 온통 하얗고 매끄러운 대리석 타일이 붙어 있단다. 당시 대리석은 매우 값비싼 건축 재료였지.

4교시

르네상스, 그리스와 로마의 부활

흑사병의 악몽이 채 가시지 않은 1300년대 후반,
이탈리아를 중심으로 고대 그리스와
로마 제국의 유산을 되살리려는 움직임이 시작됐어.
이 움직임은 곧 유럽 전역으로 퍼져
커다란 사회적 변화를 이끌어 냈지.
오늘은 유럽의 문화를 뒤바꾼 새 흐름,
르네상스에 대해 알아보자.

1434년	1469년	1486년	1494년	1516년	1527년	1541년
코시모 메디치가 피렌체에서 정권을 잡음	피렌체 대성당 완공	보티첼리, 〈비너스의 탄생〉 완성	프랑스, 이탈리아 공격	에라스뮈스, 《신약성서》 출간	신성 로마 제국군, 로마 약탈	미켈란젤로, 〈최후의 심판〉 완성

역사의 현장 지금은?

르네상스가 꽃핀 이탈리아 북부를 둘러보다

이탈리아 북부에는 중세 시대 이래로 줄곧 부유한 상업 도시가 많았어. 특히 르네상스의 중심지였던 밀라노, 베네치아, 제노바, 피렌체 같은 곳은 오늘날까지도 이탈리아 북부를 대표하는 부유한 도시로 과거의 명성을 이어 나가고 있단다. 그럼 르네상스가 화려하게 꽃핀 도시들의 오늘날은 어떤지 함께 살펴보도록 하자.

▲ 저녁때에 바라본 피렌체의 광경

밀라노
인구 약 130만 명. 오늘날 이탈리아 경제의 중심지야.

베네치아
인구 약 26만 명. 물 위에 지어진 수상 도시야.

피렌체
인구 약 38만 명. 도시 전체가 유네스코 세계유산으로 지정되어 있어.

꽃의 도시 피렌체

피렌체는 미켈란젤로와 레오나르도 다빈치, 단테와 보티첼리 등 르네상스를 대표하는 천재 예술가들이 활동했던 도시야. 그래서 르네상스의 분위기를 물씬 느낄 수 있지. 오늘날 피렌체는 도시 전체가 유네스코 세계유산으로 지정되어 사람들의 발길이 끊이지 않는단다.

피렌체라는 지명은 '꽃이 피는 곳'이란 뜻을 가진 라틴어 '플로렌티아'라는 이름에서 유래했어. 과거 피렌체의 강둑길을 따라 꽃이 가득 피어 있었기 때문에 지어진 이름이라고 해. 그래서 피렌체를 '꽃의 도시'라고 부르기도 한단다.

↑ 베키오 궁전 1200년대에 지어진 이 건물은 오늘날 피렌체 시청으로 사용되고 있어.

← 피렌체의 중심 시뇨리아 광장 피렌체 중심부에 위치한 이 광장에는 르네상스 시대의 조각품이 여럿 늘어서 있어. 피렌체에서 만남의 장소로 유명해.

▲ **베키오 다리** 피렌체에서 가장 오래된 다리로 1300년대에 지어졌어. '베키오 다리'라는 이름부터 '오래된 다리'라는 뜻이래. 이곳에서는 예로부터 많은 상인들이 모여들어 시장을 열었지. 오늘날 이곳에는 주로 귀금속을 파는 금은방이 가득 들어서 있단다.

▶ **토스카나 지방의 포도밭** 피렌체가 위치한 토스카나 지방은 세계적인 와인 생산지야. 풍부한 일조량과 적은 강수량 덕분에 포도가 잘 자라 그리스, 로마 시대 때부터 와인을 생산했지.

◀ **키안티 와인** 토스카나 지방에서 생산된 와인을 '키안티'라고 불러. 키안티는 새콤달콤한 체리 향과 둥근 병을 짚으로 감싼 특이한 디자인으로 유명하지.

물의 도시 베네치아

베네치아는 과거 지중해 무역으로 번영을 누렸던 도시야. 영어로 베니스라고 하지. 《베니스의 상인》의 베니스가 바로 베네치아야. 도시 전체가 갯벌 위에 말뚝을 박아 지어진 특이한 구조로 마치 물 위에 떠 있는 것처럼 보이기 때문에 '물의 도시'라고 불린단다.

▲ **베네치아의 전경** 베네치아에는 차가 없어. 베네치아 사람들은 수상 택시, 수상 버스를 이용해 움직인단다.

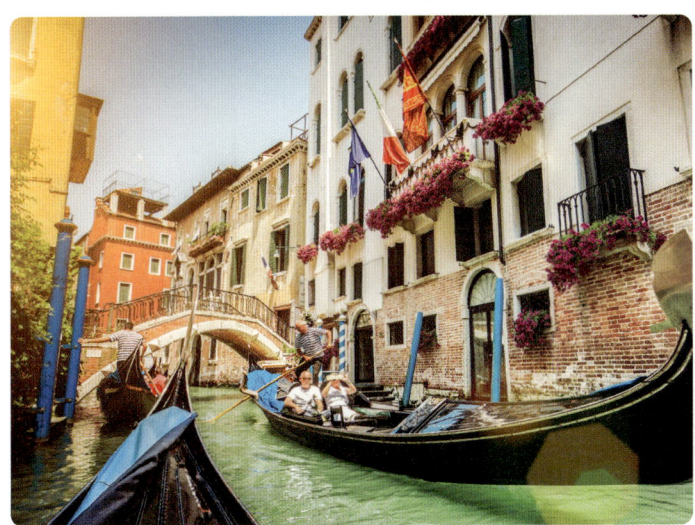

▲ **곤돌라** 폭이 좁고 배의 머리와 꼬리 부분이 휘어져 올라간 작은 보트야. 예로부터 도로보다 수로를 주로 이용하는 베네치아 사람들의 중요한 교통수단이었지. 오늘날 곤돌라의 이용객은 주로 베네치아를 찾은 관광객이란다.

▲ **곤돌라 뱃사공** 곤돌라 뱃사공은 수입이 짭짤해서 베네치아 시민에게 인기 높은 직업이래. 하지만 곤돌라 뱃사공이 되려면 아주 어려운 시험을 통과해야 한다는구나.

▲ **물에 잠긴 베네치아** 베네치아는 갯벌 위에 지어진 도시여서 조금이라도 해수면이 높아지면 도시가 물에 잠겨 버려. 특히 지중해에 우기가 찾아오는 겨울이면 이런 현상이 심하지. 최근에는 지구 온난화의 영향으로 홍수가 더욱 잦아지고 있어.

▲ **베네치아 국제 영화제** 베네치아 국제 영화제는 세계에서 가장 오랜 역사를 자랑하는 영화제야. 칸, 베를린 국제 영화제와 더불어 세계 3대 영화제로 꼽혀.

▲ **화려한 가면을 쓴 사람들** 베네치아는 보고 즐길 거리로 가득 찬 축제의 도시야. 특히 2월에 화려한 의상과 가면을 쓰고 도시 곳곳을 돌아다니는 가면 축제가 유명하지.

이탈리아 경제의 중심지 밀라노

밀라노는 이탈리아에서 로마 다음으로 큰 도시이자 이탈리아 경제를 이끄는 대도시야. 밀라노를 중심으로 한 롬바르디아 지방 전체가 예로부터 유럽에서 손꼽히는 부자 동네였지. 오늘날에는 특히 패션 산업으로 유명해. 아르마니, 베르사체, 프라다 등 세계적으로 유명한 이탈리아 명품 브랜드의 본사가 모두 밀라노에 둥지를 틀고 있어.

◀ 고층 빌딩이 즐비한 밀라노의 전경

▲ 경기를 펼치는 두 클럽의 선수들 밀라노에는 이탈리아 축구를 대표하는 축구 클럽이 두 개나 있어. 바로 'AC밀란'과 '인테르나치오 밀란'이야. 두 클럽은 치열한 라이벌 대결을 펼치며 유럽은 물론 세계에서도 이름을 날리는 축구 클럽으로 성장했단다.

▲ 라 스칼라 극장 '오페라의 성지'로 불리는 극장이야. 오늘날에도 많은 사랑을 받는 <투란도트>, <나비 부인> 등의 작품이 처음 선보인 곳이래.

▼ 두 팀의 홈 구장인 밀라노의 산 시로 스타디움

이탈리아에서 르네상스가 꽃피다

↑ 르네상스 시기 이탈리아의 주요 도시들

"십자군 전쟁과 흑사병이 휩쓸고 간 유럽에서 이탈리아를 중심으로 고대 그리스와 로마의 문화를 되살리는 움직임이 있었어. 왜 그런 일이 일어났는지 당시 유럽 사람들의 생각을 상상해 보자."

용선생은 눈을 빛내며 설명을 시작했다.

"지난 시간까지 배웠던 걸 되새겨 볼까? 먼저 교황은 십자군 전쟁의 잇따른 실패와 아비뇽 유수를 겪으며 권위가 크게 떨어졌어. 또 교황과 사사건건 맞서던 신성 로마 제국의 황제 역시 대공위 시대를 거치며 더 이상 예전처럼 강한 권력을 휘두를 수 없게 되었지. 여기에 흑사병이 유럽을 강타해 많은 사람이 목숨을 잃으면서 유럽인의 생각이 크게 달라졌단다."

"흠. 어떻게 달라졌는데요?"

"간단히 말하자면 '교회에서 가르치고 성서에 쓰인 것이 진리이자 세상의 전부인 줄 알았는데, 그게 아니잖아?'라는 거였어. 한마디로 교회 중심의 세계관에서 벗어나기 시작한 거야. 특히 북이탈리아의 상인들이 맨 먼저 이런 생각을 품었지."

곽두기의 국어사전

세계관 세상 세(世) 경계 계(界) 볼 관(觀). 세상을 보는 관점을 가리키는 단어야.

"왜 하필 북이탈리아예요?"

"북이탈리아는 지중해 교역의 중심지라 부유한 상인들이 많았기 때문이야. 이들은 모직물을 중심으로 한 제조업과 은행업, 무역으

▼ 제노바 이탈리아 북서부의 항구 도시로 베네치아와 더불어 동방 무역의 중심지였어.

곽두기의 국어 사전

자수성가 스스로 자(自) 손 수(手) 이룰 성(成) 집 가(家). 물려받은 재산 없이 스스로의 힘으로 사업에 성공한 것을 가리키는 말이야.

로 엄청난 부를 쌓았어. 어지간한 왕이나 제후들보다 훨씬 부유했지. 게다가 대부분 자신의 능력으로 자수성가했기 때문에 조상들로부터 부와 지위를 물려받은 귀족들과는 달리 자기 자신과 인간에 대한 자부심이 굉장히 높았지. 자연히 이들 사이에서 중세 유럽을 지배해 온 옛 사고방식에서 벗어나 인간을 중심에 놓고 생각하는 새로운 흐름이 나타나게 된 거야."

"그런데 왜 하필 그리스와 로마 문화를 되살리려고 한 거죠?"

허영심이 어리둥절한 표정으로 용선생을 바라보았다.

"몇 가지 이유가 있어. 우선, 이탈리아는 로마 제국의 중심지였잖아? 그러다 보니 아무래도 이탈리아에서는 옛 건물이나 조각 작품 같은 로마 제국의 흔적을 쉽게 접할 수 있었지. 이탈리아인들은 이탈리아반도에서 출발해 유럽 전체를 지배했던 옛 제국의 흔적을 보고 큰 자극을 받았어. 그러니 그리스와 로마의 유산을 연구해 새 시대에 걸맞은 새로운 생각을 찾아보려 한 거지."

"그리스와 로마라면 지금까지 연구할 기회가 충분히 있었던 것 같은데요?"

왕수재가 안경을 치켜올리며 질문을 던졌다.

"그렇긴 한데, 이때까지 유럽 사회는 교회와 성서 말씀이 전부였어. 그러다 보니 고대 그리스와 로마의 역사, 문학 같은 건 학자들의 주요한 관심사가 아니었단다. 게다가 혹시 연구하고 싶은 사람이 있었다고 하더라도 마땅히 읽을 만한 책이나, 스승도 없었어. 서로마 제국이 멸망하고 오랜 혼란을 겪으며 그리스와 로마 유산의 대부분이 사라져 버렸기 때문이지. 그나마 그리스와 로마의 유산을 잘 물려

받은 곳은 로마의 정통 후계자라 할 수 있는 비잔티움 제국이었어."

"어? 비잔티움 제국은 오스만 제국에 멸망하지 않았어요?"

곽두기가 고개를 갸웃거리며 말했다.

"오호, 잘 기억하고 있구나. 바로 그 비잔티움 제국의 멸망이 이탈리아에서 그리스와 로마 문화 연구가 더 활발히 이뤄지는 계기가 되었단다. 많은 학자와 예술가들이 비잔티움 제국을 탈출해 이탈리아로 들어왔기 때문이지. 당시 지중해에서 가장 활발하게 활동했던 이탈리아 상인들을 따라 이탈리아로 와서 자리 잡은 거야. 이들 덕분에 이탈리아 사람들은 고대 그리스와 로마에 대해 더 많은 것을 알 수 있었단다."

"그러니까 비잔티움 제국 사람들이 이탈리아 사람들의 스승이 된 거네요."

나선애가 이해했다는 듯 용선생에게 질문을 던졌다.

"맞아. 이탈리아의 상인들은 학자들을 초대해 수업을 듣기도 하고, 이들의 연구를 후원하기도 했어. 또 학자들은 온 유럽을 샅샅이 뒤져 고대 그리스와 로마의 고전 작품을 수집하고 그리스와 로마 사람들의 삶과 가치관을 탐구했지. 그럴수록 점차 개인의 개성과 자유를 존중하는 사상이 자라났어."

"잠시만요, 그리스와 로마 연구랑 개인의 삶과 가치관을 존중하는 거랑 무슨 상관이 있죠?"

"시민 개개인의 자유와 권리를 중요하게 여긴 거야말로 고대 그리스와 로마 문화의 가장 두드러진 특징이었단다. 너희들, 그리스의 폴

▲ 페트라르카 이탈리아의 시인이자 학자, 정치가야. 고대 그리스와 로마의 문학 작품을 열성적으로 수집한 인물로도 유명하지.

용선생의 세계사 돋보기

고전, 즉 영어로 클래식(Classic)이란 단어는 원래 로마 시대 최고 계급을 뜻하는 단어 '클라시쿠스'에서 나온 말이야. 르네상스 시대에는 일류 작가의 작품, 즉 그리스와 로마 시대 뛰어난 대표작을 가리켰지. 지금은 예전에 만들어진 것 중 시대를 초월하여 높은 평가를 받는 문학, 예술 작품을 가리키는 말로 바뀌었어.

르네상스, 그리스와 로마의 부활 **161**

리스에서 시민이 중심이 돼서 민주주의를 발전시킨 거 기억하니? 또 로마도 시민권 제도가 잘 갖춰진 나라였잖아."

용선생의 말에 아이들은 서로를 바라보며 고개를 끄덕였다.

"이렇게 인간의 개성과 자유, 솔직한 감정을 중요하게 여기는 사상을 인문주의라고 해. 인문주의는 이후 유럽의 문화와 예술에 큰 영향을 미치게 되지."

> **용선생의 세계사 돋보기**
>
> 다른 말로는 휴머니즘(Humanism) 혹은 인본주의(人本主義)라고도 해. 인간을 가장 중요하게 여기는 사상이란 뜻이지.

"어휴, 말이 너무 어려운데……. 조금 쉽게 설명해 주시면 안 돼요?"

용선생의 설명에 장하다가 머리카락을 쥐어뜯었다.

"하하. 예를 들자면 이런 거야. 원래 중세 유럽의 시인은 자기가 사용하는 말과는 상관없이 성서나 교회에서 쓰는 라틴어로만 시를 썼어. 하지만 인문주의의 영향을 받은 시인은 라틴어 대신 각자 자기가 사용하는 말로 시를 썼지. 또 비속어나 사투리, 시시콜콜한 연애 이야기 같은 것들도 시에 집어넣었어. 그렇게 해야 자신의 개성과 감정을 좀 더 솔직하게 표현할 수 있다고 생각했거든."

> **곽두기의 국어 사전**
>
> 비속어 천할 비(卑) 풍속 속(俗) 말씀 어(語). 교양이나 품격 없이 사용하는 점잖지 못하고 속된 말을 가리켜.

"우아, 그건 맞는 말인 것 같은데요? 교회에서 쓰는 말로만 시를 쓰라는 법이 어디 있어요?"

"그래. 이제 좀 알겠지? 한 가지만 더 예를 들어 볼까? 이번엔 그림을 보면서 알아보자."

용선생이 스크린에 사진 두 장을 띄웠다.

"이 두 그림은 모두 성모 마리아와 함께 있

↑ **단테 알리기에리** 단테는 라틴어 대신 자신이 쓰는 이탈리아어를 문학 작품에 활용해 오늘날 이탈리아어의 뼈대를 세운 작가야. 우리에게는 《신곡》으로 잘 알려져 있지.

인문주의자들의 생각 들여다보기

르네상스를 이끈 인문주의자들은 인간을 존엄한 존재로 생각했어. 그래서 세상 모든 것들을 인간을 중심으로 생각하고 표현하려 했고, 그것이 곧 신의 뜻이라고 생각했지. 당시 인문주의자들의 생각을 들여다볼 수 있는 글을 하나 읽어 보도록 하자.

신은 최초의 인간인 아담에게 말하였다. 나는 너를 세계의 중심에 있게 하였으니, 그것은 네가 보다 더 쉽게 세계의 모든 사물을 관찰할 수 있게 하기 위해서이다. (……) 너는 동물의 경지로 떨어져 버릴지도 모르나, 다시 또 신에 가까운 존재로 재생할 수가 있는 것이다. 오직 너 인간에게만 스스로 자유의사에 따라 성장하고 발전할 수 있는 가능성이 주어졌으며, 너는 자신 속에 우주 생명의 싹을 지니고 있다.
- 피코 델라미란돌라, <인간의 존엄에 대하여>에서

▲ **피코 델라미란돌라** 르네상스 시대 이탈리아를 대표하는 철학자 중 한 명이야. 인간의 존엄함과 자유의지에 대해 많은 글을 남겼지.

즉, 신은 인간에게 세상 만물을 탐구하고 신에 가까운 존재에 이를 수도 있는 가능성을 주었다는 거야. 바로 이런 자신감을 바탕으로 자신이 느끼고 생각한 바를 솔직히 이야기하는 르네상스의 특성이 자라날 수 있었단다.

이와는 완전히 다른 느낌을 주는 작품도 있어. 르네상스의 대표적 문학 작품인 《데카메론》을 읽어 볼까?

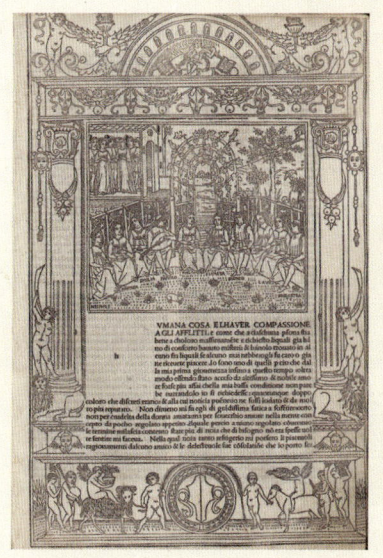

▲ **1492년에 출간된 《데카메론》**

그러나 숙녀들을 좋아하는 나의 타고난 본성을 어떻게 하겠습니까? 내가 숙녀를 좋아하고 또한 숙녀들의 사랑을 받으려 노력한다는 것은 나도 인정해요. 그러나 나는 대체 그것이 무엇이 나쁘냐고 묻고 싶네요. 만일 숙녀분들이 이따금 허락해 주는 사랑에 넘친 입맞춤, 달콤한 포옹 (……) 그리고 그 말로 표현하기 힘든 우아함과 정숙함에 조금이라도 도취될 줄 아는 사람들이라면 내가 나쁘다는 말을 하지 못할 거예요.

- 보카치오, 《데카메론》에서

보다시피 화자의 솔직한 감정이 그대로 드러나 있지? 그동안 영웅과 성인들의 거룩한 이야기만 보고 읽었던 중세 사람들이 르네상스 시대부터는 이렇게 시시콜콜한 연애 감정을 솔직하게 표현하고 또 읽기 시작했단다.

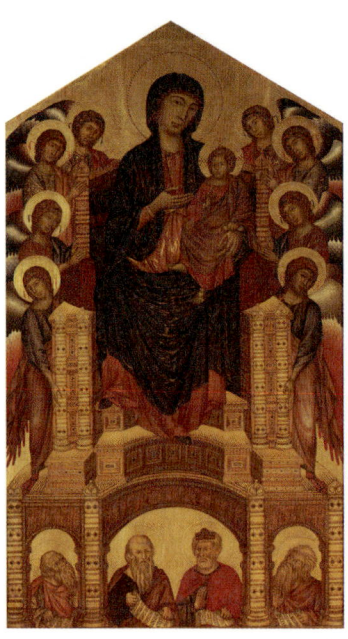

↑ 이탈리아 화가 치마부에가 그린 〈옥좌 위에 앉은 성모〉

↑ 이탈리아 화가 라파엘로가 그린 〈초원의 성모〉

는 아기 예수님을 그린 거란다. 어때, 주제는 같지만 느낌은 많이 다르지?"

"네, 왼쪽 그림은 모두들 표정이 딱딱하고 엄숙해 보여요. 자세도 어딘가 불편해 보이고……. 오른쪽 그림은 성모 마리아가 미소 짓고 있고 아기 예수님도 훨씬 귀여운데요?"

허영심이 그림을 번갈아 살펴보며 말했다.

"맞아. 르네상스 이전까지 왼쪽처럼 그리는 게 정답이었어. 그림 주제는 성서에 나오는 내용뿐이었지. 등장인물도 대부분 예수님이나 성모 마리아, 또는 천사나 성인들이었어. 교회의 가르침에 따르면 이런 인물은 우리들처럼 함부로 감정을 드러내지 않는 존재였기 때문에 저렇게 엄숙하고 딱딱한 표정을 지은 모습으로 묘사한 거야. 그리고 한 가지 더, 중세 화가들은 예수님이나 성모 마리아처럼 신성한 인물일수록 그림의 중앙에다 가장 크게 그렸단다."

"아, 그러고 보니 왼쪽 그림에서는 가운데에 있는 성모 마리아가 가장 크네요."

"응. 하지만 오른쪽 그림은 전혀 다른 느낌이지? 성모 마리아는 인자한 미소를 띤 채 아기 예수를 바라보고 있고, 아기 예수는 꼭 진짜 아기처럼 둥글둥글하고 귀여운 모습이잖니? 표정이 훨씬 자연스럽고 더 사람처럼 보이지. 바로 이런 게 인문주의 영향을 받은 새로운 예술이란다."

"그러니까 보다 인간적이고 자연스러운 걸 좇았다, 이 말씀이시네요."

나선애가 알겠다는 듯 고개를 끄덕였다.

"이런 인간적인 모습은 사실 그리스와 로마의 예술에 가장 잘 표현되어 있어. 그리스와 로마 사람들은 신을 인간처럼 감정과 개성을 가진 존재로 여겼거든. 그래서 예술가들은 그리스와 로마의 예술을 열심히 공부했어. 그리스와 로마인이 그랬던 것처럼 벌거벗은 사람의 몸뚱이를 그림과 조각에 다시 등장시켰지. 인간의 몸이 가진 아름다움을 작품으로 표현하려고 한 거야. 여기 두 조각상을 보렴."

용선생은 스크린에 새로운 사진을 띄웠다.

"왼쪽에 있는 건 고대 그리스의 조각상이야. 오른쪽은 그로부터 1,600년 뒤 이탈리아에서 만든 조각상이지. 언뜻 보면 비슷한 시대에 만든 것 같지 않니?"

"그러게요. 정말 그리스와 로마 예술을 많이 연구했나 봐요."

◀ **라오콘상** (기원전 100년 무렵) 고대 그리스에서 만든 조각상이야. 포세이돈 신전의 사제였던 라오콘이 거대한 뱀에 휘감겨 벌을 받는 모습을 매우 생생하게 표현했지.

▶ **다비드상** (1504년) 르네상스 시대 조각가 미켈란젤로가 만든 작품이야. 르네상스 조각의 최고 걸작으로 손꼽히지.

허영심의 상식 사전

원근법 한 곳에서 본 물체와 공간을 마치 눈으로 실제로 보는 것처럼 멀고 가까움을 느낄 수 있도록 평면 위에 그리는 방식을 가리켜.

"하하. 이렇게 예술가들은 그리스와 로마 예술을 연구만 한 게 아니라 새로운 기법도 만들어 냈어. 대표적인 게 바로 원근법이지. 원근법은 그림을 그릴 때 멀리 있는 것은 작고 흐리게, 가까이 있는 것은 크고 뚜렷하게 나타내는 방법이야. 르네상스 이전에는 예수님이나 성모 마리아처럼 신성한 인물을 가운데에 크게 그렸다고 했지? 예술가들은 이런 틀에서 벗어나 최대한 우리 눈에 보이는 대로 그림을 그리려고 했단다."

"멀리 있는 건 작게 그리고, 가까이 있는 건 크게 그리는 게 당연한 거 같은데……."

"지금 우리가 생각하기엔 당연하지. 하지만 중세 사람들은 사물을 인간의 눈에 보이는 대로 그리는 것이 아니라 신의 눈에 보이는 대로 그리려고 했어. 완전한 신의 눈에 사물이 가까이 있다고 크게 보이고 멀리 있다고 작게 보일 리는 없지. 그러니 중세의 화가들은 원근법을 받아들일 수가 없었던 거야. 자, 이렇게 새로이 탄생한 문화

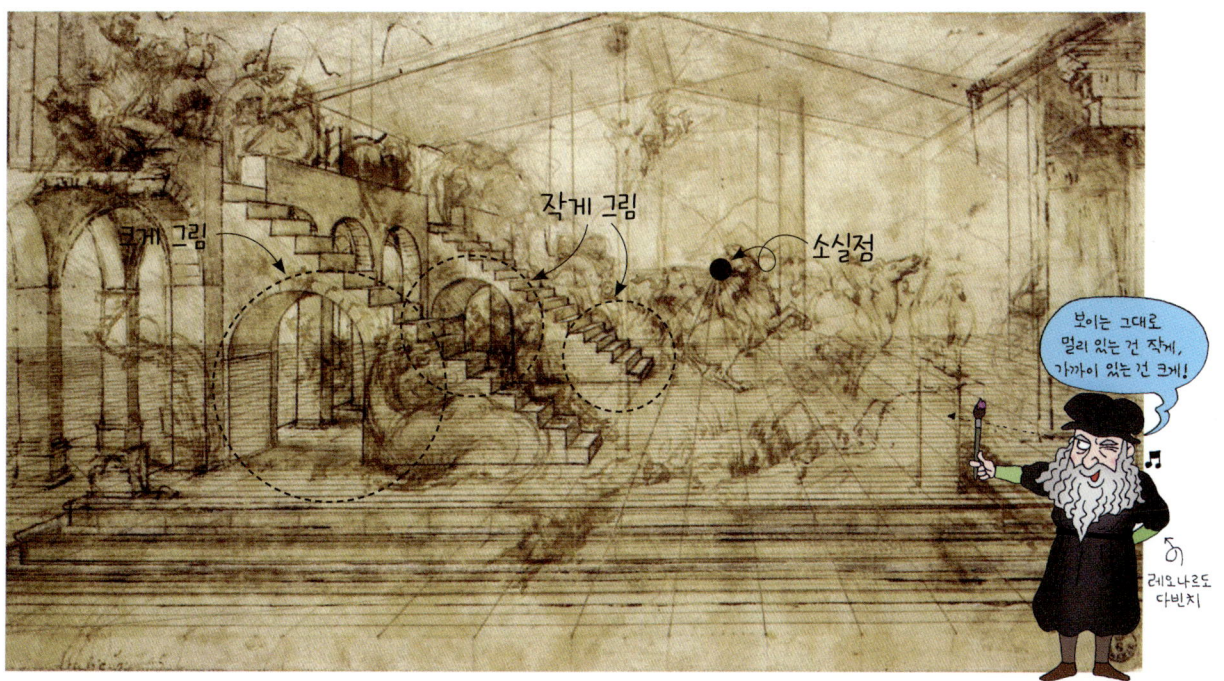

▲ **레오나르도 다빈치의 스케치** 레오나르도 다빈치를 비롯한 르네상스 예술가들은 원근법을 이용해 그림을 그렸어. 원근법을 연구한 예술가들은 공간에 '소실점'이란 한 점을 잡고, 사물이 소실점으로부터 얼마나 떨어져 있느냐에 따라 사물의 크기를 달리 표현했단다.

의 흐름을 '르네상스'라고 불러. 르네상스는 1300년대 후반 이탈리아의 여러 도시를 중심으로 시작되어 점차 유럽 전역으로 번져 나갔단다. 그럼 지금부터 르네상스에 대해 좀 더 자세히 알아볼까?"

 허영심의 상식 사전

르네상스 르네상스(Renaissance)는 부활, 재생이라는 뜻을 가진 프랑스어야. 인간의 개성을 중요하게 여겼던 고대 그리스와 로마 문화가 되살아났다는 의미지.

 **용선생의 핵심 정리**

이탈리아 북부의 부유한 도시 귀족층을 중심으로 교회와 성서 중심의 세계관에서 벗어나 개인의 감정과 개성을 중시하는 사상이 생겨남. 고대 그리스와 로마 문화 연구를 통해 새로이 고대 문화를 되살리기 위해 벌어진 문화 운동이 바로 르네상스.

르네상스, 그리스와 로마의 부활

르네상스를 이끈 피렌체의 메디치 가문

"이탈리아 북부의 도시 중에서 르네상스의 진수를 가장 잘 보여 주는 도시는 피렌체야. 우선 사진 한 장을 살펴볼까?"

용선생이 스크린에 건물 사진을 한 장 띄웠다.

"이건 피렌체에 있는 산타 마리아 델 피오레 대성당이야. 사진 중앙에 보이는 거대한 돔이 인상적인 건물이지. 이 돔은 지금까지 벽돌로 만들어진 돔 중에서 가장 크단다."

"우아~ 진짜 크네요. 근데 왜 저렇게 커다란 건물을 지었어요?"

곽두기가 입을 벌린 채 묻자 용선생이 싱긋 미소를 지었다.

곽두기의 국어 사전
진수 참 진(眞) 골수 수(髓). 사물이나 현상의 가장 중요하고 핵심적인 부분을 가리켜.

허영심의 상식 사전
돔 구체를 반으로 자른 듯한 모양의 지붕을 뜻하는 말. '두오모'와 같은 말로, 유럽에서 흔히 대성당을 가리켜.

▼ **피렌체의 산타 마리아 델 피오레 대성당** 저 거대한 돔은 부르넬레스키라는 건축가가 설계했어. 높이가 약 114미터, 무게가 3만 7천 톤으로 무려 400만 개가 넘는 벽돌이 쓰였대. 판테온을 비롯한 로마 시대 건축물들을 참고해 만들었지.

"피렌체는 이탈리아에서도 손꼽히는 부유한 도시로, 상업으로 성공한 도시 귀족들이 도시의 권력을 장악하고 있었어. 이들은 대성당이나 시청, 의회 등 화려하고 거대한 건축물들을 짓고, 최고의 예술가들이 만든 조각 작품들을 도시 광장에 진열해서 도시의 자부심을 높이고 자신의 부를 과시했어. 피렌체뿐 아니라 북이탈리아의 다른 도시들도 마찬가지였지."

"그럼, 예술가들이 많이 몰려왔겠네요?"

↑ **피렌체의 금화 플로린** 피렌체 금화는 순도가 높고 무게가 일정해서 유럽 전역의 상인들이 믿고 사용했어.

"그렇단다. 1430년부터 1500년대까지 북이탈리아 도시들은 후원자를 찾는 예술가들로 북적거렸어. 그런데 그중에서도 유난히 천재 예술가들이 많이 나타났던 도시가 피렌체였어. 레오나르도 다빈치, 미켈란젤로, 보티첼리 등등……. 이런 천재들이 같은 시대, 같은 도시에서 활동했다는 사실이 그저 놀라울 뿐이지."

"어떻게 그럴 수가 있었던 거죠?"

나선애가 이해가 가지 않는다는 표정을 지었다.

"그게 다 메디치 가문 덕분이었단다."

"메디치 가문이라고요?"

"응. 메디치 가문은 피렌체의 이름난 상인 가문이었어. 피렌체의 특산물인 모직물과 가죽 제품을 거래해서 큰돈을 벌었고, 이 돈을 밑천 삼아 은행업에 뛰어들어 더 큰 성공을 거두었지. 특히 1300년대 후반 들어 교황의 전담 은행가로 발탁된 걸 계기로 메디치 은행은 전 유럽으로 사업을

→ **도나텔로의 청동 다비드상** 르네상스 초기의 걸작으로 꼽히는 작품이야. 피렌체에서 1440년 즈음 제작됐을 것으로 추정하고 있어.

↑ **로렌초 데 메디치** (1449년~1492년) 로렌초는 그리스, 로마 문화를 매우 좋아해서 '플라톤 연구회'를 통해 고대 철학을 연구했어. 그리고 예술가들을 자신의 집으로 초대해 마음껏 작품 활동을 할 수 있도록 많은 도움을 주었지.

확장해 나갈 수 있었단다."

"교황 전담 은행가? 그게 왜요?"

"교황은 전 유럽의 가톨릭교회에서 세금을 걷잖아. 교황의 전담 은행가가 되었다는 건 곧 그 돈을 모두 관리하게 되었다는 의미야. 이 당시 메디치 은행은 이탈리아 전역은 물론 멀리 런던까지 유럽 전체에 지점을 두고 요즘의 온라인 송금 같은 서비스도 실시했어. 예컨대 런던의 메디치 은행 지점에 가서 영국에서 거둔 세금을 교황의 계좌에 입금하면, 교황은 로마의 메디치 은행에서 그 돈을 이탈리아 돈으로 찾을 수 있었지."

"옛날에 그런 일이 가능했단 말이에요?"

곽두기가 눈을 동그랗게 떴다.

"그렇단다. 이 정도면 큰돈을 벌 만하지? 메디치 은행으로 성공한 메디치 가문은 피렌체의 정치에 뛰어들어 1500년대까지 피렌체를 지배했단다. 메디치 가문의 전성기를 이끈 사람은 1469년부터 피렌체를 다스린 로렌초 데 메디치였어. 로렌초는 고대 그리스, 로마 문화의 열렬한 팬으로 피렌체를 찾아온 예술가와 학자들을 아낌없이 후원했지. 그 덕분에 수많은 천재 예술가와 학자들이 피렌체에서 마음껏 활동할 수 있었단다."

"어떤 예술가를 후원했는데요?"

← 산드로 보티첼리의 〈동방 박사의 경배〉

"바로 레오나르도 다빈치와 미켈란젤로, 보티첼리 등 르네상스를 대표하는 예술가들이야. 이들은 로렌초의 후원을 받아 숱한 작품을 남겼지."

"근데 후원이란 게 정확하게 어떤 거예요? 그냥 돈을 대 주면서 그리고 싶은 그림을 마음대로 그리라고 하는 거예요?"

"그건 아니야. 먼저 자신이 후원하는 화가에게 작품을 주문해. 예를 들어 '대성당의 벽면을 장식할 그림을 그려 주시오. 주제는 성서에 나오는 최후의 만찬 장면이면 좋겠소.' 이런 식이지. 그러고 나서 화가가 편히 작업할 수 있도록 작업 비용과 공간을 마련해 주는 거야.

장하다의 인물 사전

산드로 보티첼리 (1445년 ~1510년) 보티첼리는 피렌체 출신의 르네상스 화가야. 섬세하고 우아한 느낌의 그림을 잘 그리기로 유명했지. 보티첼리의 대표작은 〈비너스의 탄생〉, 〈봄〉, 〈동방 박사의 경배〉가 있단다.

르네상스, 그리스와 로마의 부활

↑ **레오나르도 다빈치의 〈최후의 만찬〉** 레오나르도 다빈치가 밀라노의 한 성당에 그린 벽화야. 예수님이 잡혀가기 전 마지막으로 제자들과 함께 저녁을 들었다는 성서 속 내용을 묘사했어. 원래 이 그림은 수도원 식당의 벽면을 장식하는 용도로 주문됐단다.

↑ **레오나르도 다빈치**
(1452년~1519년) 르네상스 시대를 대표하는 천재적인 화가이자 과학자, 기술자야. 그림은 물론 건축, 토목, 수학, 과학, 음악에 이르기까지 다양한 분야에서 뛰어난 업적을 쌓았어.

그리고 작품이 완성되면 사전에 약속한 그림값을 화가에게 주었지.”

“그러니까 화가에게 일거리를 주고 작품값을 두둑이 쳐준다는 거네요.”

“맞아. 마땅한 일거리가 없을 때는 다른 사람에게 후원을 받을 수 있도록 추천장을 써 주기도 했어. 이런 후원 덕분에 레오나르도 다빈치나 보티첼리 같은 뛰어난 예술가들이 역사에 길이 남을 걸작을 남길 수 있었어.”

“그렇구나……. 근데 로렌초가 예술가들에게 이런저런 일을 많이 맡겼던 모양이네요.”

“그렇지. 로렌초의 넉넉한 후원으로 예술가들은 마음껏 창의력을 발휘해 새로운 화법을 개발하고 소재를 탐구할 수 있었어. 아까 이야기한 원근법이 더욱 발달하고, 많은 연습이 필요한 프레스코화 같은 기법이 르네상스 시대에 전성기를 맞이할 수 있었던 것도 그 덕분이었지."

> **허영심의 상식 사전**
> **프레스코화** 벽화의 한 종류. 벽에 회반죽을 바른 뒤 반죽이 마르기 전 물감을 발라서 완성해.

용선생이 스크린에 그림 한 장을 띄웠다.

"와, 그림이 엄청 아름답고 섬세해요."

"이거 부모님이랑 같이 간 전시회에서 봤어요. 제목이 <비너스의 탄생>이었어요."

허영심이 그림을 보고 반가운 표정을 지었다.

"하하, 정답이야. 이 그림은 보티첼리가 그린 <비너스의 탄생>이란다. 너희도 알다시피 이 그림에 등장하는 비너스는 그리스·로마 신

▼ 산드로 보티첼리의 〈비너스의 탄생〉

화에 나오는 미의 여신이야. 로마 건국 신화에 등장하는 아이네이아스의 어머니이기도 하지. 고대 로마인들에겐 비너스가 어머니 신인 셈이었단다."

"음, 그럼 우리나라로 치면 단군 할아버지의 어머니, 그러니까 웅녀쯤 되는 건가요?"

"그렇지. 그림 왼쪽에 입으로 바람을 후후 불어 비너스를 육지로 떠밀어 보내는 남자가 보이니? 이 인물은 서풍의 신 제피로스야. 이탈리아에서는 서풍이 불면 봄이 오기 때문에 제피로스를 봄을 부르는 신으로 여겼어. 그리고 오른쪽에 벌거벗은 비너스에게 다가가 천을 두르는 사람은 비너스를 따르는 여신들 중 하나인 봄의 여신이야."

"그러면 이 그림이 의미하는 건 로마에 봄이 왔다는 건가요?"

허영심의 말에 용선생이 싱긋 웃었다.

"그리고 배경에 꽃들이 잔뜩 그려져 있지? 이 꽃은 피렌체를 의미해. 피렌체는 라틴어로 '꽃이 피는 곳'이란 뜻을 가진 '플로렌티아'란 단어에서 따왔거든. 즉, 이 그림에는 '로마의 어머니 신 비너스가 피렌체로 찾아와 새로운 봄이 시작된다.'라는 의미가 담겨 있단다. 말하자면 피렌체가 옛 로마의 영광을 이어받아 전성기를 누릴 거라는 뜻이지. 보티첼리가 이 그림을 그릴 무렵 메디치 가문의 로렌초가 피렌체를 지배하고 있었어."

"아, 그러니까 로렌초가 피렌체에 전성기를 가져올 거라는 얘기네요."

잠자코 설명을 듣던 나선애가 턱을 쓸며 말했다.

"정답이야. 알고 보면 <비너스의 탄생>에는 피렌체를 장악한 메디

▲ **로렌초 데 메디치의 묘비** 대리석으로 장식된 이 묘비는 천재 조각가 미켈란젤로의 작품이란다.

치 가문의 자부심이 잘 표현되어 있지. 하지만 정작 메디치 가문은 로렌초가 죽고 나서 휘청거리기 시작했단다. 로렌초는 예술을 보는 눈도 남다르고 인격도 훌륭한 사람이긴 했지만 사업가로는 별 재주가 없었거든. 메디치 가문에서 운영하던 은행은 하나둘씩 문을 닫기 시작했고, 로렌초가 사망한 후 2년 만에 메디치 가문은 파산하고 말아."

"그럼 메디치 가문에서 후원하던 예술가들은 이제 어떡해요?"

"그건 걱정 안 해도 돼. 메디치 가문 말고도 밀라노나 베네치아에 후원자들이 있었거든. 교황도 그중 하나였지. 하지만 르네상스의 위기는 전혀 다른 곳에서 오고 있었단다. 1400년대 후반으로 들어서면서 유럽의 여러 강대국들이 이탈리아 북부의 도시를 호시탐탐 노리기 시작했거든. 바로 전쟁이 시작된 거야."

"또 전쟁이라고요?"

용선생의 핵심 정리

은행업으로 성장한 메디치 가문은 피렌체를 지배하며 많은 예술가와 학자를 후원함. 피렌체는 수많은 천재 예술가가 활동하는 르네상스의 대표 도시로 자리매김함.

르네상스의 또 다른 후원자 교황

르네상스가 신 중심의 세계관에서 벗어나려는 운동이었으니 성직자나 교황은 르네상스를 싫어했을 거라고 생각할 수 있어. 하지만 사실 교황은 르네상스의 든든한 후원자였단다. 누구보다 많은 예술품을 주문하고 예술가들을 후원했거든.

르네상스 시대의 교황은 성서의 가르침에만 충실한 성직자가 아니었어. 이때 유럽에서는 돈을 주고 성직자 자리를 사고파는 일이 공공연하게 일어났단다. 그래서 상인 출신 도시 귀족이 추기경 자리에 오르거나 심지어 교황이 되기도 했지. 메디치 가문에서는 무려 두 명의 교황이 나왔어. 이들은 독실한 크리스트교 신자들이 보기에는 성직자로서 너무나 사치스럽고 화려한 생활을 했기 때문에, 훗날 종교 개혁 운동이 일어난 원인 중 하나로 꼽힌단다.

↑ **교황 클레멘스 7세** 메디치 가문 출신 교황. 르네상스의 중요한 후원자야.

이탈리아가 강대국들의 전쟁터가 되다

"도대체 어떤 나라가 이탈리아에 쳐들어왔어요?"
장하다가 눈을 번뜩이며 물었다.
"바로 백년 전쟁 이후 유럽의 최강국으로 떠오른 프랑스야. 프랑스는 1494년, 나폴리 왕국의 왕위를 요구하며 이탈리아로 쳐들어왔어."
"나폴리 왕국이라니요?"
"이탈리아반도 남부를 지배하던 나라야. 원래는 프랑스 왕실에 속한 한 가문이 나폴리와 시칠리아의 왕 자리를 함께 계승하고 있었지. 근데 1282년, 시칠리아섬의 주민들이 무거운 세금에 반발해 독립을 선언하고 이베리아반도의 아라곤 왕을 섬기기 시작했어. 뒤이어 나폴리 왕국도 아라곤의 지배를 받게 되었지. 나중에 아라곤과 카스티야 왕국이 에스파냐로 합쳐지자 프랑스와 에스파냐는 나폴리 왕국을 두고 갈등을 빚었단다. 프랑스 왕은 바로 이 나폴리 왕국을 되찾기 위해 이탈리아를 공격한 거야."

"그래서 어떻게 됐어요?"
"한때 프랑스가 나폴리를 잠시 점령하긴 했지만, 이탈리아 북부 도시들이 전쟁에 끼어드는 바람에 실패하고 말았지. 그러자 프랑스는 목표를 바꾸어 이탈리아 북부의 피렌체, 밀라노, 제노바 같은 부유한 도시들을 집어삼키기로 했어."

> **용선생의 세계사 돋보기**
>
> 이 전쟁을 이탈리아 전쟁이라고 해. 이탈리아 전쟁에는 신성 로마 제국과 교황, 여러 이탈리아 도시 국가들이 끼어들었을 뿐만 아니라 바다 건너 영국과 스코틀랜드까지 참여했어. 약 60년간 8차례에 걸쳐 치열하게 이어진 전쟁이었지.

↑ 이탈리아 전쟁과 프랑스군의 진격로

▲ **산탄젤로성** 로마 시의 북서쪽에 있는 성. 원래는 로마 황제 하드리아누스의 무덤이었어. 로마 약탈이 벌어지는 동안 교황은 이 성으로 도망가 있었단다.

"흠, 암만 프랑스가 강하더라도 욕심이 지나친 거 아닌가요?"

"그래. 이걸 다른 나라들이 두고 볼 리가 없지. 우선 에스파냐가 프랑스의 앞을 가로막았어. 여기에 베네치아와 교황도 개입하며 전쟁의 규모가 조금씩 커졌지. 1500년대에 접어들면서 에스파냐의 왕위와 신성 로마 제국의 황제 자리를 모두 차지한 합스부르크 가문도 끼어들었어. 이렇게 해서 이탈리아 전쟁은 유럽의 최고 강대국들이 맞붙는 큰 전쟁으로 발전하게 됐단다."

"어휴, 전쟁이 어마어마하게 커져 버렸네요."

"그사이 전쟁터였던 이탈리아는 아주 난장판이 되었어. 이탈리아

▲ **로마를 점령한 신성 로마 제국군** 로마를 점령한 신성 로마 제국군은 대부분 유럽에서도 가장 낙후된 북부 독일의 용병 출신이었어. 화려한 로마의 풍경에 눈이 휘둥그레진 이들은 도시를 닥치는 대로 약탈하고 예술품들도 파괴해 버렸지.

의 도시들과 상인들은 전쟁으로 큰 피해를 입었지. 메디치 가문은 전쟁 중 프랑스에 협조했다는 이유로 분노한 시민들의 폭동에 밀려 피렌체에서 추방당하기도 했어. 그리고 북이탈리아의 교역 중심지였던 밀라노는 프랑스와 신성 로마 제국이 서로 뺏고 빼앗기를 반복하는 통에 점점 쇠락의 길로 접어들었단다. 여기에 1527년에는 신성 로마 제국군이 교황이 있던 로마로 쳐들어와서 무자비한 약탈까지 벌였어. 이 약탈로 로마는 쑥대밭이 되었지."

"이탈리아가 강대국들에게 치여 엄청난 피해를 입었군요."

"그래. 그런데 이런 혼란스러운 상황 속에서 유명해진 사람이 있어. 바로 피렌체 출신의 외교관 마키아벨리였지. 마키아벨리는 이탈

 용선생의 세계사 돋보기

프랑스군의 위세에 눌린 메디치 가문은 피렌체의 무역항 피사에 프랑스군이 머물러도 좋다고 허락했어. 이 협상 결과에 분노한 피렌체 시민들은 폭동을 일으켜 메디치 가문을 추방해 버렸지. 하지만 메디치 가문은 1512년에 피렌체로 돌아와 다시 정권을 장악하게 돼.

로마 약탈이 만들어 낸 걸작 〈최후의 심판〉

로마 약탈은 교황과 로마 시민들에게 커다란 충격을 주었어. 평소 가톨릭의 수호자 역할을 자처하던 신성 로마 제국이 가톨릭의 심장부인 로마를 약탈할 거라곤 아무도 예상하지 못했거든. 그래서 약탈이 끝난 후 교황은 유명한 예술가 미켈란젤로를 불러 성서에 등장하는 '최후의 심판'을 그려 줄 것을 부탁했어. '최후의 심판'에는 세상의 마지막 때에 그리스도가 지상으로 내려와 전 인류의 죄를 심판한다는 내용이 담겨 있단다. 교황은 이 그림에 자신이 느꼈던 강렬한 분노를 담으려고 했던 거야. 교황의 요청에 응한 미켈란젤로는 8년 만에 그림을 완성했어. 〈최후의 심판〉에는 벌거벗은 채 지옥으로 떨어지는 사람들, 가죽이 벗겨진 사람, 뱀이 사람을 휘감고 있는 모습 등이 적나라하게 표현돼 당시 사람들에게 커다란 충격을 안겼단다. 오늘날 〈최후의 심판〉은 르네상스를 대표하는 걸작으로 잘 알려져 있지.

← 미켈란젤로, 〈최후의 심판〉

리아가 강대국의 전쟁터가 되는 불행을 되풀이하지 않기 위해선 강력한 군주와 군대가 꼭 필요하다고 생각했어. 그리고 군주는 나라의 이익을 위해서라면 수단과 방법을 가리지 말아야 한다고 주장했어. 때로는 군주가 비열한 짓도 거리낌 없이 해야 한다는 거야. 마키아벨리는 이런 자신의 주장을 《군주론》이란 책으로 펴냈단다."

"흠. 군주가 나라의 이익을 위해서 행동하는 건 당연한 거 아닌가요?"

"오늘날엔 당연한 이야기지. 하지만 중세에는 할 수 없었던 생각이었어. 중세의 군주는 나라의 이익이 아니라 '하느님의 뜻'이나 '기사로서의 명예' 같은 것들이 더 중요하다고 생각했거든. 마키아벨리는

> **나선애의 세계사 사전**
> **군주** 황제나 왕처럼 최고 지위를 세습해 나라를 다스리는 사람을 가리켜.

▲ 니콜로 마키아벨리
(1469년~1527년)

르네상스, 그리스와 로마의 부활 **181**

이런 생각에서 벗어났던 거야. 강력한 군주가 나타나 이탈리아를 통일하고, 이탈리아에서 전쟁을 벌이는 강대국들을 멀리 쫓아내 평화를 이루기를 간절히 바랐던 거지."

"전쟁이 정말 지긋지긋했나 봐요."

장하다가 고개를 끄덕거렸다.

"이탈리아 전쟁은 1559년, 프랑스의 패배로 끝났어. 피렌체를 포함한 북이탈리아 지역은 합스부르크 가문의 지배를 받게 되었지. 그러자 북이탈리아 도시들을 지배해 온 도시 귀족들은 힘을 잃었고, 결국 이탈리아의 르네상스도 내리막길을 걷게 된단다."

용선생의 핵심 정리

1494년, 프랑스가 이탈리아를 공격하며 이탈리아 전쟁이 시작됨. 여기에 에스파냐와 신성 로마 제국이 끼어들며 이탈리아는 강대국의 전쟁터가 됨. 전쟁으로 북부 이탈리아의 도시들은 큰 피해를 입고 르네상스도 내리막길을 걸음.

르네상스가 북유럽으로 퍼지다

왕수재의 지리 사전

플랑드르 오늘날의 프랑스 북부, 벨기에, 네덜란드 일대를 가리키는 지명이야. 영국과 북유럽을 연결하는 교통의 요지여서 일찍부터 도시가 발달했어. 영어로 플랜더스라고 해.

"그럼 이제 르네상스는 끝난 거예요?"

"하하, 그건 아냐. 알프스 너머 북쪽에서도 르네상스가 시작됐거든. 강대국으로 성장한 프랑스와 플랑드르 지역이 새로운 르네상스의 중심이 되었지. 일찍이 모직물 공업과 무역이 발달한 플랑드르에는 이탈리아 북부 도시들 못지않은 부유한 도시들이 많았어. 이때 피렌체를 대표하는 예술가 레오나르도 다빈치는 이탈리아를 떠나 프랑스에서 작품 활동을 시작했지."

"예술가들이 후원자를 찾아 이탈리아를 떠났군요."

"그렇지. 이때 유럽에서는 '이탈리아 배우기'가 대유행이었어. 유럽 사람들이 이탈리아로 유학을 떠나고 옷과 음식, 말투와 행동 방식까지도 이탈리아를 따라 했지. 프랑스와 벨기에의 학자들은 이탈리아 인문주의자처럼 옛 그리스와 로마의 고전 연구에 몰두했고, 화가들은 이탈리아 화가들의 그림을 모방했어. 자연히 원근법과 사실적인 인체 묘사 같은 르네상스 미술의 특징이 알프스 이북에서도 나타나기 시작했지."

"하긴. 이탈리아 그림은 딱 봐도 멋져 보여요. 저 같아도 흉내 내고

↑ 플랑드르 지역

↑ 레오나르도 다빈치의 〈암굴의 성모〉
레오나르도 다빈치가 프랑스 국왕의 초대로 프랑스 궁정으로 들어갔을 때 이탈리아에서 들고 간 작품이야. 레오나르도 다빈치는 밀라노에서 채 그리지 못한 작품들을 프랑스로 챙겨가 완성했지.

↑ 레오나르도 다빈치의 〈모나리자〉
'세계에서 가장 유명한 인물화'라는 별칭이 붙은 작품이야. 희미하게 보일 듯 말 듯 한 미소가 인상적이지.

183

↑ **안트베르펜** 플랑드르의 대표적인 도시야. 모직물 산업의 발달에 힘입어 1500년대부터 유럽 제일의 무역항이 되었지. 동화 《플랜더스의 개》의 무대이기도 해.

싶었을 것 같아요."

"알프스 이북의 르네상스는 이탈리아의 영향을 짙게 받긴 했지만 이탈리아의 르네상스와 몇 가지 큰 차이점이 있단다."

"무슨 차이가 있는데요?"

장하다가 어리둥절한 표정으로 용선생을 바라보았다.

"이탈리아의 르네상스를 이끈 예술가들은 그리스와 로마 문화에 관심이 많았다고 했지? 그래서 이탈리아에서는 그리스·로마 신화를 주제로 한 작품이 종종 만들어졌어. 또 작품 하나를 만들더라도 수

▲ 플랑드르의 화가 피터르 브뤼헐이 그린 〈농가의 결혼식〉 농민들의 일상생활이 자연스럽게 표현된 그림이야.

학적으로 완벽하게 비례를 맞추어 정확한 구도를 잡아 표현하려 애썼지. 하지만 알프스 이북의 예술가들은 그리스 로마 신화에 대한 관심이 별로 없었어. 그 대신 평범한 사람들의 일상생활을 눈에 보이는 그대로 그리는 것을 더 좋아했단다. 그래서 이탈리아 르네상스의 작품처럼 웅장하거나 완벽해 보이지는 않지만, 더 자연스러운 구도를 가진 작품들이 많아. 농민들의 자연스러운 일상을 그린 이 그림을 보면 무슨 말인지 이해가 갈 거야."

"무슨 말씀이신지 조금은 알 것 같아요. 이탈리아 그림보다 훨씬 자연스러워 보여요."

그림을 들여다보던 허영심이 팔짱을 낀 채 고개를 끄덕거렸다.

곽두기의 국어 사전

구도 꾸밀 구(構) 그림 도(圖). 그림의 모양이나 위치, 색깔 등 여러 요소의 짜임새를 가리키는 말이야.

르네상스, 그리스와 로마의 부활 **185**

◆ 플랑드르의 화가
얀 반 에이크의
〈아르놀피니 부부의 초상〉
이 그림은 성공한 은행가 부부의 결혼을 기념하기 위해 그린 그림이야. 르네상스 시대에는 이렇게 종교적 주제에서 벗어난 그림도 많이 그려졌어.

"하하. 그리고 한 가지 더. 알프스 이북에서는 예술뿐 아니라 신학에서도 새로운 흐름이 나타났어. 신학자들은 알프스 이북의 르네상스를 이끈 주역 중 하나였지."

"신학자가 르네상스를 이끌다니요?"

"이때 서유럽의 가톨릭교회는 크게 부패해 있었어. 성직자들은 성직을 사고팔거나 재산을 모으는 데 집착했지. 심지어 교황 자리조차 돈으로 사고팔 정도였단다. 그래서 교회 성직자의 부패를 비판하는 사람들이 많았어."

"돈을 주고 교황이 된다고요? 정말 엉망이네요."

"이런 분위기 속에서 신학자들은 어떻게 하면 교회를 바로잡을 수 있을까 고민했지. 대표적인 학자가 바로 네덜란드의 신학자 에라스뮈스였어. 에라스뮈스는 초기 크리스트교 정신으로 돌아가야 한다고 주장했단다."

"초기 크리스트교 정신이 뭔데요?"

"그야 성서에 나와 있는 예수님의 가르침이지. 예수님의 가르침을 제대로 알기 위해선 아무래도 성서가 정확해야겠지? 그래서 에라스뮈스는 여러 고전 문헌을 연구해 그리스어로 된 《신약성서》를 내놓았단다."

"그리스어로 된 성서가 뭐예요?"

"원래 《신약성서》는 그리스어로 쓰여졌거든. 에라스뮈스는 지금껏 교황이나 고위 성직자들이 성서를 자기들 입맛대로 해석했기 때문에 크리스트교의 정신이 어지럽혀졌다고 생각했어. 그래서 그리스어 성서에 라틴어 번역본과 설명을 덧붙여 최대한 원래 성서에 가까운 성

▲ 에라스뮈스
(1466년~1536년) 네덜란드의 성직자야. 북유럽 르네상스를 대표하는 인문주의자이지.

▲ 토머스 모어
(1478년~1535년) 토머스 모어는 영국의 법률가이자 정치가야. 당시 영국 사회를 신랄하게 비판한 《유토피아》라는 작품으로 잘 알려져 있단다.

르네상스, 그리스와 로마의 부활

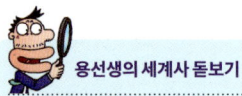

용선생의 세계사 돋보기

에라스뮈스의 성서 편찬으로 성직자가 아닌 일반인도 쉽게 성서를 읽을 수 있게 되면서 교회에 대한 비판의 목소리가 더욱 커지게 되었지.

용선생의 세계사 돋보기

북유럽 르네상스 시기엔 에라스뮈스의 《우신예찬》처럼 교회의 부정부패, 사회 문제들에 풍자와 해학을 곁들인 풍자 문학이 큰 인기를 얻었단다.

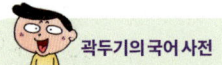

곽두기의 국어 사전

위선 거짓 위(僞), 착할 선(善). 겉으로만 착한 척하는 행동을 말해.

서를 펴내 교회 개혁의 발판을 마련하려고 한 거야. 이런 점에서는 고전을 철저히 연구한 이탈리아 학자와 비슷하지."

"그럼 성서만 제대로 읽으면 모든 게 해결되나요? 그럴 것 같지는 않은데……."

나선애가 고개를 갸웃거렸다.

"물론이지. 에라스뮈스는 성서를 바로 펴내는 일 말고도 부패한 교회와 성직자의 타락을 앞장서서 비판했어. 1511년, 《우신예찬》이란 책을 통해 당시 철학자, 신학자, 성직자들의 위선을 낱낱이 까발렸지. 에라스뮈스의 활동은 곧이어 유럽에서 일어날 종교 개혁에 큰 영향을 주었단다."

"와, 종교 개혁이라고요?"

"하하, 그건 정말 엄청난 사건이라서 다음 시간에 배울 거란다. 자, 오늘 수업은 여기까지! 정말 고생 많았어."

용선생의 핵심 정리

이탈리아 르네상스의 영향을 받아 알프스 이북의 플랑드르 지방을 중심으로 르네상스가 발생. 알프스 이북의 예술가들은 평범한 일상생활을 자연스럽게 묘사하는 한편, 신학자들의 교회 개혁 운동이 두드러졌음.

나선애의 정리노트

1. 르네상스의 탄생
- 이탈리아의 부유한 도시 귀족들을 중심으로 그리스와 로마 문화 연구가 유행
  → 인문주의가 등장해 유럽의 문화와 예술에 큰 영향을 줌.
  * 인문주의: 인간 개개인의 개성과 자유를 존중하려는 사상
- 인문주의의 영향을 받아 탄생한 새로운 문화적 흐름 → 르네상스

2. 피렌체와 메디치 가문
- 피렌체: 르네상스를 대표하는 이탈리아 북부의 상업 도시
  → 은행업으로 돈을 번 메디치 가문이 권력을 잡고 예술가와 학자를 후원함.
  → 레오나르도 다빈치, 미켈란젤로, 보티첼리 등 여러 천재 예술가를 배출

3. 이탈리아 전쟁과 르네상스의 쇠퇴
- 프랑스의 침공으로 이탈리아 전쟁이 시작됨.
  → 합스부르크 가문의 개입으로 전쟁이 커지며 70년 가까이 지속됨.
  → 이탈리아의 도시들이 큰 피해를 입음. → 르네상스 쇠퇴
- 마키아벨리는 《군주론》을 통해 이탈리아에 강력한 군주가 필요하다고 주장함.

4. 북유럽의 르네상스
- 북유럽의 플랑드르 지방이 새로운 르네상스의 중심지가 됨.
- 북유럽 르네상스의 특징
  → 평범한 사람들의 일상생활을 자연스러운 구도로 표현
  → 에라스뮈스와 같은 신학자가 중심이 되어 교회 개혁 운동을 진행

세계사 퀴즈 달인을 찾아라!

1 르네상스에 대한 설명으로 알맞은 것에 ○표, 알맞지 않은 것에 X표 해 보자.

○ 교회 중심의 세계관을 강화하려는 움직임이었다. ( )

○ 인간의 개성과 자유를 중요시하는 인문주의의 영향을 받았다. ( )

○ 고대 그리스와 로마의 문화를 되살리기 위한 문화 운동이었다. ( )

2 르네상스 예술의 특징에 대해 잘못 설명한 친구는? ( )

 ① 라틴어 대신 자국어로 시를 짓기도 했어.

 ② 예수님이나 성모 마리아처럼 신성하고 중요한 인물들을 더 크게 그렸어.

 ③ 그리스와 로마 시대처럼 벌거벗은 사람이 그림이나 조각에 다시 등장했어.

 ④ 원근법처럼 눈으로 보는 것과 같이 그림을 표현하려는 기법들이 개발되었어.

3 다음 사진 속의 도시에 대한 설명으로 알맞지 <u>않은</u> 것은? (   )

① 사진 속 도시는 '베네치아'이다.
② 메디치 가문이 다스렸던 곳이다.
③ 이탈리아 르네상스를 대표하는 도시이다.
④ 르네상스 시대 수많은 천재 예술가들이 활동한 곳이다.

4 다음 사진과 설명이 나타내는 인물의 이름으로 알맞은 것은? (   )

 이 인물은 피렌체를 다스리며 메디치 가문의 전성기를 이끌었다. 그리스와 로마 문화를 매우 좋아해서 '플라톤 연구회'를 만들기도 했고, 많은 예술가들을 초대해 마음껏 작품 활동을 할 수 있도록 후원하기도 했다.

① 에라스뮈스　② 로렌초 데 메디치
③ 레오나르도 다빈치　④ 교황 클레멘스 7세

5 빈칸에 들어갈 알맞은 책의 이름을 써 보자.

피렌체 출신의 외교관 니콜로 마키아벨리는 이탈리아가 강대국의 전쟁터가 되는 불행을 되풀이하지 않기 위해선 강력한 군주와 군대가 꼭 필요하다고 생각했다. 그리고 군주는 나라의 이익을 위해서라면 수단과 방법을 가리지 말아야 한다고 주장했다. 그는 이런 자신의 주장을 《○○○》이라는 책으로 펴냈다.

(   )

6 다음 그림을 통해 알 수 있는 북유럽 르네상스의 특징으로 알맞은 것은? (   )

① 그리스·로마 문화를 주제로 한 작품이 많았다.
② 평범한 사람들의 일상생활을 자연스러운 구도로 표현했다.
③ 이탈리아와는 달리 주로 귀족과 상인들이 르네상스를 이끌었다.
④ 수학적으로 완벽하게 비례를 맞추어 정확한 구도를 잡아 표현했다.

정답은 310쪽에서 확인하세요!

| 용선생 세계사 카페 |

위대한 예술가 미켈란젤로 이야기

미켈란젤로는 르네상스 시대 이탈리아에서 활동한 예술가야. 레오나르도 다빈치, 라파엘로와 함께 르네상스의 전성기를 이끌며 숱한 걸작을 남겼지. 위대한 예술가 미켈란젤로가 어떤 삶을 살았고, 어떤 작품들을 남겼는지 우리 같이 살펴보도록 할까?

예술가의 길로 들어선 미켈란젤로

▲ 〈성 안토니오의 고뇌〉
미켈란젤로가 고작 열세 살에 그린 그림이래.

미켈란젤로는 1475년, 피렌체 부근에서 태어났어. 어렸을 때부터 미켈란젤로는 조각용 끌과 망치를 가지고 놀면서 이탈리아 최고의 예술가가 되기로 결심했대. 하지만 미켈란젤로의 아버지는 아들이 예술가가 아닌 공무원으로 성공해서 집안을 일으키기를 바랐지. 그래서 미켈란젤로의 꿈을 굉장히 못마땅하게 여겼어. 하지만 미켈란젤로는 예술가가 되겠다는 자신의 꿈을 포기하지 않았대. 결국 열 세 살의 미켈란젤로는 아버지의 반대를 꺾고 유명한 화가의 도제가 되어 예술가의 길을 걷게 되었지.

로렌초 데메디치의 후원

하지만 미켈란젤로는 점점 그림보다는 조각에 더 매력을 느꼈어. 결국 미켈란젤로는 화가의 제자가 된 지 1년 만에 그림을 배우는 걸 그만두고 본격적으로 조각을 공부하기 시작했단다. 그런데 이때 미켈란젤로에게 엄청난 후원자가 나타났어. 바로 당시 피렌체를 주름잡던 메디치 가문의 수장 로렌초 데메디치였지. 로렌초는 미켈란젤로가 조각한 작품을 보자마자 그의 재능을 알아보고는, 곧장 자신의 집으로 불러들여 마음껏 조각 공부를 할 수 있도록 도왔어. 미켈란젤로는 로렌초의 후원으로 메디치 가문에서 수집한 위대한 작품들을 보며 자신의 재능을 갈고닦았단다.

↑ **〈켄타우루스 전투〉** 미켈란젤로가 열일곱 살에 만든 작품이야. 이 작품이 완성되기 직전인 1492년에 후원자 로렌초가 세상을 떠나는 바람에 미완성으로 남게 되었단다.

↑ **〈계단 위의 성모〉** 〈켄타우루스 전투〉와 마찬가지로 미켈란젤로가 열일곱 살 때 조각한 작품으로 알려져 있어.

불후의 명작 〈피에타〉와 〈다비드〉

1492년, 미켈란젤로의 든든한 후원자였던 로렌초 데메디치가 세상을 떠났어. 후원자가 없어진 미켈란젤로는 피렌체를 떠나 로마로 향했지. 그리고 불과 스물넷의 나이에 〈피에타〉로 단숨에 르네상스 최고의 조각가가 되었단다. 미켈란젤로의 솜씨가 얼마나 뛰어났던지, 사람들은 완성된 〈피에타〉를 보고서는 이 작품은 절대 풋내기 조각가 혼자서 만들 수 있는 수준이 아니라며 누군가 도와준 건 아닌지 의심을 품었어. 화가 난 미켈란젤로는 몰래 〈피에타〉가 전시된 성당으로 들어가 조각상에 '피렌체에서 온 미켈란젤로가 만들었다.'고 자신의 이름을 새겼대.

〈피에타〉로 유명 조각가가 된 미켈란젤로는 1501년 피렌체 성당의 벽 기둥을 장식할 조각을 해 달라는 의뢰를 받게 돼. 그런데 성당에서 재료로 제공한 대리석은 일찍이 다른 조각가가 작품을 만들려다 실패해 40년간 창고에 방치되어 있어서 다루기가 매우

르네상스 최고의 조각가 미켈란젤로의 조각상

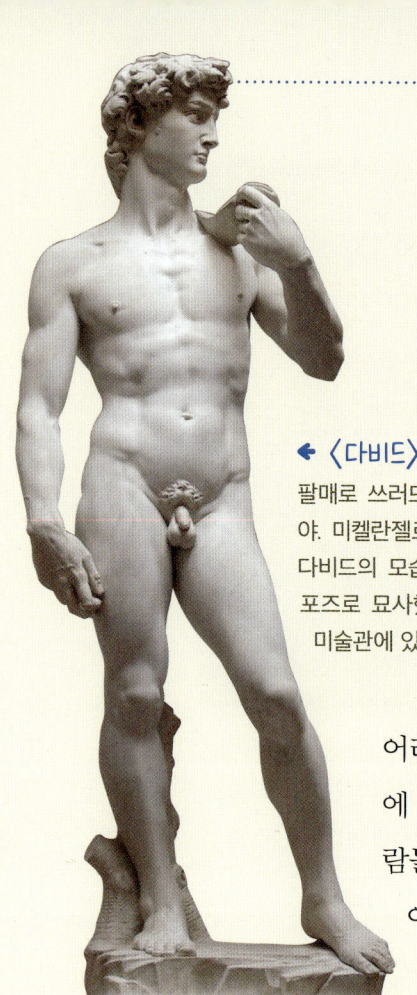

➡ **〈피에타〉** 십자가에서 죽은 채 내려진 예수를 안고 슬퍼하는 성모 마리아를 묘사한 조각상이야. 그동안 많은 예술가들이 같은 주제로 숱한 작품을 남겼지만, 뭐니 뭐니 해도 미켈란젤로가 만든 이 피에타상이 가장 높은 평가를 받고 있단다. 바티칸의 성 베드로 대성당에 전시되어 있어.

⬅ **〈다비드〉** 다비드(다윗)는 거인 골리앗을 돌팔매로 쓰러뜨리고 이스라엘의 왕이 된 사람이야. 미켈란젤로는 골리앗을 향해 돌을 던지려는 다비드의 모습을 강인한 근육과 생동감 넘치는 포즈로 묘사했지. 지금은 피렌체의 아카데미아 미술관에 있어.

어려운 상태였지. 하지만 미켈란젤로는 이 망가진 대리석으로 3년 만에 걸작 〈다비드〉를 만들어 냈단다. 〈다비드〉가 처음 공개됐을 때, 사람들은 '그 어떤 조각상도 〈다비드〉를 능가할 수는 없다.'라며 입에 침이 마르도록 칭찬했어. 그리고 이런 걸작을 눈길이 잘 닿지 않는 성당 벽기둥 위에 둘 수 없다고 생각해 피렌체 시청 앞에 놓아두기로 결정했단다.

교황의 명으로 천장화를 그리다

이후 미켈란젤로는 이탈리아 최고 조각가로 승승장구했어. 다른 예술가들은 미켈란젤로가 가진 재능과 인기를 몹시 질투했단다. 그래서 교황이 새로 지은 시스티나 성당의 천장을 장식할 화가를 구하자 질투에 휩싸인 나머지 미켈란젤로를 강력히 추천했어. 조각가인 미켈란젤로는 천장화를 그려 본 적이 없을 테니 당연히 망신만 당할 거라고 생각했지. 천장화는 그리기가 매우 어려운 그림이야. 높은 곳에서 발판 하나에 의지해야 할 뿐만 아니라, 그림을 그릴 자세를 잡기도 어려운 데다가 걸핏하면 물감이 얼굴로 떨어지기 때문이지. 그래서 숙련된 화가라도 한 면을 채우는 데 1년 정도가 걸린대. 하지만 미켈

천재 미켈란젤로가 그린 천장화, 시스티나 천장화

194

▼ **시스티나 성당의 천장화** 미켈란젤로가 4년 동안 그린 천장화야. 총 33개의 면에 300명 이상의 인물이 그려진 대작이지. 이 그림에는 《구약성서》에 등장하는 창세기, 예언자들의 이야기들이 담겨 있어.

◀ **〈아담의 창조〉 - 시스티나 천장화 일부**
우리에게 익숙한 〈아담의 창조〉는 시스티나 천장화의 일부야. 성서에서 하느님이 최초의 인간 '아담'에게 생명을 불어넣는 장면을 묘사했단다. 금방이라도 살아 숨 쉴 듯한 아담과 생동감이 넘치는 하느님의 모습이 인상적인 작품이지.

란젤로는 33면의 천장화를 고작 4년 만에 완성했어. 교황을 비롯한 사람들은 미켈란젤로가 그린 천장화를 보고 한동안 입을 다물지 못할 정도로 감탄했대.
시스티나 천장화를 완성한 이후로도 미켈란젤로는 약 30년 동안 르네상스 최고의 예술가로 활동하며 숱한 걸작을 남겼어. 미켈란젤로는 건축가로도 활동했는데, 오늘날 세계 최대의 성당인 바티칸의 성 베드로 대성당의 설계를 맡은 사람이 바로 미켈란젤로란다.

▶ **바닥에서 바라본 시스티나 천장화**
멀리 벽면에 보이는 그림은 미켈란젤로가 약 20년 뒤에 그린 〈최후의 심판〉이야.

프레스코화 그리는 법

프레스코화는 르네상스 시대 크게 유행한 벽화의 한 종류야. 벽에 회반죽을 바른 뒤 반죽이 마르기 전에 물감을 발라서 그림을 완성하지. 이렇게 하면 물감이 벽에 완전히 스며들어서 보존이 쉬울뿐더러 특유의 투명한 색감도 낼 수 있기 때문에, 고대 로마 시대부터 많은 예술가들이 프레스코화를 즐겨 그렸단다. 그럼 프레스코화가 어떤 과정을 거쳐서 만들어지는지 살펴보도록 할까?

3. 벽면에 회반죽 바르기
석회, 물, 화산재 등을 섞어 회반죽을 만들고, 천장이나 벽면에 바른다.

4. 회반죽 위에 바탕 그림 옮기기
미리 스케치해 둔 그림의 윤곽선을 따라 촘촘하게 구멍을 뚫고, 그림을 벽면에 붙여 목탄가루를 담은 작은 자루로 툭툭 친다.

5. 회반죽 얇게 덧바르기
그날 작업할 천장이나 벽면에 그림의 윤곽선이 살짝 보이도록 하얀 회반죽을 얇게 덧바른다.

5교시
종교 개혁이 유럽 사회를 뒤흔들다

유럽은 서서히 중세 시대가 저물어 가고
그동안 막강한 권력을 누렸던 교회와 성직자는 큰 위기를 맞이했어.
유럽 곳곳에서 부패한 성직자를 추방하고
교회를 완전히 바꿔야 한다는 목소리가 커졌거든.
결국 1517년, 독일의 한 신학자가 쓴 글을 계기로
서유럽 교회는 거센 개혁의 불길에 휩싸였지.
오늘은 독일에서 지펴진 불씨가
교회를 어떤 식으로 바꾸어 나갔는지 살펴보도록 하자.

1445년	1517년	1534년	1541년	1545년~1563년	1555년	1572년	1598년
구텐베르크, 활판 인쇄술 발명	루터, 〈95개조 반박문〉 발표	헨리 8세, 수장령 공포	칼뱅, 제네바에서 종교 개혁 시작	트리엔트 공의회	아우크스부르크 평화 협정	성 바르톨로메오 축일의 학살	앙리 4세, 낭트 칙령 반포

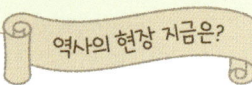

유럽의 강대국 독일을 가다

유럽 한가운데에 있는 독일은 서쪽으로 프랑스, 벨기에, 네덜란드, 북쪽으로 덴마크, 동쪽으로 폴란드, 체코, 남쪽으로 스위스와 오스트리아와 국경을 맞대고 있어. 인구는 약 8천4백만 명이고, 면적은 한반도의 1.5배 정도 된단다. 5~10월의 날씨는 대체로 온화하지만 겨울은 춥고 습해. 독일은 오늘날 세계 최고 수준의 제조업 국가로 뛰어난 과학 기술력을 지닌 나라이기도 해. 이런 막강한 경쟁력을 바탕으로 유럽 연합을 사실상 주도하는 유럽의 핵심 국가야.

202

↑ **베를린의 전경** 왼편에 보이는 파란 돔형 건물이 옛 제국 의사당이야. 가운데에 뾰족하게 솟은 건물은 높이 368미터의 방송탑이래. 독일에서 가장 높은 건물이지.

→ **브란덴부르크 문** 이 문은 1700년대 후반 프로이센의 국왕이 평화의 상징으로 지었다고 해.

독일의 수도 베를린

베를린은 인구 350만 명의 독일 최대 도시이자 독일 정치의 중심지야. 1700년대에 유럽의 강국으로 성장한 프로이센의 수도였지. 독일이 동독과 서독으로 분단됐을 때 동베를린과 서베를린으로 나뉘는 아픔을 겪기도 했어. 1990년, 독일이 다시 통일됐지만 아직 분단과 냉전의 흔적이 곳곳에 남아 있어.

↑ 독일 연방 의회 모습
독일 수상이 의원들에게 정책을 설명하고 있어.

→ 베를린 장벽의 흔적

↓ 체크 포인트 찰리
옛 동베를린과 서베를린 경계에 있던 검문소야.
분단을 상징하는 기념물로 통일 이후에도
철거하지 않고 원래 모습 그대로 남겨 두었단다.

독일 경제의 중심지 프랑크푸르트

프랑크푸르트는 독일 중부 헤센주의 도시야. 다른 유럽 도시와 달리 프랑크푸르트 중심에는 으리으리한 고층 빌딩이 즐비해. 여기에는 유럽중앙은행을 비롯한 금융 기관들과 세계 유명 기업들이 들어서 있지. 또 프랑크푸르트는 항공, 철도 등 독일뿐 아니라 유럽 교통의 중심지이기도 해.

◀ **프랑크푸르트 중앙역**
독일에서 가장 많은 승객이 이용하는 역이야.

▼ **프랑크푸르트 공항**
연간 화물 운송량 210만 톤, 공항 이용객 6,100만 명에 달하는 유럽 최대 공항 중 하나야.

▼ 고층 빌딩이 즐비한 프랑크푸르트

세계적인 자동차 선진국

벤츠, BMW, 포르쉐, 아우디…… 이름만 들어도 쟁쟁한 이 명차 브랜드들의 공통점이 뭔지 아니? 바로 독일의 브랜드란 거야. 독일은 세계 최초로 가솔린 자동차를 발명할 정도로 자동차 개발 기술에서 앞서가는 나라야. 오늘날에도 독일은 뛰어난 기술을 바탕으로 세계 자동차 산업에서 독보적인 위치를 지켜 가고 있단다. 차세대 자동차를 발표할 때마다 눈이 휙 돌아갈 정도로 신기한 기술을 많이 내놓는 것으로도 유명해.

▲ **독일의 고속 도로 아우토반** 아우토반은 독일 전국을 잇는 고속 도로야. 속도 제한 없이 주행할 수 있는 '무제한 구간'이 있는 것으로도 잘 알려져 있지.

◀ **뮌헨에 위치한 BMW 본사와 BMW 전시장** 실린더 모양의 BMW 본사 뒤로 BMW 공장이 넓게 펼쳐져 있어.

▼ **메르세데스 벤츠의 차세대 자동차** 독일 고급차 브랜드 메르세데스 벤츠에서 발표한 차세대 자동차야. 디자인이 매우 독특하지?

맥주의 나라 독일

독일에서는 현재 4,000종 이상의 맥주가 팔리고 있대. 그만큼 맥주는 독일 사람들의 사랑을 한 몸에 받고 있지. 특히 9월 말부터 뮌헨에서 '옥토버 페스트'라는 맥주 축제가 열리는데, 매년 전 세계에서 평균 600만 명의 관광객이 찾아와 맥주 600만 리터, 통닭 50만 마리를 먹고 간대. 옥토버 페스트가 열리는 동안 뮌헨은 물론 그 주변 도시까지 축제를 즐기러 온 사람들로 꽉꽉 차서 방을 구하기 힘들 정도래.

▲ **독일의 대표 음식들** 송아지 고기로 만든 흰 소시지와 왕소금이 뿌려진 브레첼은 독일 뮌헨을 대표하는 음식이야. 특히 맥주 안주로 안성맞춤이지.

◀ 옥토버 페스트 개막식 행진

▼ 옥토버 페스트를 즐기는 사람들

마르틴 루터가 크리스트교에 거대한 균열을 내다

"지난 시간에 르네상스에 이어 종교 개혁이 일어난다고 하셨어요. 정말 엄청난 사건이라고 하셨죠."

왕수재의 말에 용선생은 흐뭇하게 웃으며 고개를 끄덕였다.

"그래. 지난 시간에 이야기한 대로 교회를 뜯어고쳐야 한다는 목소리가 점점 커졌어. 이때 성직자는 가난과 재난으로 고통받는 사람들을 외면한 채 서로 권력 싸움을 하거나 재산을 불리는 데에만 정신이 팔려 있었어. 심지어 교회법을 깨고 결혼을 해서 버젓이 자식을 두고 재산을 물려주는 성직자도 있었고, 으리으리한 건물을 짓고 사치를 일삼는 성직자도 많았지. 성직자는 그 비용을 마련하기 위해 신자들에게 각종 구실을 붙여 헌금을 걷었고, 돈을 받고 성직을 팔기도

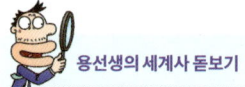

중세 초기에 성직자의 결혼은 매우 흔했어. 하지만 1139년, 제2차 라테란 공의회에서 성직자의 결혼을 금지했단다. 성직자는 가족을 위해 재산을 모으지 말고 오직 하느님을 위해 헌신해야 한다는 의미가 담겨 있는 결정이었지.

↑ **화형에 처해진 얀 후스** 얀 후스는 교회의 부패를 비판하면서, 교황의 말보다는 《성서》 내용이 더욱 중요하다고 강조했어. 결국 얀 후스는 교황의 미움을 사 화형에 처해졌단다.

↑ **성 베드로 대성당** 교황청이 아비뇽에 있는 동안 성당 건물을 제대로 관리하지 못해 대대적인 보수가 필요했어. 교황청이 로마로 복귀한 후 1500년대 초 로마의 영광을 되살리자며 옛 건물을 헐고 화려한 건물을 짓기로 결정했지. 당시 교황이었던 레오 10세는 보수 비용을 충당하기 위해 면벌부 판매에 나섰단다. 그 이후로 120년 동안 공사를 거듭한 끝에, 지금의 모습을 갖추게 되었어.

했단다."

"하느님의 가르침을 전한다는 사람들이 오히려 나쁜 짓만 일삼았군요."

나선애가 이맛살을 찌푸렸다.

"그렇지. 하지만 모든 성직자가 타락한 건 아니었어. 교회의 부패와 타락을 걱정하며 비판하는 성직자도 많았거든. 보헤미아의 얀 후스라는 성직자는 교회의 과도한 사치와 부패를 정면으로 비판했지. 하지만 교회는 후스를 이단으로 몰아 화형시켜 버렸어."

"옳은 말을 한 것뿐인데 죽이기까지 하다니요?"

"후스는 당시 교회의 주 수입원이던 면벌부 판매를 공개적으로 비판했어. 그러면서 교회 재산을 전부 가난한 사람에게 나눠 줘야 한다

곽두기의 국어사전

이단 다를 이(異) 끝 단(端). 교리에 어긋나는 이론과 행동을 가리키는 말이야.

화형 불 화(火) 형벌 형(刑). 죄인을 불태워 죽이는 형벌이야.

허영심의 상식 사전

연옥 천국과 지옥 사이의 중간 지점으로, 천국에 갈 만큼 착하지도, 지옥에 떨어질 만큼 나쁘지도 않은 사람이 죽으면 가는 곳이야. 연옥에서 죄를 불로 태워 없애야만 천국에 갈 수 있다고 해서 다들 연옥에 대한 두려움이 컸어.

용선생의 세계사 돋보기

교회에 많은 돈을 주고 성직자가 된 사람들이 특히 면벌부 판매에 열을 올렸어. 면벌부를 팔아서 본전을 뽑으려고 했던 거지. 그리고 신성 로마 제국의 사람들도 면벌부에 큰 거부감이 없었어. 사실 게르만족에게는 자신의 잘못을 돈으로 갚는 오랜 관습이 있었거든. 그래서 돈을 주고 벌을 면제받는다는 걸 자연스럽게 받아들였던 거야.

나선애의 세계사 사전

성인 교회에서 영적인 삶을 살았거나, 순교하여 다른 사람들에게 모범이 된 사람을 가리켜. 중세 사람들은 성인의 유물에 손만 대도 병이 낫는다고 믿었지.

고 주장했지. 이러니 교회에게 미운털이 박힐 수밖에."

"근데 선생님, 면벌부가 뭐예요?"

"죽은 뒤 연옥에서 받아야 할 벌을 면제해 준다는 일종의 증서야. 교회는 사람들에게 이 면벌부만 있으면 죄를 지어도 연옥을 거치지 않고 천국으로 간다고 가르쳤지. 특히 교황 레오 10세는 면벌부 판매에 열을 올렸어."

"아니, 교황이 왜요?"

"왜냐하면 이때 로마에 성 베드로 대성당을 새로 짓기 시작했는데, 공사비가 많이 부족했거든. 교황은 자신의 입김이 미치는 신성 로마 제국에 성직자를 보내 면벌부 판매를 장려했어."

"왜 하필 신성 로마 제국이에요?"

"프랑스나 영국, 에스파냐에는 이미 강한 권력을 가진 왕이 있어서 교황의 말이 잘 안 먹혔거든. 하지만 신성 로마 제국의 황제는 그 정도로 권한이 막강하지는 않았어. 그러니 교황이 마음껏 장사를 할 수 있었던 거야."

"피~ 그래도 사람들이 안 사면 그만이잖아요."

허영심이 입을 뾰족하게 내밀었다.

"성직자들은 면벌부만 있으면 과거 조상뿐만 아니라 먼 미래에 죄를 지어도 벌을 면제받을 수 있다고 사람들을 꼬드겼어. 이 말을 들은 사람들은 구름처럼 몰려들어 면벌부를 사 갔단다. 그뿐만 아니라 성직자는 성인이 남긴 소지품이나 치아, 뼈 같은 유물들도 팔았어. 하지만 이렇게 판 물건은 대부분 가짜였지."

"아무것도 모르는 사람들을 그런 식으로 속이다니 정말 나빠요."

"너희들처럼 교회가 나쁜 짓을 하고 있다고 생각하는 사람들이 많았어. 이들은 교황에게 항의하는 편지를 썼지만 교황은 들은 척도 하지 않았단다. 그러던 참에 교황이 보낸 면벌부 판매상이 비텐베르크를 방문한다는 소식이 들려왔어. 소식을 들은 비텐베르크의 한 신학자가 보란 듯이 교황과 교회를 비판하는 글을 교회 정문에 내걸었지. 이 신학자가 바로 마르틴 루터야. 루터가 내건 〈95개조 반박문〉은 유럽에 엄청난 소용돌이를 몰고 오게 된단다."

왕수재의 지리 사전

비텐베르크 오늘날 독일 동부 작센 지방에 있는 작은 도시야.

"구체적으로 어떤 내용인데요?"

나선애가 몹시 궁금한 듯 물었다.

"몇몇 조항만 같이 살펴볼까?"

용선생이 스크린에 몇 개의 문장을 띄우며 말했다.

- 교황은 자신이 준 벌이나 교회법으로 내린 형벌 이외의 벌은 용서할 권리가 없다.
- 교황은 자기 맘대로 죄를 용서할 수 없다.
- 면벌부로 자신의 구원이 확실하다고 믿는 사람이나 면벌부로 구원받는다고 가르치는 사람 모두 영원히 신의 저주를 받을 것이다.
- 진심으로 자기 죄를 뉘우치고 회개하는 사람은 누구나 면벌부 없이도 벌을 받지 않는다.
- 교황이 재산이 많은데 굳이 가난한 신자의 돈으로 성 베드로 대성당을 세워야 하는가?

↑ 루터의 〈95개조 반박문〉

↑ 마르틴 루터

종교 개혁이 유럽 사회를 뒤흔들다 **211**

"루터는 오직 인간은 하느님에 대한 믿음을 통해서만 구원받을 수 있다고 했어. 아무리 교황이라 하더라도 《성서》에 나와 있지 않은 면벌부 따위로 벌을 면제해 줄 수는 없다며 면벌부 판매를 비판하고 나선 거야. 또 연옥에서 벌을 받는다고 가난한 신자를 겁주거나 속이지 말라고 했지."

"그러니까 교회의 가르침에 정면으로 맞선 거네요?"

"그래. 이 일로 별 이름 없던 성직자이던 루터의 이름은 신성 로마 제국 전역에 알려졌어. 여러 유명한 신학자들이 루터의 <95개조 반박문>에 다시 반박하는 바람에 모든 사람으로부터 주목받게 된 거야. 루터가 일단 유명 인사가 되자, 루터가 쓴 다른 비판적인 글도 잇따라 사방팔방 퍼져 나갔어. 루터의 사상이 유럽 전역으로 퍼지는 데에는 구텐베르크의 금속 활자 발명으로 크게 발달하던 인쇄업이 큰 역할을 했지."

"루터의 사상이 퍼지는 거랑 인쇄업이랑 무슨 관계가 있어요?"

"인쇄업자들은 화제가 된 루터의 글을 찍어서 팔면 큰돈을 벌 거라고 생각하고 앞다퉈 루터의 글을 인쇄해 퍼뜨렸거든. 실제로 루터의 글뿐 아니라 루터의 글을 해설한 책도 불티나게 팔려 나갔대. 반박문을 강의하는 모임에는 사람들이 구름처럼 모였어. 당시 글을 읽을 수 있는 사람이 대략 50만 명 정도였는데, 그 사람들 모두 루터의 주장을 읽어 보았을 정도였다는구나."

"일이 점점 커지네요."

"교회를 개혁하자는 루터의 목소리는 더욱 커졌어. 루터는 신 앞에 서는 성직자와 일반 신자 가릴 것 없이 모두가 평등하다고 주장했지.

> **용선생의 세계사 돋보기**
>
> 루터는 <95개조 반박문>을 비텐베르크 교회 정문에 붙이기 전에 먼저 마인츠 대주교에게 보냈어. 이를 계기로 루터의 사상이 요한 테첼이나 에크와 같은 유명 신학자들에게 전해졌고, 루터와 가톨릭 신학자 간에 본격적인 찬반 논쟁이 시작되었어.

종교 개혁이 유럽 사회를 뒤흔들다

종교 개혁의 불쏘시개가 된 구텐베르크 금속 활자 인쇄술

활자는 기둥 모양의 금속 끝에 일정한 규격으로 글자를 새긴 거야. 이 활자를 판으로 짜서 눌러 찍는 방식을 활판 인쇄라고 부르지. 과거에는 나무나 점토를 활자로 사용했지만, 새김 면이 약해 쉽게 부서져 먹이나 잉크가 스며드는 단점이 있었어.

유럽에서는 우리나라보다 200년가량 늦은 1400년대 중반에 인쇄에 금속 활자가 쓰였어. 독일 인쇄업자인 구텐베르크가 기름을 짜는 데 쓰이는 압착기에서 착안해 잉크를 바른 금속 활자 판을 압착기로 누르는 새로운 인쇄기를 발명해 대량 인쇄의 길을 열었단다. 이 새로운 인쇄기 덕분에 이제 예전보다 훨씬 간편하고 빠르게 책을 찍어 낼 수 있게 됐지. 당시에 필사본 《성서》 한 권의 가격은 웬만한 농장 하나와 맞먹을 정도로 비쌌대. 하지만 1450년 무렵 새로운 인쇄술을 이용한 《구텐베르크 성서》가 나온 뒤로는 평범한 사람들도 《성서》를 살 수 있었지. 또 루터를 비롯한 여러 종교 개혁가들의 글이 유럽 전역으로 퍼지며 종교 개혁의 불씨가 활활 타오르게 된 데도 새로운 인쇄술이 큰 역할을 했단다.

↑ 금속 활자

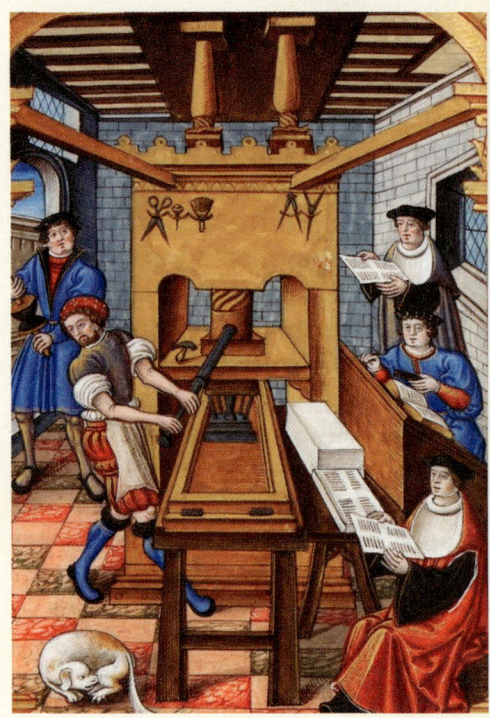

↑ 구텐베르크

← 중세의 인쇄소 뒤쪽에서는 활판에 잉크를 칠하고, 앞에서는 인쇄된 종이를 확인하고 있어.

그래서 누구나 《성서》에 적힌 대로 착실하게 산다면 천국에 갈 수 있으니 굳이 교리를 따르라고 명령하는 성직자가 필요 없다고 했어. 평소 성직자의 횡포에 시달리던 사람들은 루터의 새로운 주장에 환호했단다."

"아니, 성직자가 필요 없다고요?"

"교황은 루터에게 주장을 거두어들이라고 압박하는 한편 다른 신학자를 동원해 루터와 여러 차례 토론을 벌이며 설득에 나섰지. 하지만 루터는 한 치도 물러서지 않았어. 그러자 교황은 루터를 이단으로 규정하고 루터의 모든 저서를 불태우라고 명령했어. 루터는 교황의 명령장과 교회 법전을 불태우며 맞섰고, 결국 교황은 루터를 파문해 버렸어. 이로써 루터와 교황은 완전히 등을 돌리게 되었단다."

> **용선생의 핵심 정리**
>
> 교회의 부패가 심해지고 돈벌이를 위한 면벌부 판매가 시작됨. 1517년, 비텐베르크의 사제 마르틴 루터가 면벌부 판매를 비판하며 〈95개조 반박문〉을 냄. 루터의 주장은 인쇄술 발달 덕분에 유럽 전역으로 퍼져 나감.

신성 로마 제국 제후들의 지지로 루터의 종교 개혁이 성공하다

"파문이라고요?"

곽두기가 걱정스러운 표정을 지었다.

"다행히 당시 루터가 머물고 있던 작센의 제후를 비롯한 신성 로마

종교 개혁이 유럽 사회를 뒤흔들다 **215**

◆ **황제 앞에서 연설하는 마르틴 루터**
보름스에서 열린 제국 의회에서 마르틴 루터가 자신의 주장을 신성 로마 제국 황제 앞에서 설명하고 있어.

"제국의 제후들이 루터를 지지하고 나섰어. 제후들은 황제에게 루터가 공정한 재판을 받게 해 달라고 요구했지."

"어, 제후들이 갑자기 왜 루터 편을 든 거예요?"

"제후의 입장에선 루터가 더할 나위 없이 고마운 존재였거든. 이때 교황은 교회의 권위를 내세워 사사건건 제후를 간섭하고 지배하려고 했잖니? 제후 입장에서는 그런 교황에게 맞설 적당한 명분이 필요했는데 루터가 그걸 제공해 준 거야. 신성 로마 제국 황제 카를 5세는 루터에게 안전을 보장할 테니 제국 의회에 참석해 자신의 이단 혐의를 해명하라고 했어. 루터는 명령에 따라 청문회에 참석했지만, 자기가 쓴 글을 고치거나 무를 수 없다고 꼿꼿이 버텼단다."

"진짜 루터도 대단하다."

"청문회가 끝나고 루터는 고향인 비텐베르크로 떠났어. 독실한 신자였던 카를 5세는 루터에게 추방령을 내렸지."

"추방령이라고요?"

"추방령 역시 파문에 버금가는 무서운 명령이야. 이제부터 루터는

곽두기의 국어 사전

혐의 싫어할 혐(嫌) 의심할 의(疑). 어떤 사람이 죄를 저질렀을 가능성을 가리키는 말이야.

청문회 들을 청(廳) 들을 문(聞) 모일 회(會). 주로 국가 기관에서 어떤 문제에 대하여 사람들에게 내용을 듣고 물어보기 위해 여는 모임을 가리켜.

↑ 바르트부르크성 안의 루터 작업실
이곳에서 루터는 《성서》 번역과 신학 연구에 몰두했어.

최초의 독일어 베스트셀러 작가 마르틴 루터?!

↑ 바르트부르크성 작센 제후 프리드리히는 루터를 2년 가까이 이곳에서 보호했어. 독일 중부에 위치한 바르트부르크성은 중세 튀링겐 지방의 문화 중심지였어.

제국으로부터 법의 보호를 받지 못할 뿐만 아니라 누구든 루터에게 잠자리나 음식을 제공하면 처벌을 받았지."

"어머, 그럼 이제 루터는 어떡해요?"

"다행히 독일 작센 지역의 제후가 루터를 자신의 성에 숨겨 주고 안전하게 보호해 주었어. 그 덕분에 루터는 《성서》를 독일어로 번역하는 작업에 몰두할 수 있었지."

"이전까지 독일어 《성서》가 없었나요?"

"물론 있긴 했지. 하지만 루터가 《성서》를 보통 사람들이 쓰는 쉬운 독일어로 번역한 덕분에 이제 훨씬 더 많은 사람들이 쉽게 《성서》를 읽을 수 있게 되었단다. 또 루터는 복잡한 예배 의식도 간소하게 줄이

용선생의 세계사 돋보기

루터 이전에 이미 18종의 독일어 《성서》가 있었어. 하지만 대부분 읽기 딱딱했고 이해하기도 어려웠지. 하지만 루터의 《성서》는 일상생활에서 쓰는 독일어 단어와 문장으로 번역했기 때문에 누구나 쉽게 읽고 이해할 수 있어서 인기가 매우 높았단다.

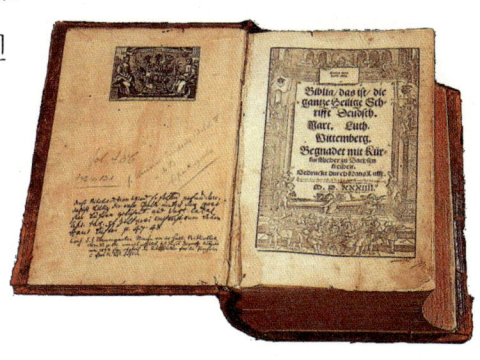

→ 루터가 번역한 독일어 《성서》 1534년, 루터는 12년 만에 《구약 성서》와 《신약 성서》를 번역해 출판했어.

종교 개혁이 유럽 사회를 뒤흔들다

나선애의 세계사 사전

전례 교회가 하느님께 드리는 예배 의식으로 가톨릭 미사와 종교 의식을 가리켜.

용선생의 세계사 돋보기

카를 5세는 1530년 '신성 로마 제국은 가톨릭이 지배하는 국가'라고 선언했어. 이에 루터를 지지하는 제후들은 카를 5세에게 강력하게 항의했지. 이때부터 루터파 제후들은 '항의하는 사람'이라는 뜻을 가진 '프로테스탄트(Protestant)'라 불리게 되었단다. 루터파의 크리스트교는 옛 가톨릭과 구분되는 '새로운 종교'란 의미에서 '신교'라 부르기도 해. 당연히 '구교'는 가톨릭을 가리키는 말이지.

고, 예배를 드릴 때 라틴어가 아닌 일반 신자도 알아듣기 쉬운 독일어를 사용했단다. 이제 성직자가 《성서》나 미사 전례를 독차지할 수 없게 되자, 교회의 영향력도 자연스럽게 줄어들었지. 시간이 흐를수록 루터를 지지하는 제후들이 점점 늘어났단다."

"황제가 그걸 가만히 보고만 있지 않았을 거 같은데요?"

"맞아. 카를 5세는 루터와 루터의 지지자를 가만히 둘 생각이 전혀 없었어. 그러자 루터를 지지하던 제후들은 동맹을 맺고 황제에게 맞섰단다. 결국 1546년, 카를 5세와 루터를 지지하는 제후들 사이에 전쟁이 터졌어."

"헉, 결국 종교 때문에 전쟁이 발생한 거예요?"

"카를 5세는 막강한 군대를 거느리고 있어서 금세 루터파 제후들을 제압하고 제국을 안정시킬 수 있을 거라고 생각했어. 하지만 막상 전쟁이 터지자 예상을 벗어난 일들이 속속 벌어졌지. 일단 루터파 제후들의 저항이 만만치가 않았어. 그리고 전쟁이 시작될 때만 해도 황제 편에 섰던 제후들이 슬금슬금 루터파 제후들 편으로 돌아섰지. 황제가 전쟁에서 승리하면 힘이 강해지지는 않을까 경계한 거야. 게다가 카를 5세는 전쟁을 오래 끌 수 없는 상황이었어."

"그건 또 왜요?"

"서쪽에서는 이탈리아를 호시탐탐 노리는 프랑스가, 동쪽에서는 한

↑ **아우크스부르크의 성 울리히 아프라 성당과 울리히 교회**
가톨릭 성당과 신교 교회가 함께 붙어 있어서 신교와 가톨릭 간 평화 협정의 상징으로 꼽혀.

루터와 농민 전쟁

루터는 '신 앞에선 모든 사람들이 평등하다'고 이야기했어. 당연히 고통받던 농민들은 이 말을 환영했지. 루터의 열렬한 지지자였던 토마스 뮌처는 농노제 폐지, 수도원 철폐 등을 외치며 농민들과 함께 반란을 일으켰어. 독일 남부에서 시작된 농민 반란은 시간이 흐르며 점차 오스트리아와 스위스로 퍼져 나갔지.

하지만 루터는 오히려 반란을 일으킨 농민들을 비난했어. 루터는 어디까지나 교회의 부패와 잘못된 교리를 바로잡고자 교황에 맞섰던 것이지, 중세의 신분 질서를 송두리째 무너뜨리려고 한 것은 아니었거든. 루터는 제후들에게 농민 반란을 철저하게 진압해야 한다고 주장했어. 루터의 말대로 반란에 가담한 30만 명의 농민들 가운데 10만 명 이상이 무참하게 목숨을 잃었고, 주동자였던 토마스 뮌처도 역시 붙잡혀 심한 고문을 당하고 처형되었지.

↑ 농민 반란을 주도했다가 목숨을 잃은 토마스 뮌처

창 떠오르는 오스만 제국이 신성 로마 제국을 위협했거든. 결국 카를 5세는 1548년, 아우크스부르크에서 루터파 제후들과 타협을 했단다."

"타협이라니요?"

"카를 5세는 아우크스부르크 평화 협정을 맺어 정식으로 루터파를 인정했어. 이렇게 해서 신성 로마 제국의 제후는 로마 교황을 따르는 가톨릭과 루터를 따르는 루터파 중 하나를 자신의 종교로 선택할 수 있게 되었지."

용선생은 잠시 물로 목을 축인 후 설명을 이어 나갔다.

종교 개혁이 유럽 사회를 뒤흔들다

"교회를 개혁하려는 루터의 노력은 결국 새로운 종교의 탄생으로 끝났어. 이렇게 가톨릭에 저항하여 새롭게 출발한 크리스트교를 신교 또는 개신교라고 불러. 주로 상업이 발달한 독일 북부와 중부 지역의 제후는 신교를 믿었고, 황제와 교황의 영향력이 강했던 남부 지역의 제후는 가톨릭을 믿었지."

"그럼 이제 종교 때문에 더 싸우지는 않았던 거죠?"

"아쉽지만 여전히 문제가 남아 있었어. 우선 종교를 선택할 수 있는 권리가 제후에게만 주어졌다는 거야. 나머지 사람들에게는 종교 선택권이 없었기 때문에, 만약 자신이 믿는 종교가 제후의 종교와 다를 경우 갈등이 생길 수밖에 없었지. 모든 사람들이 종교를 선택할 수 있게 된 건 훨씬 나중의 일이란다. 두 번째 문제는 아우크스부르크 평화 협정에서 황제가 루터파만 정식으로 인정했다는 거야."

"그 말씀은 루터 같은 종교 개혁가가 또 있었다는 거예요?"

"그렇단다. 취리히나 제네바 같은 곳에서도 종교 개혁가들이 활동했어. 하지만 루터파가 아닌 다른 종파는 정식으로 인정받지 못했기에 이단으로 탄압받았지. 결국에는 이 문제로 유럽 세계에 큰 분쟁이 일어나게 된단다."

↑ 아우크스부르크 평화 협정 이후 유럽의 신교와 구교
북유럽의 덴마크, 스웨덴, 노르웨이도 루터파를 받아들였어.

 **용선생의 핵심 정리**

루터는 이단으로 몰려 추방 명령을 받았으나 루터를 지지하는 제후의 보호를 받으며 종교 개혁 운동을 지속함. 신성 로마 제국 황제 카를 5세는 루터파 제후들과의 전쟁 끝에 아우크스부르크 평화 협정을 맺어 루터파를 정식으로 인정함.

칼뱅의 신교가 상인들의 지지를 받다

"선생님! 루터 말고 다른 종교 개혁가가 누구였는데요?"

허영심의 질문에 용선생은 사진 한 장을 띄웠다.

"루터같이 가톨릭 성직자였던 울리히 츠빙글리가 있었어. 츠빙글리는 스위스의 취리히를 중심으로 종교 개혁 운동을 펼쳤지. 츠빙글리 역시 면벌부 판매와 교회의 부정부패를 신랄하게 비판했어. 츠빙글리는 무엇보다도 《성서》를 으뜸으로 치면서, 《성서》에 나오지 않는 모든 제도는 잘못된 것이니 하루빨리 없애 버려야 한다고 했어. 다시 말해 《성서》에 나오지 않는 성직자의 위계나 독신 제도를 부정하고, 교회의 성상과 수도원을 없애야 한다고 주장한 거지. 심지어 교회가 부패한 이유가 교황 탓이라 돌리며 교황을 사탄의 화신이라고 거세게 비난했단다."

위계 자리 위(位) 층계 계(階). 지위나 계층 따위의 등급을 가리켜.

↑ 울리히 츠빙글리
취리히에서 종교 개혁 운동을 펼쳤어.

"루터보다 훨씬 센데요."

"《성서》를 최우선으로 여기는 츠빙글리의 주장은 취리히 사람들에게 설득력 있게 다가왔어. 그 덕분에 취리히에서 츠빙글리를 지지하는 사람들이 삽시간에 늘어났단다. 하지만 취리히와 츠빙글리는 머지않아 가톨릭을 믿는 이웃 도시들과 마찰을 빚었고, 급기야 전쟁을 벌였어. 문제는 츠빙글리는 루터처럼 자신을 든든히 보호해 줄 제후가 없었을뿐더러 루터파 제후들과도 사이가 좋지 않았다는 거야."

↑ **츠빙글리의 죽음** 츠빙글리는 카펠 전투에서 군대를 이끌다 목숨을 잃었어.

"그럼 어떡해요?"

"그래서 츠빙글리는 지지자들을 모아 동맹을 만들어 싸웠어. 하지만 군사의 수가 부족했던 츠빙글리군은 처절한 패배를 당했지. 사람들은 전쟁에서 목숨을 잃은 츠빙글리를 이단으로 몰아 시체를 불태웠단다."

"모두가 다 루터처럼 성공한 건 아니었네요."

나선애가 입술을 살짝 깨물었다.

▲ **취리히 그로스뮌스터** 츠빙글리가 죽을 때까지 이곳에서 설교했다고 해서 종교 개혁의 어머니 교회로 불리기도 해. 교회 양옆에 놓인 고딕 양식의 쌍둥이 탑은 취리히의 상징물 중 하나란다.

"하지만 츠빙글리의 개혁 운동은 다른 종교 개혁가에게 큰 영향을 미쳤어. 대표적인 인물이 바로 스위스 제네바에서 활동한 장 칼뱅이었단다."

"칼뱅? 칼뱅은 또 누구예요?"

"응, 칼뱅은 프랑스 출신의 종교 개혁가야. 칼뱅은 루터나 츠빙글리와 마찬가지로 교황과 가톨릭교회를 비판하다 탄압을 받자, 제네바로 몸을 피해 활동을 이어 나갔지. 1536년 칼뱅은 《기독교 강요》란 책을 쓰고 '예정설'을 내세워 사람들의 주목을 끌었단다."

"예정설이라고요? 예정설이 뭔데요?"

용선생은 대답 대신 종이 한 장을 꺼내어 아이들에게 읽어 주었다.

▲ **장 칼뱅** 프랑스 출신 신학자로 제네바에서 종교 개혁 운동을 펼쳤어.

종교 개혁이 유럽 사회를 뒤흔들다

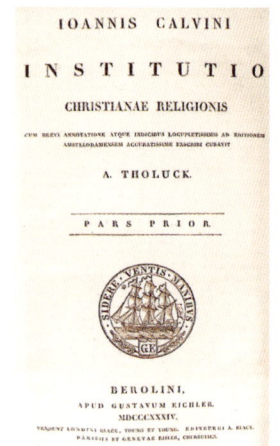

◆ 《기독교 강요》
1536년, 칼뱅이 라틴어로 쓴 새로운 교리 책이야. 출간 직후 각 나라 말로 즉시 번역되어 많은 사람들의 공감을 얻었지.

신께서는 일찍이 구원할 사람과 파멸을 당할 자들을 결정하셨다. 이 모든 것이 신께서 미리 알고 다스리는 대로 이뤄진다. 비록 우리는 신의 뜻을 알 수 없지만, 정당하고 공평하게 하신다.

"어, 신이 구원할 사람을 미리 정해 놓았다니, 그게 무슨 말씀이시죠?"

"이상하다, 어떤 사람은 아무리 착하게 살아도 구원을 받을 수 없고, 어떤 사람은 아무리 악하게 살아도 구원을 받는다니……."

아이들이 떨떠름한 표정으로 용선생을 바라보았다.

"하하, 이 말은 그런 게 아니라 기존 가톨릭교회의 가르침을 반박하려고 나온 말이야. 여태까지 유럽 사람들은 교회에 헌금을 많이 하고 성직자의 말을 충실히 따르면 구원을 받을 거라고 생각했어. 그러니 당연히 여유가 있는 귀족이나 돈 많은 상인이 구원을 받기 쉽겠지? 칼뱅은 이런 것들이 구원과는 전혀 관계가 없다고 주장한 거야."

"그렇다면 구원을 받으려면 어떻게 해야 되는데요?"

"칼뱅은 신이 구원하기로 예정한 사람에게는 신에 대한 믿음과 성실함을 함께 주셨다고 했어. 애당초 구원받을 사람은 신을 믿고 성실하게 살도록 되어 있다는 거지. 따라서 교회나 성직자를 신경 쓸 필요 없이 하느님을 믿고 성실하게 산다면 바로 그 사람이 구원을 받도록 예정된 사람이라는 거야."

"그러니까 하느님을 믿고 성실하게 살면 그걸로 충분하다, 이거죠?"

"맞아. 또 칼뱅은 세상 모든 사람들이 하느님의 뜻에 따라 각자의 직업을 갖게 된다고 생각했어. 그래서 모든 직업은 신성하다고 했지. 각자 직업을 갖고 성실하게 일해서 성공하는 것이 곧 신의 은총에 보답하는 길인 거지. 이걸 '직업 소명설'이라고 하는데, 이 직업 소명설 덕분에 칼뱅의 종교는 특히 상공업에 종사하는 사람들의 지지를 많이 받았단다."

"왜 상인들의 지지를 받았어요?"

"가톨릭에서는 사람들이 돈을 벌어 성공하는 걸 좋게 보지 않았어. 재산을 모으려고 애쓰는 것은 곧 탐욕을 부리는 것이기 때문에 부자는 죽어서도 구원받지 못하고 지옥에 떨어진다고 강조했지. 이건 루터도 마찬가지였어."

"탐욕을 부리지 않고 열심히 일해서 돈을 벌 수도 있잖아요."

"그렇지! 그래서 칼뱅은 사람들이 열심히 일해서 성공하고 재산을

곽두기의 국어사전

소명 부를 소(召) 명령 명(命). 사람이 신이 정한 일을 하도록 신의 부르심을 받는 일을 가리켜.

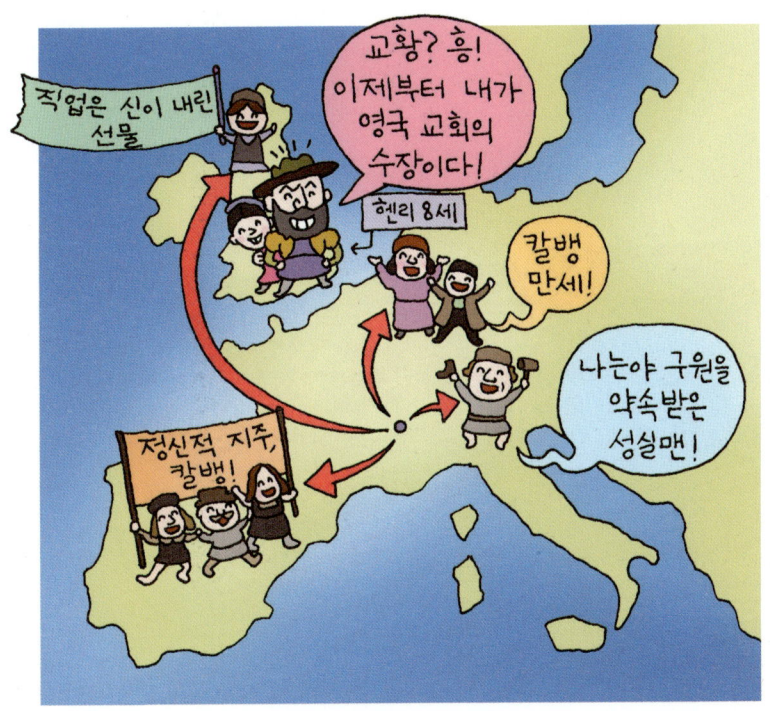

종교 개혁이 유럽 사회를 뒤흔들다

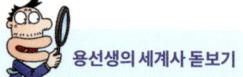

용선생의 세계사 돋보기

칼뱅파는 유럽 각국에서 활발한 활동을 펼쳤어. 그래서 나라마다 칼뱅파 교도를 일컫는 다양한 말이 생겨났단다. 프랑스에서는 위그노, 네덜란드에서는 고이센, 영국에서는 청교도, 스코틀랜드에서는 장로교라고 불렀지.

모으는 걸 장려했어. 하느님의 뜻에 따라 갖게 된 직업으로 열심히 일해서 번 돈이니까! 도시의 상공업자들은 칼뱅의 주장을 기꺼이 받아들였어. 칼뱅파는 삽시간에 유럽 전역으로 퍼져 나갔단다. 퍼져 나가는 속도만 놓고 보면 루터파보다 훨씬 빨랐지. 사실 우리나라 교회도 대부분 칼뱅파에 뿌리를 두고 있단다."

"정말요? 와, 그건 정말 몰랐어요."

곽두기가 신기하다는 듯 고개를 끄덕였다.

용선생의 핵심 정리

스위스의 취리히에서는 츠빙글리가 종교 개혁 운동을 벌임. 제네바에서 활동한 장 칼뱅의 종교 개혁은 상공업자들의 지지를 받으며 유럽 곳곳으로 퍼져 나감.

▼ **오늘날의 제네바** 오늘날 제네바는 취리히와 함께 스위스에서 가장 발전된 도시로 손꼽혀. 장인의 손으로 정밀하게 만드는 고급 시계 산업과 함께 적십자사, 세계 무역 기구(WTO), 세계 보건 기구(WHO) 등 주요한 국제기구가 있는 도시로도 유명해.

헨리 8세의 이혼에서 시작된 영국의 종교 개혁

"이쯤에서 재밌는 얘기 하나 하고 갈까? 종교 개혁과 관련해서 빼놓을 수 없는 나라가 바로 영국이야. 영국에서는 이미 오래전에 존 위클리프라는 사람이 가톨릭교회를 강하게 비판하다가 이단으로 몰려 화형을 당한 적이 있었어. 그런데 말이지, 정작 영국의 종교 개혁은 성직자가 아닌 국왕이 앞장섰단다. 바로 국왕의 이혼이 계기가 되었지."

"국왕의 이혼이 왜요?"

"응. 종교 개혁 열풍이 한창일 때 영국의 왕은 헨리 8세였어. 헨리 8세는 바람둥이로 유명했지. 무려 다섯 번 이혼하고 여섯 번 결혼했거든. 헨리 8세가 첫 번째 왕비와 이혼하고 두 번째 왕비와 결혼하는 문제를 둘러싸고 영국의 종교 개혁이 시작되었단다."

"암만 왕이어도 그렇지, 결혼을 여섯 번이나 했다고요?"

허영심이 입을 쩍 벌리며 되물었다.

"들어 보렴. 헨리 8세의 첫 왕비는 에스파냐의 공주 캐서린이었어. 그런데 헨리 8세는 왕비에게 별 애정이 없었어. 왕비와 사랑해서 결혼한 게 아니라 정략결혼을 했기 때문이지. 게다가 헨리 8세는 자신의 뒤를 이을 왕자를 애타게 기다렸는데, 캐서린은 딸 메리 한 명만 낳고 아들을 낳지 못했어. 이때 헨리 8세의 눈에 들어온 사람이 있었으니 바로 시녀였던 앤 불린이었어. 헨리 8세는 첫 번째 부인과 헤어지고 앤을 새 왕비로 맞아들이기로 했지. 하지만 그러기 위해서는 교회의 수장인 교황의 허락이 필요했어."

▲ 존 위클리프

존 위클리프는 영국의 신학자야. 교회의 부패를 강하게 비판하고 《성서》를 영어로 번역했지.

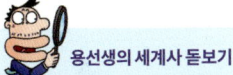

용선생의 세계사 돋보기

캐서린은 페르난도 2세와 이사벨 1세의 딸이었어. 페르난도 2세와 이사벨 1세는 결혼을 통해 에스파냐 왕국을 통일하고 레콩키스타를 완료한 인물들이지.

곽두기의 국어사전

수장 머리 수(首) 우두머리 장(長). 무리나 집단의 우두머리를 가리키는 말이야.

"교황의 허락이 왜 필요해요?"

"이때만 하더라도 결혼은 하느님 앞에서 하는 성스러운 약속이었어. 배우자는 하느님이 맺어 준 짝이었지. 그러니까 결혼을 깨기 위해선 하느님의 대리자인 교황의 허락이 꼭 필요했던 거야. 헨리 8세는 당시 교황이었던 클레멘스 7세에게 캐서린과 이혼하게 해 달라고 편지를 보냈어. 하지만 교황은 헨리 8세의 요청을 거절했지."

"당연하죠. 교황이 이혼을 찬성할 리 있겠어요?"

"교황이 반대한 데는 다른 이유도 있었어. 사실 헨리 8세가 이혼하려던 왕비 캐서린이 다름 아닌 카를 5세의 이모였거든. 기억나지? 합스부르크 가문의 전성기를 이끈 신성 로마 제국의 황제가 바로 카를 5세였어. 게다가 이 무렵 교황이 있는 이탈리아는 프랑스와 합스부르크 가문 사이의 전쟁으로 한창 어지러웠지. 자칫 이혼을 허락해 주었다간 화가 난 카를 5세가 군사를 이끌고 언제 로마로 들이닥칠지 몰랐어. 그러니 교황이 어찌 눈치를 안 볼 수 있었겠니?"

"어휴, 교황은 고래 싸움에 새우 등 터지는 신세였군요."

"헨리 8세는 어떻게든 캐서린과 이혼을 하고 앤과 결혼하고 싶었어. 그래서 궁리 끝에 방법을 찾아냈단다."

↑ **헨리 8세** 영국의 왕 헨리 8세는 장미 전쟁 이후 부쩍 강력해진 왕권을 마음껏 휘두른 인물이야. 아일랜드를 정복해 식민지로 삼는 등 영토 확장에도 앞장섰지.

▶ **캔터베리 대성당**
영국 최초의 고딕 양식 대성당으로 영국 국교회의 중심지야.

"그게 뭐였는데요?"

"바로 교황을 밀어내고 자신이 교회 수장이 되어 앤 불린과의 결혼을 밀어붙이기로 한 거야. 1534년, 헨리 8세는 영국 국왕이 영국에 있는 모든 교회의 수장이라고 선언했어. 이 명령을 '수장령'이라고 해."

"결혼 한 번 하려고 그렇게까지 한 거예요?"

"후후, 수장령은 단순히 결혼을 하겠답시고 내린 명령이 아냐. 수장령에 따르면, 교회가 관리하던 막대한 토지와 재산이 모두 영국 교회의 수장인 국왕의 것이 되거든. 이 사건 이후로 영국의 가톨릭교회는 영국 국교회란 이름으로 불리게 된단다. 하지만 단지 교회의 수장이 교황에서 국왕으로 바뀌었을 뿐 교리 상으로는 가톨릭과 크게 다를 게 없었어."

 허영심의 상식 사전

영국 국교회 우리나라에서는 '성공회'라고 부르기도 해. 세계적으로 1억 명, 우리나라에도 5만 명 가까운 신자가 있는 신교 종파란다.

종교 개혁이 유럽 사회를 뒤흔들다

"그런데 교황이 가만있었을까요?"

"교황은 헨리 8세의 수장령에 크게 반발했지만 별수 없었어. 영국은 유럽 대륙과 떨어져 있어서 교황의 영향력이 미치기 어려운 데다가 영국의 유력한 귀족이 대부분 헨리 8세를 지지했거든. 결국 헨리 8세는 자기 뜻대로 캐서린과 이혼하고 앤을 두 번째 왕비로 맞아들였지."

"드디어 뜻대로 된 거네요."

"그래. 하지만 앤도 곧 왕비 자리에서 쫓겨나고 말았어. 앤 역시 캐서린처럼 딸 하나밖에 못 낳았거든. 앤에게서 아들을 보지 못한 헨리 8세는 이번에는 앤의 시녀에게 관심을 가졌어. 결국 앤은 헨리 8세의 사랑을 잃고, 왕비가 된 지 천 일 만에 목이 잘려 버렸지."

"으앗~! 첫 번째 왕비처럼 그냥 이혼만 하면 되지 왜 목까지 잘랐어요?"

장하다가 화들짝 놀랐다.

"첫 번째 왕비랑 이혼하는 것도 힘들었는데 두 번째 왕비와 이혼하는 건 어땠겠니? 일단 사람들의 눈초리가 영 곱지 않았어. 게다가 앤은 몇 차례나 유산을 해서 건강한 아들을 낳을 수 없을 것 같았지. 그래서 헨리 8세는 앤에게 바람을 피웠다는 누명을 씌워 목을 잘라 버렸단다."

↑ 제인 시모어 앤의 시녀로 헨리 8세의 세 번째 왕비야. 왕비들 중 유일하게 아들을 낳았지만, 산후 후유증으로 그만 일찍 목숨을 잃고 말았지.

"와, 진짜 무시무시한 사람이네요. 그렇게 해서 아들을 낳긴 낳았어요?"

"응. 세 번째 왕비가 아들을 낳긴 낳았지. 하지만 세 번째 왕비는 출산한 지 얼마 되지 않아 병으로 세상을 떠나고 말았어. 게다가 이렇게 어렵게 얻은 아들마저 왕위에 오른 지 몇 년 되지 않아 병으로 죽고 말았지. 그래서 결국 영국 왕위는 헨리 8세의 첫 번째 왕비 캐서린이 낳은 딸 메리와 두 번째 왕비 앤이 낳은 딸 엘리자베스에게 차례로 돌아가게 된단다."

"마음씀씀이가 그런데 원하는 대로 될 리가 없죠."

허영심이 혀를 내밀었다.

"하하, 이렇게 영국마저 가톨릭을 버리자, 교황을 비롯한 가톨릭교회는 큰 위기감을 느꼈단다. 신교 세력은 하루가 다르게 커지는 반면, 가톨릭의 세력은 점점 줄어들었기 때문이지. 결국 조심스럽게 교회 내부에서 변화가 필요하지 않겠냐는 얘기가 나오기 시작했단다. 지금부터는 가톨릭교회가 어떤 식으로 변화해 나갔는지 한번 살펴보도록 하자."

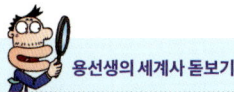

> 헨리 8세는 세 번째 왕비인 제인 시모어가 죽은 뒤로 몇 번 더 결혼을 했지만 아들을 더 얻지 못했어. 그래서 헨리 8세가 죽자 유일한 아들이었던 에드워드 6세가 아홉 살의 어린 나이에 왕위에 올랐단다. 하지만 몸이 약해 열여섯 살 나이에 병으로 죽고 말았지. 결국 헨리 8세의 맏딸인 메리가 왕위에 올랐어.

용선생의 핵심 정리

헨리 8세의 이혼 문제와 맞물려 영국 국왕을 수장으로 하는 영국 국교회가 탄생함.

가톨릭이 내부 개혁에 나서다

"이미 가톨릭의 부정부패에 질린 사람들이 많은데, 너무 늦은 거 아니에요?"

곽두기가 조심스러운 말투로 물었다.

"상황이 급박해져 가니 살아남기 위해서라도 뭐든 해야만 했어. 특

▶ **트리엔트 공의회**
이탈리아 북부 트리엔트에서 소집된 공의회를 묘사한 1600년대 그림이야. 트리엔트 공의회를 통해 가톨릭교회는 내부의 부정부패를 바로잡고 예수회를 설립하는 성과를 거두었지만, 신교를 이단으로 규정해 끊임없는 종교 갈등의 불씨를 제공했어.

히 제후들의 반란으로 골머리를 앓던 카를 5세가 가장 큰 위기감을 느꼈지. 프랑스와 오스만 제국을 상대하기도 바쁜데 종교 다툼으로 내분까지 겪기는 싫었던 거야. 교황 역시 마찬가지였어. 이미 크리스트교 세력이 두 동강이 나 버렸는데, 더 이상 교황의 권위가 떨어지는 걸 그대로 지켜만 볼 수는 없었지. 되든 안 되든 노력은 해 봐야 하지 않겠니?"

용선생의 물음에 아이들이 고개를 끄덕였다.

"그래서 카를 5세와 교황은 1545년 이탈리아의 트리엔트에서 공의회를 열었어. 가톨릭 교리를 다시 세우고, 신교에서 주장하는 교리와 기존의 가톨릭 교리와 어떤 차이가 있는가를 논의하기 위한 자리였지. 이 회의에서 가톨릭 개혁을 위한 중요한 결정들이 이루어졌단다."

"어떤 결정인데요?"

나선애의 세계사 사전

공의회 공의회는 가톨릭교회의 주요 논란에 대해 교황이 추기경, 대주교, 수도원장 등 고위 성직자를 소집해 토론을 하고 결정을 내리는 종교 회의를 말해.

232

"우선 면벌부 판매를 공식적으로 중단했어. 그리고 교회법을 엄격하게 집행해 성직자의 부정부패를 막았지. 이제 성직자들은 몰래 결혼하거나 자식을 둘 수 없게 되었고 돈을 주고 성직을 살 수도 없게 되었단다."

"이제야 뭐가 좀 제대로 돌아가네요."

용선생의 설명을 듣고 왕수재가 중얼거렸다.

"하지만 공의회는 논의 끝에 루터파를 비롯한 신교를 모조리 이단이라고 낙인찍었어. 그리고 종교 재판소를 설치해 금서 목록을 만들었지. 당연히 루터와 칼뱅, 츠빙글리 등 여러 종교 개혁가들이 쓴 책이 금서로 지정됐어. 이들이 쓴 책이 무분별하게 나돌면 사람들에게 잘못된 신앙을 심어 줄 수 있다는 이유에서였지."

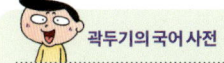

곽두기의 국어 사전

금서 금할 금(禁) 책 서(書). 출간하거나 판매, 읽는 것을 법적으로 금지한 책을 말해.

"어이가 없네요."

장하다가 툴툴거렸다.

"한편 교황은 새로운 가톨릭 조직인 예수회를 적극 지원하기도 했어."

"예수회요?"

곽두기가 용선생을 멀뚱히 바라보았다.

"응. 예수회는 1540년에 교황의 인

← **예수회 창시자 이냐시오 데 로욜라** 이냐시오 데 로욜라는 원래 에스파냐 귀족 가문 출신의 군인으로, 이탈리아 전쟁에서 부상을 당한 후 오랜 병상 생활을 하면서 깊은 신앙심을 갖게 되었대.

↑ **금서 목록 표지** 트리엔트 공의회 이후 교황은 이렇게 금서 목록을 만들었어. 이 금서 목록엔 날조된 《성서》나 문란한 내용이 담긴 소설들, 루터, 칼뱅 등 종교 개혁을 이끈 사람들의 책이 포함되어 있었지.

종교 개혁이 유럽 사회를 뒤흔들다 **233**

정을 받은 가톨릭 수도회야. 금욕적이고 청빈한 생활을 강조하고 언제나 하느님께 순종하는 걸 중요하게 여기는 것은 다른 수도회와 똑같아. 하지만 예수회에는 한 가지 특별한 규칙이 더 있었어. 그건 바로 교황의 명령을 지체 없이 실행에 옮겨야 한다는 거야."

"교황의 명령을 따르는 수도회라고요?"

"응. 군대를 떠올리면 돼. 실제로 수도회 조직은 군대 조직을 본떠 만들어졌어. 심지어 수도회의 수장을 총사령관이라는 의미에서 총장이라고 불렀단다. 예수회는 명령에 따라 일사불란하게 움직였기 때문에 굉장히 효율적인 조직이었지. 가령, 예수회의 수장인 총장이 '넌 어디로 가서 선교 활동을 하라.'고 명령하면 그대로 복종했어. 거

기가 아무리 위험한 곳이더라도 두말없이 명령한 곳으로 가 임무를 수행했지."

"우아, 대단해요!"

"예수회는 유럽 내에서는 신교에 맞서 논쟁을 벌이고 철저한 금욕 생활을 통해 신앙 생활의 모범을 보였어. 그리고 해외 선교에도 힘을 써 가톨릭을 전 세계에 퍼뜨렸지. 특히 중남미 대부분의 나라가 가톨릭을 받아들이는 데 큰 역할을 했어. 최초의 남미 출신

▲ 서강대학교 예수회는 교육 사업에 관심이 많아서 세계 각지에 수백 개의 대학을 세웠어. 한국의 서강대학교도 예수회가 설립한 학교야.

교황인 프란치스코 교황도 예수회 출신이었단다. 또한 예수회 선교사들은 대부분 학식이 뛰어난 지식인이어서 교육을 중요하게 여겼어. 그래서 자신들의 발길이 닿는 곳마다 반드시 학교를 세웠지. 나중에는 신교도도 예수회 학교에 입학해 공부를 할 정도였고, 예수회 선교사를 가정 교사로 두는 귀족들도 많았대."

"가톨릭도 개혁을 위해 여러 가지 노력을 했군요."

나선애가 고개를 끄덕이며 말했다.

"하지만 아까도 말했듯이 가톨릭과 신교의 갈등은 이제부터 시작이었어. 두 종교는 철천지원수가 되어 피 튀기는 싸움을 벌이게 된단다."

 **용선생의 핵심 정리**

트리엔트 공의회에서 가톨릭교회는 면벌부 판매를 중단하고 성직자들의 부정부패를 막는 등 내부 개혁을 진행함. 또 1540년에 등장한 예수회는 해외 선교와 교육을 통해 가톨릭의 세력을 넓히는 데 앞장섬.

종교 개혁이 유럽 사회를 뒤흔들다 **235**

에스파냐와 프랑스가 극심한 종교 갈등을 겪다

"철천지원수가 돼서 싸운다고요?"

허영심이 깜짝 놀란 표정으로 말했다.

"유럽에서는 가톨릭과 신교의 극심한 갈등이 있기 전부터 종교 재판이 행해지고 있었어. 종교 재판으로 이단자를 가려내고, 이들을 감옥에 가두거나 화형에 처하곤 했지. 그중에서도 1500년대 에스파냐의 종교 재판은 잔인하기로 악명이 높았어. 막 레콩키스타를 성공시킨 페르난도 2세와 이사벨 1세가 에스파냐를 완벽한 가톨릭 국가로 만들겠다며 유대인과 이슬람교도를 모조리 추방한 것 기억나지?"

"네, 유대인이나 이슬람교도 중에 거짓으로 개종한 사람이 있으면 종교 재판을 열어 사형시켰다고 하셨어요."

▼ 종교 재판소의 모습 1600년대 벌어진 종교 재판의 모습을 기록한 그림이야. 종교 재판은 다양한 이유로 유럽 전역에서 이뤄졌는데, 특히 에스파냐에서 가장 많았어. 에스파냐의 종교 재판은 1800년대까지 계속됐고, 이때 희생된 사람만 30만 명이나 된대.

선애가 필기노트를 앞으로 넘겨 확인했다.

"응, 에스파냐의 종교 재판은 1480년부터 약 50년 동안 나라 곳곳에서 이뤄졌어. 이 종교 재판으로 희생된 사람들 대부분이 유대인이었지. 다행히 왕이 바뀌면서 종교 재판은 거의 중단됐어. 근데 루터와 칼뱅의 등장으로 유럽 전역에서 종교 개혁 바람이 불자, 종교 재판이 신교를 탄압하는 데 이용되었단다. 에스파냐는 신교의 확산을 막고자 여러 차례 금서 목록을 만들고 서적을 검열했어. 걸리는 사람은 바로 종교 재판소에서 이단으로 심판했지. 심지어 《성서》를 에스파냐어로 번역해도 이단으로 처벌했을 정도였어. 재판을 받은 신교도들 중 10퍼센트가 처형을 당했단다."

"으아, 철저하네요."

"그래, 얼마나 철저하게 막았는지 에스파냐에서는 신교가 제대로 발을 붙이지 못했어. 근데 에스파냐의 종교 재판 못지않게 끔찍한 일이 이웃 나라 프랑스에서 일어났단다. 바로 수만 명의 신교도가 학살당한 사건이야."

"네에? 수만 명이 학살당해요?"

아이들의 눈이 휘둥그레졌다.

"응. 프랑스 가톨릭 지지자들이 신교도인 위그노를 무자비하게 학살한 사건인데, 1572년 8월 24일 바르톨로메오 성인을 기념하는 날에 학살이 시작되었다고 해서 이 사건을 '성 바르톨로메오 축일의 학살'이라고 불러."

나선애의 세계사 사전

위그노 프랑스의 칼뱅파 신교도들을 부르는 말이야. 프랑스 남부 지방이 주요 근거지였어.

허영심의 상식 사전

축일 교회에서 특별한 사건이나 인물을 기념하거나 공경하도록 정한 날을 가리켜.

"아니, 대체 왜 그런 일이 벌어졌죠?"

"이야기를 좀 거슬러 올라가 볼까? 프랑스에서는 스위스와 가까운

종교 개혁이 유럽 사회를 뒤흔들다

"남부 지방에서부터 종교 개혁의 바람이 불면서 국왕과 대립하던 귀족들이 신교로 개종했어. 시간이 갈수록 위그노 세력이 커지자, 당시 국왕이었던 앙리 2세는 잔뜩 위기감을 느꼈지. 프랑스의 가톨릭 성직자는 교황의 명령보다 프랑스 국왕의 명령을 잘 따랐기 때문에, 위그노 세력이 커진다는 건 국왕의 세력이 약해진다는 걸 의미했기 때문이야. 하지만 신교를 지원하는 귀족 세력도 만만찮았기 때문에 왕이 함부로 손을 쓸 수 없었지."

"그럼 서로 팽팽하게 맞서고 있었던 거예요?"

"그렇지. 하지만 국왕 앙리 2세가 사고로 갑작스레 세상을 떠나면서 상황이 달라졌어. 신교를 믿는 귀족 세력의 영향력이 더욱 커진 거야. 특히 위그노이자 왕의 가까운 친척인 부르봉 가문이 왕에게 영향력을 크게 미쳤지. 자칫하다가는 프랑스 왕이 신교 편으로 기울지도 모르는 상황이었어. 그래서 신교 세력을 막으려는 가톨릭 귀족과 신교 세력을 확대하려는 위그노 귀족 간의 갈등으로 프랑스는 거의 내전 상태에 놓여 있었지."

"어휴, 종교 때문에 또 전쟁이라니……."

"이때 왕 대신 나라를 다스리던 국왕의 어머니 카트린 드 메디시스가 나섰어. 카트린은 자신의 막내딸을 부르봉 가문의 앙리란 사람과 결혼시키기로 했어. 가톨릭과 위그노 사이의 화합을 이끈다는 명분을 내세웠지. 그런데 사실 이 결혼은 엄청난 사건의 도화선이 되었단다."

"결혼이 어쨌기에요?"

나선애가 눈을 동그랗게 떴다.

나선애의 세계사 사전

부르봉 가문 프랑스의 마지막 왕가. 1580년부터 프랑스 혁명으로 왕정이 무너지는 1830년까지 프랑스를 다스렸어.

곽두기의 국어 사전

도화선 이끌 도(導) 불 화(火) 줄 선(線). 폭약이 터지도록 불을 붙이는 심지. 어떤 사건이 일어나게 된 직접적인 원인을 빗대는 말이야.

"결혼식을 축하하기 위해 위그노 귀족들이 한데 모이자 가톨릭 귀족들이 딴 맘을 먹은 거야. 피로연에 참석한 위그노 귀족들이 쉬는 틈을 노려 모두 죽여 버릴 생각을 한 거지. 계획이 실행에 옮겨지자, 가톨릭을 믿는 시민들까지 호응하며 주변의 위그노를 살해하기 시작했어. 이렇게 며칠 사이에 프랑스 전역에서 학살당한 위그노가 무려 수만 명이었지. 위그노를 향한 무차별 학살은 한 달 넘게 계속됐단다."

"결혼식을 축하하러 온 사람들을 죽이다니 너무해요!"
허영심이 못마땅한 듯 눈살을 찌푸렸다.

"그래. 너무나 끔찍한 일이었지. 이 사건을 보고받은

▲ 카트린 드 메디시스 프랑스의 왕비야. 피렌체의 메디치 가문 출신이지. 카트린은 아들 셋이 연거푸 왕위에 오르며 섭정으로 권력을 손에 넣었어. 그리고 종교 갈등으로 혼란한 나라에서 아들을 지키고 왕권을 강화하기 위해 수단과 방법을 가리지 않았단다.

▲ 성 바르톨로메오 축일의 학살 기념 주화
학살 사건을 보고받은 교황은 굉장히 기뻐했대. 그래서 이렇게 학살을 기념하는 주화를 만들기도 했단다. 당시 가톨릭과 신교 사이의 갈등이 얼마나 심각했는지 알만 하지?

▲ 성 바르톨로메오 축일의 학살 학살이 일어난 다음 날 아침을 묘사한 그림이야. 가운데 검은 옷을 입고 냉정한 눈빛으로 살해당한 위그노들을 내려다보는 여인이 바로 카트린이란다.

종교 개혁이 유럽 사회를 뒤흔들다

프랑스 국왕도 커다란 충격으로 쓰러졌을 정도였대. 분노에 휩싸인 위그노는 네덜란드와 영국의 지원을 받아 군사를 일으켰고, 프랑스의 내전은 더욱 커졌어. 위그노는 성 바르톨로메오 축일의 학살로 유능한 지도자를 많이 잃었기 때문에 사실 전쟁에서 큰 힘을 발휘하지 못했어. 하지만 가톨릭 측 역시 오랜 내전으로 힘이 많이 빠진 상태였기 때문에 신교도를 압도하지 못했단다."

"그럼 프랑스는 어떻게 되었어요?"

"몇 년이나 질질 끌던 전쟁은 전혀 예상치 못한 상황으로 흘러갔어. 국왕이 후계자 없이 사망하면서 왕가의 대가 끊어져 버린 거야. 그래서 왕과 가장 가까운 친척이 누가 있는지 살펴보니 이게 웬걸, 부르봉 가문의 앙리밖에 없었지."

"앙리라면 아까 그 결혼식의 신랑 말인가요? 그럼 신교도가 프랑스 왕이 되는 거예요?"

"앙리가 왕이 되는 건 그리 쉽지 않았어. 가톨릭을 믿는 사람들은 신교를 믿는 왕을 모실 생각이 눈곱만큼도 없었거든. 하지만 언제까지 싸울 수만은 없었기 때문에 위그노 쪽에 협상을 제안했단다. 앙리가 가톨릭으로 개종만 한다면 프랑스의 국왕으로 인정하겠다는 거였지. 결국 부르봉 가문의 앙리는 가톨릭으로 개종하고

← 앙리 4세 종교 화합을 이끌어 나라를 안정시키고 경제를 부흥시켜 프랑스를 유럽 최강국으로 만들었어. 프랑스에서는 우리나라의 세종 대왕처럼 프랑스 최고의 국왕으로 존경받고 있지.

프랑스의 왕 앙리 4세로 즉위했어. 대신 앙리 4세는 1598년 낭트 칙령을 발표해 위그노에게 신앙의 자유를 보장해 주었지."

"신앙의 자유요? 그럼 이제 프랑스에서 신교를 믿어도 돼요?"

"그렇지. 앙리 4세는 칙령을 통해 프랑스의 국교는 가톨릭이지만, 위그노 역시 자유롭게 예배를 드릴 권리가 있다고 못 박았어. 이제 위그노는 프랑스의 수도 파리를 제외한 어디에서든 교회를 짓고 예배를 드릴 수 있게 된 거야."

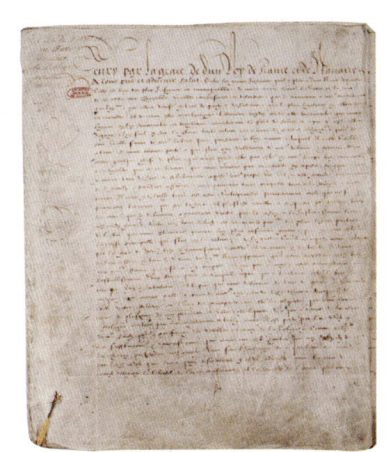

▲ 낭트 칙령 원본

"우아, 정말 다행이에요."

허영심이 안심이 되는 듯 한숨을 내쉬었다.

"하지만 이렇게 어렵게 얻은 평화는 오래가지 못했어. 앙리 4세의 죽음 이후 다시 왕이 신교도를 탄압하거든. 이 이야기는 다음에 할 기회가 있을 거야. 영국에서도 프랑스와 비슷하게 신교도가 박해받는 일이 일어났다고 하니 우선 영국에서 무슨 일이 벌어졌는지부터 알아보자고."

>
> **용선생의 핵심 정리**
>
> 에스파냐에서 종교 재판으로 수많은 사람이 목숨을 잃음. 프랑스에서는 위그노 학살이 벌어지는 등 갈등이 심했지만 앙리 4세가 즉위하며 종교의 자유가 인정됨.

엘리자베스 1세가 종교 평화를 이끌어 내다

↑ **메리 1세** 가톨릭을 강요하며 개종을 거부하는 사람들을 가혹하게 대했어. 재위 기간 동안 수많은 사람들을 가차 없이 처형했기 때문에 '피의 메리'란 이름을 얻었단다.

"어, 아까 헨리 8세 때 영국 국교회가 자리 잡지 않았어요? 그걸로 끝인 줄 알았는데요."

왕수재가 떨떠름한 표정을 지었다.

"맞아. 하지만 헨리 8세의 딸 메리가 영국 왕위에 오르면서 가톨릭과 신교 간의 갈등이 도로 심해졌어. 아버지와 달리 메리 1세는 독실한 가톨릭 신자였거든. 당연히 아버지 헨리 8세가 만들어 낸 영국 국교회에 대해서 매우 불만이 많았지. 자기 어머니와 이혼하려고 만들어 낸 교회였으니까 말이야. 메리 1세는 왕이 되자마자 아버지 헨리 8세의 국교회를 버리고 다시 영국을 가톨릭 국가로 되돌리겠다고 선언했어. 하지만 영국은 그새 이미 영국 국교회로 돌아선 사람들이 많았기 때문에 메리 1세의 결정에 거세게 반발했단다."

"그럼 어떻게 되는 거예요?"

"메리 1세는 우선 배교를 거부하는 영국 국교회 성직자 2,000명을 내쫓았어. 또 본보기로 거세게 반발하는 영국 국교회 주교를 차례로 화형시켰지. 순식간에 300명이나 되는 사람들이 목숨을 잃었어."

"헉, 300명이나요?"

"이 탓에 메리 1세의 인기는 나날이 떨어졌어. 게다가 메리 1세는 에스파냐 국왕인 펠리페 2세와의 결혼으로 엄청난 비난을 받았어. 국민의 대다수가 이 결혼을 반대했거든."

"흐음. 왜 영국 사람들은 이 결혼을 반대했어요?"

"당시 에스파냐가 영국에 비해 너무 강대국이었기 때문이야. 만일 메리 1세와 에스파냐 왕 사이에 아이가 생기면 그 아이가 커서 영국의 왕이 될 거잖니? 그러면 에스파냐 왕이 영국의 일에 사사건건 끼어들지 않을까 걱정한 거야. 무엇보다도 에스파냐 왕이 독실한 가톨릭 신자였으니까. 그러니 메리 1세처럼 신교를 믿는 영국인들을 탄압할지도 모른다고 염려한 거지. 하지만 메리 1세는 모두의 반대를 무릅쓰고 기어코 펠리페 2세와 결혼했어."

"아이고, 미움 받을 짓만 골라서 하네요."

"이때부터 영국 귀족 사이에서 메리 1세의 이복동생이자 국교회 신자였던 엘리자베스를 왕위에 올리려는 시도가 이뤄졌어. 게다가 메리 1세가 남편인 펠리페 2세 때문에 프랑스와 에스파냐 사이의 전쟁에 휘말려 패배하는 바람에 대륙에 있던 마지막 영국 땅까지 잃게 되면서 민심이 더욱 나빠졌지. 결국 메리 1세가 자식도 없이 세상을 떠나자 왕 자리는 엘리자베스에게 돌아갔단다."

곽두기의 국어 사전

배교 등 배(背) 가르칠 교(敎). 자기가 믿는 종교를 등지고 신앙을 버리는 일을 말해.

장하다의 인물 사전

펠리페 2세 (재위 1556년~1598년) 신성 로마 제국 황제 카를 5세의 아들로 에스파냐 최전성기를 이끈 왕이야.

"그럼 이제 모든 게 원래대로 돌아가겠군요."

"그렇지. 1559년에 왕위에 오른 엘리자베스 1세는 국교회로 다시 복귀하겠다고 선언했어. 하지만 가톨릭 신자들을 마구 잡아 죽이는 일은 없었지. 교회 조직도 가톨릭을 믿던 때와 거의 동일하게 유지했어. 메리 1세의 냉혹함에 질린 사람들은 엘리자베스 1세의 통치를 몹시 환영했단다. 이렇게 해서 엘리자베스 1세는 영국의 종교 갈등을 가라앉히는 데 성공했지."

"으아, 진짜 다행이네요."

"하지만 영국도 프랑스와 마찬가지로 평화가 오래가지 못했어. 엘리자베스 1세 이후에 또 한 번 영국을 뒤흔드는 사건이 일어나거든. 이 이야기도 다음에 해 줄게."

"어휴, 종교 때문에 이렇게 많은 피를 흘리면서까지 싸우다니."

나선애가 눈썹을 찌푸렸다.

"이쯤 되면 유럽 각국에서 종교 갈등이 얼마나 심했는지 대강은 알아본 것 같구나. 그런데 이렇게 종교 갈등으로 유럽이 아수라장이 되는 동안 바다 건너에서는 새로운 역사가 시작되고 있었어. 미지의 세계를 찾아 배를 타고 머나먼 곳으로 떠나는 사람들이 잇따라 놀라운 발견을 해냈거든. 다음 시간에는 그 발견에 대해 알아보도록 하자. 오늘은 여기까지!"

> **용선생의 핵심 정리**
>
> 영국에서도 메리 1세가 영국 국교회를 박해했지만, 엘리자베스 1세 즉위 이후 종교 갈등이 멈춤.

나선애의 정리노트

1. ## 마르틴 루터의 종교 개혁
   - 가톨릭교회의 부패: 재산 모으기와 권력 다툼에만 열중
   - **마르틴 루터**는 교황의 **면벌부** 판매를 비판함.
     → 〈95개조 반박문〉 발표 → 전 유럽으로 퍼져 나가며 종교 개혁 시작
   - 루터는 자신을 지지하는 제후의 보호를 받으며 종교 개혁 진행
     → 신성 로마 제국 황제 카를 5세는 루터를 지지하는 제후들과의 전쟁 끝에 **아우크스부르크 평화 협정**으로 루터파를 인정함.

2. ## 유럽 곳곳의 종교 개혁
   - **츠빙글리**: 취리히를 중심으로 종교 개혁 운동을 진행함.
   - **장 칼뱅**: 프랑스의 신학자. 스위스의 **제네바**로 몸을 피해 활동함.
     → **예정설**을 통해 신분 질서와 구원이 무관하다고 주장
     → **직업 소명설**을 통해 직업적 성공을 긍정함. → **상공업자**들의 지지를 받음!
   - 영국은 **헨리 8세**의 이혼과 맞물려 종교 개혁이 진행 → **영국 국교회** 성립

3. ## 가톨릭교회의 개혁
   - **트리엔트 공의회**: 가톨릭 교리를 다시 확립하고 신교와 가톨릭 간의 차이 확인
     → 면벌부 판매 금지, 성직자 결혼 금지, 성직 매매 금지 원칙 재확인
     → 신교를 이단으로 정하고 금서 목록을 만들어 배포함.
   - **예수회** 설립 → **해외** 선교와 **교육 활동**에 앞장섬.

4. ## 유럽 곳곳의 종교 갈등
   - 에스파냐: **종교 재판**으로 수많은 사람이 목숨을 잃음.
   - 프랑스: **위그노 학살**이 벌어지는 등 심한 갈등 → **앙리 4세**가 **낭트 칙령**으로 종교의 자유를 인정함.
   - 영국: 메리 1세의 가톨릭 복귀와 신교 박해
     → **엘리자베스 1세**의 즉위로 국교회 회복, 종교 간 화합을 이룸.

세계사 퀴즈 달인을 찾아라!

1 다음 설명에 알맞은 인물의 이름을 써 보자.

독일의 작은 도시 비텐베르크의 신학자였던 이 인물은 교황의 면벌부 판매를 비판했다. 이 인물이 쓴 〈95개조 반박문〉은 전 유럽에 종교 개혁의 소용돌이를 몰고 왔다.

(   )

2 유럽의 종교 개혁에 대해 잘못 설명한 친구는? (   )

 ① 성직자들의 부패를 비판하며 시작되었어.

 ② 인쇄술이 발명되지 않아 유럽 전역으로 퍼지지는 못했지.

 ③ 아우크스부르크 평화 협정을 통해 루터파가 정식으로 인정받았어.

 ④ 루터는 성직자의 도움 없이도 얼마든지 천국에 갈 수 있다고 주장했지.

3 아우크스부르크 평화 협정에 대한 설명으로 알맞은 것은? (   )

① 전쟁 없이 평화롭게 이루어진 협정이다.
② 종교를 선택할 수 있는 권리가 모두에게 주어졌다.
③ 루터파가 아닌 다른 종파들도 정식으로 인정받았다.
④ 신성 로마 제국의 황제 카를 5세와 루터파 제후들과의 타협이었다.

4 유럽 곳곳의 종교 개혁에 대한 설명으로 알맞은 것에 ○표, 알맞지 <u>않은</u> 것에 X표 해 보자.

○ 츠빙글리는 취리히를 중심으로 종교 개혁을 진행했다. (   )

○ 장 칼뱅의 신교는 도시 상공업자들의 지지를 받지 못했다. (   )

○ 영국에서는 국왕 헨리 8세의 이혼과 맞물려 종교 개혁이 진행되었다. (   )

5 빈칸에 들어갈 알맞은 말을 순서대로 써 보자.

> 장 칼뱅은 두 가지 주장을 내세웠다. 하나는 '신이 구원할 사람들을 미리 정해 놓으셨다'는 주장으로 (①   )이라고 하며, 다른 하나는 '모든 직업은 하느님이 내려 주는 것이므로 신성하다'는 주장으로 (②   )이라고 한다.

(①   , ②   )

6 다음 중 트리엔트 공의회의 결정으로 옳지 <u>않은</u> 것은? (   )

① 면벌부 판매를 금지하였다.
② 성직자 결혼 금지 원칙을 재확인했다.
③ 루터파와 칼뱅파를 비롯한 신교를 정식으로 인정했다.
④ 교회법을 엄격히 집행해 성직자의 부정부패를 막기로 했다.

7 다음은 유럽 각국의 종교 갈등에 대한 설명이야. 각각의 빈칸에 들어갈 알맞은 나라 이름을 <보기>에서 골라 써 보자.

<보기>
영국   프랑스   에스파냐

○ 교황의 승인을 얻은 종교 재판을 거쳐 많은 사람들이 목숨을 잃었다. (   )

○ '피의 메리'가 왕위에 올라 많은 사람들을 죽였다. (   )

○ '성 바르톨로메오 축일의 학살' 때문에 수만 명의 위그노가 학살당했다. (   )

정답은 310쪽에서 확인하세요!

용선생 세계사 카페

종교 개혁의 불씨를 댕긴 마르틴 루터

마르틴 루터는 종교 개혁의 불씨를 댕긴 사람이야. 루터의 〈95개조 반박문〉은 1500년대 유럽을 휩쓴 최고의 베스트셀러이자, 유럽 사람들이 가톨릭교회의 부패를 깨닫는 출발점이 되었지. 독실한 가톨릭 신부였던 루터가 어떻게 종교 개혁가로 거듭나게 됐는지 한번 알아볼까?

부유한 가정에서 자란 루터

루터는 1483년 독일 중부의 아이스레벤이란 조그만 마을에서 태어났어. 아버지는 광산업으로 성공한 사업가여서 루터는 어릴 때부터 높은 수준의 교육을 받을 수 있었지. 루터는 대학에서 우수한 성적을 거두고, 가족들의 권유에 따라 법학 박사 과정에 진학했어. 법대를 나와 법관이 되거나 고급 관리가 되는 것이 가장 쉽게 출세하는 길이었기 때문이지. 그런데 법조인이 되기를 바랐던 부모의 소원과 달리 루터의 꿈은 수도사였어. 높은 신분을 버리고 수도원에 들어간 귀족 이야기를

▶ 아이스레벤 시의 시청 광장에 세워진 루터의 동상 손에 들린 두툼한 책은 바로 루터가 번역한 독일어 《성서》라고 하는구나.

들으며 수도 생활을 동경해 왔거든. 결국 루터는 법대에 진학한 지 몇 달 되지 않아 자신의 인생을 송두리째 바꾸는 경험을 하게 된단다.

죽음의 위기를 겪고 성직자가 되다

루터가 친구와 함께 길을 가고 있었을 때였어. 때마침 날씨가 몹시 좋지 않았는지, 하늘에서 강한 벼락이 사정없이 내리쳤지. 이때 무서운 일이 벌어졌어. 루터와 같이 길을 가던 친구의 몸에 벼락이 내리친 거야. 갑작스레 목숨을 잃은 친구를 보며 루터는 커다란 공포에 휩싸였어. 그는 벌벌 떨며 자신이 무사히 목적지에 도착한다면 수도자가 되겠다고 성모 마리아와 성인들에게 맹세했지. 다행스럽게도 루터는 번개를 피해 목적지에 도착했어. 2주 후, 루터는 부모의 반대를 무릅쓰고 수도원에 들어가 자신의 맹세를 지켰단다.

↑ 에어푸르트 아우구스티노 수도원의 기도실
루터가 평소 《성서》를 읽으며 기도하던 곳이래.

구원에 대한 끝없는 갈망과 탐구

1505년, 무사히 수도자 과정을 마친 루터는 2년 후 정식으로 가톨릭 신부가 되었지. 루터는 수도 생활을 하며 교회에서 시키는 대로 열심히 규율을 지키고 성지를 순례했지만, 아직 구원을 받기에는 여전히 부족하다며 늘 괴로워했대. 루터는 《성서》를 공부하면서 '인간은 착한 일을 하거나 자신의 죄를 뉘우치고 나서야 하느님께 인정받는 게 아니라, 하느님과 예수 그리스도를 믿는 마음만 있다면 그 자체로 인정받을 수 있다'는 것을 깨달았단다.

▲ 비텐베르크에 있는
루터의 집
루터가 비텐베르크 신학 교수로 있는 동안 살았던 집이래.

<95개조 반박문>을 내걸다

몇 년 후, 루터는 비텐베르크 대학의 신학 교수가 되었어. 이 무렵 교회는 성직자들의 부정부패로 엉망진창이 되어 있었지. 아무렇지도 않게 교회법을 어기고 결혼해 아이를 낳거나, 성직을 돈 받고 파는 성직자들이 넘쳐 났어. 심지어 교황마저도 돈을 벌겠다고 태연히 면벌부를 팔았지. 루터는 성직자가 하느님을 버리고 돈과 욕망에 몸을 맡겼다는 것에 분노했어. 그래서 1517년, 비텐베르크 교회 대문 앞에 면벌부 판매를 비판하는 <95개조 반박문>을 써 붙였단다. 루터가 쓴 반박문은 큰 인기를 얻고 유럽 전역으로 퍼져 나갔어.

라틴어 《성서》를 독일어로 번역하다

교회의 부정부패를 강하게 비판하면서 루터는 가톨릭과 등을 돌리게 됐어. 교황의 회유와 협박에도 굴하지 않고 면벌부를 사지 않더라도 예수 그리스도를 믿기만 하면 구원받을 수 있다고 주장했어. 또 신의 말씀을 옮긴 《성서》만이 유일한 진리이자 신에게 가는 길이라며 《성서》를 강조했지. 결국 1521년, 교황은 루터를 파문했어. 하지만 황제와 교회의 권력에 대항하던 신성 로마 제국 제후들은 루터를 지지했단다. 그중 작센 선제후는 루터가 신성 로마 제국 황제에게 추방령을 받고 쫓겨날 때 루터가 지낼 곳을 마련해 주기도 했어. 제후의 배려 덕분에 루터는 추방 생활을 하는 동안 《성서》 번역에 힘써 누구나 쉽게 읽고 이해할 수 있는 독일어 《성서》를 내게 된단다.

◀ **루터 교회의 상징**
오늘날 루터 교회가 공식적으로 쓰는 문장이야.
가운데 있는 꽃을 '루터의 장미'라 부른다고 해.

말년과 아우크스부르크 평화 협정

종교 개혁의 열기가 뜨거워지면서 루터는 강연과 토론, 저술 활동으로 눈코 뜰 새 없이 바쁜 시간을 보냈어. 그러다 보니 건강이 크게 나빠졌지. 어느 날엔 갑자기 심장 발작이 일어나는 바람에 하마터면 목숨을 잃을 뻔했다고 해. 결국 루터는 건강을 회복하지 못하고 1547년, 63세의 나이에 병으로 죽음을 맞았어. 죽기 전 루터는 옆에 있던 신부에게 '나는 지금까지 하느님의 올바른 가르침을 세상에 전했다고 확신한다.'며, 언젠간 자신이 옳은 일을 했음을 사람들이 알아주길 바랐대. 그의 바람대로 1555년, 신성 로마 제국 황제 카를 5세는 아우크스부르크에서 루터파에게 종교의 자유를 인정해 줬단다.

↑ **오늘날의 루터 교회** 오늘날 루터 교회는 주로 독일 북부와 북유럽 일대에서 찾아볼 수 있어. 우리나라에는 약 5,000여 명의 신자가 있지. 사진에서 보는 것처럼 루터 교회의 성직자 복장은 가톨릭과 비슷해. 이외에 교회 제도나 의식도 가톨릭과 비슷한 점이 많아.

6교시

신항로 개척으로 유럽이 새로운 세계에 눈을 뜨다

종교 개혁과 뒤따른 갈등으로 온 유럽이 시끄러운 동안,
유럽 한편에서는 세계를 바꿔 놓을 모험이 시작됐어.
바로 사람들이 배를 타고 대서양을 건너
머나먼 곳으로 항해를 시작한 거야.
망망대해를 여행한 탐험가들 덕분에
유럽은 점점 새로운 세계에 눈을 뜨게 됐지.
과연 탐험가들이 무엇을 찾아냈는지
우리 함께 알아보도록 할까?

1419년	1488년	1492년	1494년	1498년	1513년	1522년
엔히크 왕자, 마데이라섬 도착	바르톨로메우 디아스, 희망봉 도착	콜럼버스, 아메리카 대륙 도착	토르데시야스 조약 체결	바스쿠 다가마, 인도 도착	발보아, 태평양 연안에 도착	마젤란 함대, 세계 일주에 성공

마데이라 제도
북대서양에 있는 작은 섬들. 1418년에 포르투갈이 정복했어.

이스파니올라
카리브 제도에 있는 섬. 콜럼버스가 처음 상륙한 곳이야.

북아메리카

포르투갈
마데이라 제도

이스파니올라섬

대서양

팀북

파나마 지협

태평양

남아메리카

파나마 지협
남북 아메리카를 잇는 좁은 띠 모양의 땅. 발보아가 이곳을 가로질러 태평양과 만나게 돼.

마젤란 해협

마젤란 해협
남아메리카 남쪽 끝에서 태평양으로 연결되는 해협. 마젤란 함대는 이곳을 지나 세계 일주에 나섰지.

역사의 현장 지금은?

신항로 개척의 출발지 이베리아반도를 가다

이베리아반도는 프랑스 서쪽의 피레네산맥을 넘어 유럽 남서쪽 끝에 있어. 반도 대부분은 험한 산지로, 덥고 건조한 편이야. 하지만 질 좋은 구리 산지로 유명해서 고대 그리스와 로마 시대 부터 여러 무역 도시가 발달했지. 신항로 개척을 주도했던 에스파냐와 포르투갈이 자리 잡고 있는 곳이기도 해.

↑ 이베리아반도 한가운데를 흐르는 타구스강
타구스강의 길이는 1,038킬로미터로 이베리아반도에서 가장 긴 강이야. 강의 3분의 2는 에스파냐, 3분의 1은 포르투갈을 지나가지.

열정의 나라 에스파냐

이베리아반도 대부분을 차지하는 에스파냐는 면적이 한반도의 2.3배쯤으로, EU 회원국 가운데 두 번째로 영토가 넓은 나라야. 인구는 약 4천 7백만 명, 1인당 국민 소득은 우리나라와 비슷한 수준이야. 지중해성 기후에 속해 올리브, 포도 농업이 발달했고, 휴양지와 문화유산이 많아 관광업도 발달했어. 또 건설업과 제조업도 높은 수준을 자랑하지.

▲ 에스파냐의 수도 마드리드
마드리드는 에스파냐 최대 도시로 유럽에서 네 번째로 인구가 많은 도시야.

에스파냐를 이끄는 두 축 마드리드와 바르셀로나

에스파냐의 수도 마드리드는 이베리아반도 한가운데에 있어. 해발 고도 667미터에 있는 도시라 습하지 않고 살기에 쾌적하지. 인구는 320만 명 정도이며, 에스파냐의 기업들이 대부분 이곳에 본사를 두고 있을 만큼 경제의 중심지이기도 해.

바르셀로나는 에스파냐에서 두 번째로 큰 도시로 에스파냐 동부 카탈루냐 지방의 중심지야. 전설적인 화가 파블로 피카소와 천재 건축가로 칭송받는 안토니오 가우디의 고향으로 잘 알려져 있지. 바르셀로나는 로마 시대부터 이베리아반도의 중요한 무역 항구였기 때문에 역사 유적이 많이 남아 있단다.

▼ 사그라다 파밀리아 대성당

▼ 바르셀로나 전경 오른쪽의 큰 건물이 바르셀로나의 상징인 사그라다 파밀리아 대성당이야. 천재 건축가 가우디가 설계한 건물이지.

◀ 레알 마드리드의 홈구장 산티아고 베르나베우 경기장
마드리드와 바르셀로나는 축구에서도 팽팽한 라이벌이야.

화려하고 강렬한 에스파냐의 문화

'열정의 나라'라는 별명에 걸맞게 에스파냐의 문화는 화려하고 강렬한 게 특징이야. 특히 빠른 기타 반주와 노랫소리에 맞춰 펼쳐지는 플라멩코 춤은 에스파냐의 정열과 힘을 잘 드러내지. 또 소와 인간이 싸우는 투우 공연도 빼놓을 수 없어. 칼 한 자루만 든 투우사가 얇은 천을 이리저리 흔들며 소와 싸우는 모습을 보면 감탄이 절로 나오지. 하지만 최근 동물 학대로 많은 비판을 받아 투우를 법으로 금지한 도시도 많대.

▲ 플라멩코를 추는 여인

▲ 투우 공연 중인 투우사

우리 입맛에도 잘 맞는 에스파냐의 음식들

올리브유와 토마토, 다양한 해산물과 더불어 마늘을 많이 사용하는 에스파냐 요리는 우리 입맛에도 잘 맞아. 특히 널찍하고 얕은 팬에 쌀과 토마토, 마늘을 넣고 지역에 따라 해산물과 닭고기를 같이 볶아 낸 에스파냐식 볶음밥 '파에야'가 유명하지.

↑ **추파춥스** 에스파냐는 우리나라에서도 즐겨 먹는 막대 사탕 '추파춥스'의 고향이기도 해.

↑ **파에야**

← **추로스**
요새는 우리나라 사람들도 즐겨 먹는 간식이야. 에스파냐 사람들은 보통 아침 식사로 먹는대.

유럽의 서쪽 끝 포르투갈

포르투갈은 이베리아반도 서쪽 끄트머리에 자리 잡은 나라로, 에스파냐와 국경을 맞대고 있어. 포르투갈이란 이름은 라틴어로 '서쪽의 항구'라는 뜻이래. 면적은 한반도의 절반 정도, 인구는 약 1천만 명으로 우리나라의 5분의 1 수준이야. 포르투갈은 지역이나 민족 간 갈등이 없어 유럽에서 가장 평화로운 나라로 손꼽혀. 섬유나 신발, 펄프 같은 제조업이 발달했고, 농업과 관광 산업의 비중이 높은 편이야.

▲ 리스본 전경 리스본은 포르투갈의 수도이자 최대 도시야. 유럽에서 역사가 깊은 도시 중 하나지.

◀ 리스본의 명물 노란 트램 리스본의 크고 작은 언덕을 느릿느릿 오르는 노란색 트램은 도시를 대표하는 상징 중 하나지.

포르투갈을 대표하는 먹거리

에그 타르트는 달걀 크림을 패스트리에 넣어 만든 디저트야. 리스본의 한 수녀원에서 쓰고 남은 계란 노른자로 만들기 시작한 게 에그 타르트의 시초래. 지금도 수녀원 근처에서 옛 비법 그대로 에그 타르트를 만드는데, 맛이 아주 좋아서 관광객들이 꼭 먹어 보아야 할 음식으로 꼽혀. 또 와인에 브랜디를 섞어 알코올 함량을 높인 '포트 와인' 역시 포르투갈의 특산물이야.

▲ 에그 타르트

↑ **포트 와인을 실은 배** 포르투갈의 항구 도시인 포르투 주변 양조장에서 만든 포트 와인은 이렇게 배에 실려 전 세계로 수출되었어.

↑ **포트 와인** 포르투의 특산품이야. 달콤한 향과 맛 덕분에 디저트로 인기가 높지.

포르투갈의 특산물 코르크

와인병 마개로 쓰이는 코르크 역시 포르투갈의 주요 특산품이야. 코르크는 유럽 남부와 북아프리카에서 주로 자라는 코르크 참나무 껍질을 벗겨서 만든다고 해. 전 세계 코르크의 절반 이상이 포르투갈에서 생산된대. 코르크는 푹신하고 방수가 잘되어 방음과 방수 자재로 많이 쓰인단다.

← **코르크 나무**

↓ **코르크 마개** 주로 병뚜껑으로 많이 쓰여. 우리 주변에서도 쉽게 볼 수 있지.

유럽의 모험가들이
먼바다로 탐험을 떠나다

"왜 사람들이 갑자기 배를 타고 먼바다로 나갔어요? 특별한 이유라도 있었나요?"

장하다가 눈을 끔벅거리며 묻자 용선생은 씩 웃음을 지었다.

"인도와 동남아시아 지역에서 나는 아주 값비싼 물건들 때문이야. 유럽 사람들은 아주 오래전부터 동부 지중해의 교역로를 통해 인도의 후추, 중국의 비단과 도자기 등 동방의 물건들을 수입해 왔어. 특히 후추를 비롯한 여러 가지 향신료들이 유럽인들에게 인기가 매우 높았단다."

"지난번 수업 때 몇 번 이야기하신 것 같아요. 그런데 후

↑ 후추 열매 후추는 고기의 누린내를 잡아 주고 감칠맛을 더해 주는 향신료로, 옛날부터 유럽 사람들에게 큰 인기를 얻었어. 후추 열매를 수확해 햇볕에 며칠간 건조시키면 우리가 아는 검은 후추가 만들어지지.

추는 왜 그렇게 인기가 많았어요?"

"후추는 고기에서 나는 누린내를 잡아 줄 뿐만 아니라 맛을 더욱 좋게 해 주었거든. 그리고 유럽 사람들은 후추를 약으로 쓰기도 했어. 쓸모는 이렇게나 많은데 후추가 나는 곳은 머나먼 인도와 그 주변뿐이었지. 그래서 후추의 값이 어마어마하게 비쌌단다. 한창 비쌀 때에는 후추 1그램이 금 3, 4그램과 맞먹었다는 얘기도 있어."

"후추가 금보다 비쌌다고요? 그런데 그렇게 비싼 걸 어떻게 먹어요? 엄청 부유한 귀족이나 왕들만 먹었겠어요."

"다행히 지중해 무역이 활발히 이루어지면서 1400년대에 들어와 후춧값이 많이 내려갔어. 하지만 여전히 누구나 마음껏 사 먹기 힘들

용선생의 세계사 돋보기

중세 유럽인은 인체가 혈액, 점액 등 네 가지 체액으로 구성되어 있기 때문에 각 체액이 균형을 이루고 있어야 건강하다고 생각했어. 이 균형이 깨지면 병이 난다고 믿었지. 유럽인은 육식을 많이 하기 때문에 후추를 비롯한 맵고 신맛이 나는 향신료들을 섭취해야 이 네 가지가 균형을 이룰 수 있다고 생각했어. 그래서 후추를 약처럼 여겼단다.

신항로 개척으로 유럽이 새로운 세계에 눈을 뜨다

었지. 인도와 인도네시아 등지에서 유럽까지 후추를 싣고 오는 동안 수많은 중계 상인들이 끼어들면서 값을 잔뜩 올려놓았기 때문에 어쩔 수가 없었어. 특히 이슬람 상인이 동방과 서방을 오가는 중계 무역을 장악한 데다가, 이탈리아, 그중에서도 베네치아 상인이 후추를 비롯한 각종 동방 물품의 가격을 더욱 올려 받았지."

"어휴, 얄미워. 베네치아가 왜 부자인가 했더니, 이런 식으로 돈을 번 거였군요?"

"하하. 이렇게 되자 유럽 상인은 어떻게 하면 직접 동방으로 가서 값진 물건을 구해 올까 궁리했어. 한편, 이때 유럽인들은 동방에 대해 막연한 환상을 가지고 있었어. 동방에 다녀온 마르코 폴로 같은 사람들이 쓴 책을 보면 동방은 향신료는 물론 황금과 보석, 비단처럼 진귀한 물건이 넘쳐 나는 낙원과도 같은 곳이었거든. 그러니 유럽인들은 더더욱 이슬람 세력을 피해 동방으로 갈 방법을 찾으려고 애쓴 거야. 그러던 중 유럽 서쪽 끝 이베리아반도에 자리 잡고 있어서 지중해 무역에 끼어들기 힘들었던 에스파냐와 포르투갈의 몇몇 모험가가 서쪽의 대서양을 통해 동방으로 가는 항로를 찾아내면서, 유럽은 본격적으로 신항로 개척에 뛰어들게 되었단다."

"그러니까 이슬람 세력과 이탈리아 상인들이 교역로를 장악하고 있었는데 여기에 끼어들 수 없었던 사람들이 대서양으로 나가게

왕수재의 지리 사전

대서양 태평양 다음으로 큰 바다야. 유럽 대륙과 아메리카 대륙 사이에 위치해있지.

🔺 **세비야** 에스파냐 제1의 항구로 대서양 무역의 중심지였어.

됐다는 거네요."

나선애가 정리를 하자, 지도를 보던 수재가 고개를 갸우뚱거렸다.

"그렇다고는 해도, 너무 멀리 돌아가는 거 아니에요?"

"맞아. 바로 그게 문제였어. 하지만 거리만 문제였던 게 아냐. 여태껏 유럽 사람들은 지중해나 오갔을 뿐 대서양같이 큰 바다는 항해한 경험이 없었거든. 근데 이슬람 세계에서 다양한 항해 기술이 전해지면서 이런 문제도 조금씩 해결되었단다. 특히 망망대해에서 자신의 위치를 알 수 있게 해 주는 나침반과 아스트롤라베 같은 관측기구의 성능이 더욱 개선됐지."

"휴, 그럼 이제 배를 타고 먼 곳으로 항해할 수 있게 된 건가요?"

"그래. 1400년대에 들어서며 유럽 사람들은 드디어 배를 타고 머나

🔺 **아스트롤라베** 태양과 별의 위치를 관측해 위도를 알 수 있는 천문 도구야. 고대 그리스 시대부터 제작되었고, 후세로 오며 여러 가지 기능이 덧붙어 항해에도 이용되었지.

▶ 캐러벨선 신항로 개척 때 널리 쓰인 작은 배야. 전체 길이는 약 20~30미터, 무게는 약 50~200톤 정도 돼. 보통 지중해에서 쓰던 배보다 훨씬 작고 오래전부터 이용하던 배지만 신항로 개척에서 큰 활약을 했지.

▶ 카락선 캐러벨선보다 더 먼바다를 항해하기 위해 제작된 배야. 대서양의 높은 파도에서 안정을 유지할 수 있도록 설계되었고, 많은 선원과 물자를 실을 수 있었지. 전체 길이는 30~60미터, 배의 무게는 약 200~1,500톤 정도로 항해 거리와 용도에 따라 크기가 다양했어.

대항해 시대를 이끈 돛단배?

먼 바다로 나섰어. 그리고 약 200년간 계속된 모험 끝에 세계 곳곳의 큰 바다와 대륙에 발을 디뎠고, 세계 최초로 지구를 한 바퀴 도는 데에도 성공했단다. 이때 유럽의 여러 나라 중에서도 가장 적극적으로 신항로 개척에 나선 나라가 바로 에스파냐와 포르투갈이었어."

용선생의 핵심 정리

유럽인들은 향신료 등 진귀한 물건이 가득한 동방에 대한 호기심이 강했음. 1400년대 들어 항해 기술의 발달 등에 힘입어 동방 물품을 구하기 위한 항해에 나섬.

모험가들을 부추긴 사제 왕 요한의 전설

유럽인들이 신항로 개척에 나선 데에는 유럽인들이 갖고 있던 아시아에 대한 막연한 환상과 호기심도 한몫했어. 《성서》는 물론, 각종 전설과 마르코 폴로의 《동방견문록》 같은 책에서 인도와 중국을 부유하고 환상적인 나라로 묘사했거든. 특히 '사제 왕 요한'과 관련된 전설이 큰 영향을 미쳤어. 아시아 어딘가에 성직자인 요한이 다스리는 강력하고 풍요로운 크리스트교 왕국이 있다는 전설이었지. 전설에 따르면 요한은 독실한 크리스트교 신자이자 세 명의 동방 박사 중 한 명의 후손으로, 관대하고 덕을 갖춘 사람이었대. 유럽 사람들은 사제 왕 요한과 힘을 합쳐 하루가 다르게 강해지는 이슬람 세력을 밀어낼 수 있기를 기대했지. 그렇지만 정작 그 나라가 어디에 있는지 아무도 몰랐어. 어떤 이는 중앙아시아 어딘가에 있다고 하고 어떤 이는 아프리카에 있다고 했지. 본격적으로 신항로 개척이 시작된 이후에도 사제 왕 요한 이야기는 계속 전해졌고, 유럽의 왕들은 사제 왕 요한에게 전하는 편지를 모험가들에게 들려 보냈어. 하지만 그 누구도 사제 왕 요한의 나라를 찾아낼 수 없었지. 오늘날 사람들은 아프리카의 유일한 크리스트교 국가였던 에티오피아의 이야기가 부풀려 전해진 것이 아닐까 추측하고 있지만, 정확한 건 아무도 모른단다.

↑ 1500년대 유럽의 한 인도양 지도에 그려진 사제 왕 요한의 나라

포르투갈이 희망봉을 돌아 인도로 가다

"에스파냐는 알겠는데, 포르투갈은 어떤 나라예요?"
허영심이 눈을 빛내며 물었다.
"포르투갈도 에스파냐와 마찬가지로 레콩키스타 과정에서 들어선

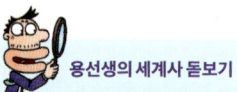

용선생의 세계사 돋보기

주앙 1세는 왕실의 사생아 출신이라 왕이 될 신분이 아니었어. 하지만 상인과 수공업자 길드의 전폭적인 지원을 받고 왕위에 올랐지. 그래서 상인이 원하는 정책을 우선적으로 펼쳤어.

왕수재의 지리 사전

지브롤터 해협 이베리아반도 남쪽 끝과 북아프리카의 모로코 사이에 위치한 좁은 바다야. 예로부터 지중해와 대서양을 잇는 요충지였지.

이베리아반도의 크리스트교 왕국이야. 지중해와 북해를 오가는 배들이 들르는 리스본과 포르투를 중심으로 무역과 상업이 발달한 나라였지. 하지만 포르투갈은 이웃한 에스파냐에 비하면 힘없는 작은 나라였어. 이베리아반도 서쪽에 치우쳐 있어서 지중해 무역에 뛰어들 수도 없었고, 덩치도 작아서 에스파냐에 늘 치이곤 했지. 그러다 1385년 주앙 1세가 왕위에 오르면서 포르투갈은 본격적으로 해외로 진출했어. 포르투갈은 먼저 지브롤터 해협을 건너 북아프리카를 정복했지."

↑ 주앙 1세의 초상화

"북아프리카는 왜요?"

"당시 북아프리카는 멀리 남아프리카에서 사하라 사막을 건너온 진귀한 물건들이 모여드는 곳이었어. 특히 값비싼 황금과 노예가 많이 거래됐지. 게다가 북아프리카는 레콩키스타가 한창이던 포르투갈과 에스파냐의 주적인 이슬람교도가 지배했어. 그러니 땅을 빼앗는 건 크리스트교 신자로서 당연한 일이었지. 그래서 1415년, 주앙 1세는 셋째 아들 엔히크 왕자를 보내 북아프리카의 항구 도시 세우타를 정복했단다."

↑ 포르투갈의 해외 진출

"이야, 이제 포르투갈도 에스파냐처럼 강대국이 되는 건가요?"

"아직은 아니야. 세우타 정복은 겨우 출발에 불과했어. 교역로를 확실히 장악하기 위해선 황금이 나는 아프리카 곳곳을 탐험할 필요가 있었거든. 그래서 포르투갈은 세우타를 기지로 삼고 아프리카 해안을 구석구석 살폈어. 특히 엔히크 왕자는 상인과 탐험가를 적극적으로 후원해 이들이 뱃길을 따라 아프리카 서해안을 거쳐 남쪽으로 항해하며 새로운 항구와 교역로를 개척하도록 지원했지.

▲ 세우타를 정복하는 엔히크 왕자

그래서 엔히크는 '항해 왕자'라는 별명으로 불린단다."

"왕자가 직접 교역로 탐험에 나섰나요?"

곽두기가 묻자 용선생이 고개를 가로저었다.

"그렇진 않아. 포르투갈의 모험가를 열심히 후원했기 때문에 그런 이름이 붙었지. 엔히크는 항해 학교를 세워 유럽의 제일가는 선박 기술자와 항해 기술자, 지리학자들을 포르투갈로 불러들였어. 그리고 이들과 함께 험한 바다를 안전하게 항해할 수 있는 배와 정확한 지도를 만드는 방법을 연구했지. 수십 년 동안 계속된

▶ 리스본의 '발견 기념비'
항해 왕자 엔히크 사후 500주년을 맞아 1960년 리스본에 세워진 거대한 기념비야. 맨 앞에 배 모형을 들고 앞을 응시하는 사람이 바로 엔히크 왕자래. 엔히크 왕자 이외에 바스쿠 다가마, 페르디난드 마젤란, 바르톨로메우 디아스 등 내로라하는 포르투갈 탐험가들도 같이 조각되어 있지.

엔히크의 후원으로 포르투갈은 결국 서아프리카의 황금 교역로를 장악하게 되었단다."

"크, 정말 멋진 왕자네요."

"엔히크가 세상을 떠난 뒤에도 포르투갈 왕실의 후원은 계속됐어. 탐험가들은 아무도 가 본 적 없어 소문만 무성하던 아프리카 대륙 남쪽으로 꾸준히 항해했지. 이때 유럽에는 남쪽 바다에는 악마가 살고 있다는 둥, 기온이 계속 올라가다가 결국엔 바닷물이 펄펄 끓는다는 둥 온갖 소문이 퍼져 있었어. 그런데 포르투갈의 항해로 이게 다 헛소문이라는 게 밝혀졌지. 1488년에는 바르톨로메우 디아스라는 모험가가 아프리카 대륙의 남쪽 끝 '희망봉'에 도착하는 데 성공했어. 아프리카 탐험이 본격적으로 시작된 지 거의 70여 년 만의 일이었지."

"희망봉요? 이름 한번 희망차네요."

"하하. 희망봉의 발견은 포르투갈의 모험에 커다란 전환점이었어. 아

장하다의 인물 사전

바르톨로메우 디아스
(1451년 무렵~1500년) 포르투갈의 탐험가. 주앙 2세로부터 전설적인 크리스트교 왕국을 발견할 것을 명령받아 아프리카 서해안을 탐험하다 아프리카 남단의 희망봉에 도착했어.

▶ 마데이라섬 전경
마데이라섬은 모로코 서쪽 대서양에 위치한 작은 섬이야. 포르투갈 탐험대는 1418년에 이곳에 도착했지.

프리카를 돌아 동쪽의 새로운 세계로 갈 수 있다는 희망이 생겼거든. 희망봉이란 이름에는 바로 그런 뜻이 담겨 있었지."

"동쪽이라면……. 아, 인도를 말씀하시는 거죠?"

"그래. 희망봉의 발견에 들뜬 포르투갈은 본격적으로 아프리카를 돌아 인도로 가는 길을 찾아보기로 했어. 인도에 가서 값진 후추를 잔뜩 싣고 돌아와 유럽에 팔면 지금보다 훨씬 더 많은 돈을 벌 수 있을 테니까. 결국 포르투갈은 디아스가 희망봉을 발견한 지 10년 만에 인도로 가는 길을 개척하는 데 성공했어. 포르투갈의 모험가 바스쿠 다가마가 아프리카를 빙 돌아 1498년에 드디어 인도에 도착한 거야."

"아니, 희망봉까지 가는 데는 70년이나 걸렸는데 어떻게 인도까지 가는 데 10년밖에 안 걸려요?"

"아프리카의 끝까지 도착하는 데 70년이나 걸린 이

▶ 희망봉
디아스는 거센 폭풍우에 시달린 끝에 이곳에 도착해 '폭풍의 곶'이라는 이름을 붙였대. 하지만 포르투갈의 국왕이 '희망봉'으로 새로이 이름을 붙였지.

유가 뭘까? 바로 정보가 부족했기 때문이야. 아프리카의 서부 해안은 이렇다 할 해상 교역이 없었던 바다라 참고 삼을 만한 지도도, 바닷길을 가는 데 도움을 줄 길잡이도 없었거든. 하지만 아프리카의 동부 해안은 이미 수많은 배들로 붐볐어. 인도양을 누비는 아랍 상인을 선두로 페르시아와 인도, 한때는 저 멀리 중국에서도 함대가 방문한 적이 있었지. 그래서 항해에 필요한 수많은 정보를 금방 수집해 무사히 인도에 도착할 수 있었단다."

1400년대 초반, 중국 명나라의 정화가 이끄는 함대가 인도와 동아프리카를 방문했어.

"아하, 그렇구나."

곽두기가 고개를 끄덕거렸다.

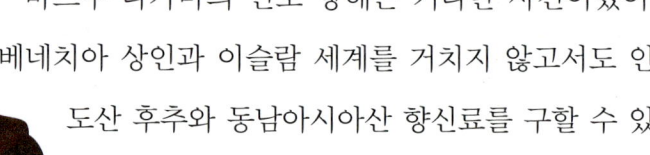

"바스쿠 다가마의 인도 항해는 커다란 사건이었어. 베네치아 상인과 이슬람 세계를 거치지 않고서도 인도산 후추와 동남아시아산 향신료를 구할 수 있는 길이 열렸거든. 포르투갈은 본격적으로 향신료 무역에 뛰어들었어. 그리고 고작 몇 년 사이에 인도양 바닷길을 꽉 잡고 향신료 무역을 좌우하는 큰손으로 성장했단다."

▶ 바스쿠 다가마
(1460년 또는 1469년~1524년) 아프리카 남단을 돌아 인도로 가는 항로를 개척했어.

"그동안 항로를 개척한다고 고생한 보람이 있네요."

나선애가 고개를 끄덕이며 말하자 용선생이 씩 웃음을 지었다.

↑ 바스쿠 다가마의 인도 항해

"뭐, 그렇지. 그런데 포르투갈이 이렇게 항로를 개척하는 동안 다른 나라들이 놀고 있었던 건 아니야. 특히 에스파냐는 포르투갈과는 정

반대 방향, 즉 서쪽으로 신항로를 개척해 역시 어마어마한 성과를 거두었거든."

용선생의 핵심 정리

포르투갈은 아프리카 무역로를 차지하기 위해 '항해 왕자' 엔히크의 후원 아래 아프리카 모험을 시작함. 1498년에는 바스쿠 다가마가 인도 항해에 성공함으로써 포르투갈은 인도와 동남아시아로 가는 무역로를 확보함. 이후 향신료 무역으로 많은 돈을 벌어들임.

우연히 도착한 브라질

바스쿠 다가마의 성공에 이어 두 번째로 인도 항해를 떠난 페드루 카브랄은 항해 중 거센 폭풍을 만났어. 배는 항로를 벗어나 해류와 바람을 따라 이리저리 떠밀려 갔지. 그러다가 카브랄이 도착한 곳이 있었으니, 바로 바다 건너 낯선 땅 브라질이었어. 카브랄은 브라질이 포르투갈 땅이라고 선언하고 깃발을 꽂았어. 우연한 항해로 브라질을 차지하게 된 거야.

훗날 아메리카 대륙 대부분에 에스파냐의 식민지가 자리 잡았지만, 포르투갈은 에스파냐와 맺은 토르데시야스 조약을 통해 브라질을 포르투갈의 식민지로 남겨 두었단다. 그래서 브라질은 오늘날 남아메리카에서 유일하게 에스파냐어가 아닌 포르투갈어를 쓰는 나라로 남아 있지.

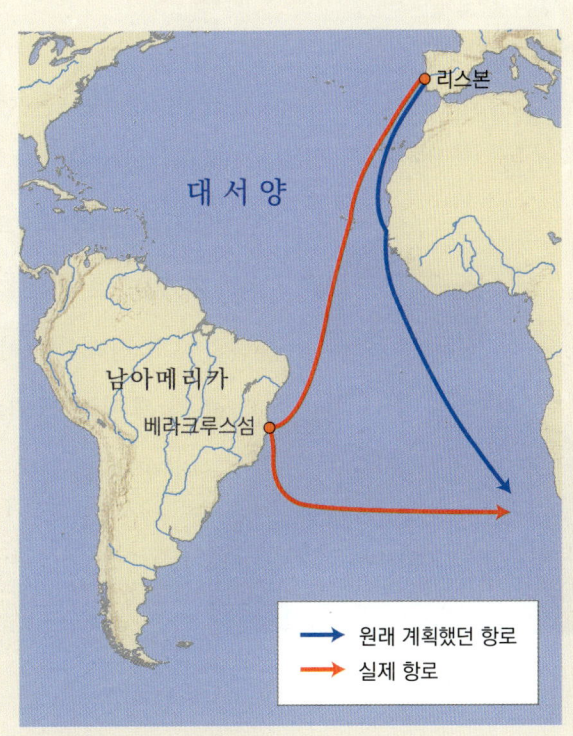

↑ 페드루 카브랄의 항로

콜럼버스가 아메리카에 도착하다

"에스파냐는 왜 서쪽으로 갔어요?"

"동쪽으로 가는 아프리카 쪽 뱃길은 이미 포르투갈이 꽉 잡고 있었거든. 게다가 포르투갈은 아프리카의 보자도르 남쪽에서 발견한 모든 땅은 포르투갈이 차지해도 좋다는 허락을 교황에게 받아 놓은 상태였어. 그러니 에스파냐도 함부로 손을 댈 수가 없었던 거야."

"자기들이 뭔데 발견한 땅을 몽땅 차지해요? 별꼴이다, 진짜."

허영심이 툴툴거렸다.

"하하. 이때 크리스토퍼 콜럼버스라는 사람은 아주 획기적인 생각을 해냈단다. 지구는 둥그니까, 서쪽으로 계속 항해하다 보면 인도와 중국에 도착할 수 있을 거라고 생각한 거야. 콜럼버스는 확신을 가지고 자신의 항해를 후원해 줄 사람을 찾아 유럽의 여러 나라를 돌아다녔지."

"말도 안 돼. 지구를 한 바퀴 빙 돌아서 인도로 가겠다고요?"

장하다가 어이없다는 듯 입을 딱 벌렸다.

"그게 바로 콜럼버스의 이야기를 들은 사람들의 반응이었어. 콜럼버스의 말대로 항해를 떠났다가는 새로운 땅을 발견하기도 전에 틀림없이 망망대해에서 굶어 죽을 거라고 생각했지. 게다가 콜럼버스가 후원해 달라며 내건 조건은 몹시 뻔뻔하기까지 했어. 어디 한번 볼래?"

> **왕수재의 지리 사전**
>
> **보자도르** 오늘날 서사하라에서 대서양을 향해 튀어나와 있는 해안 지역이야. 포르투갈의 탐험이 시작되기 이전까지 유럽인들은 보자도르보다 남쪽으로 항해한 적이 없었어.

> **용선생의 세계사 돋보기**
>
> 지구가 둥글다는 건 헬레니즘 시대 이후 널리 알려진 상식이었어. 헬레니즘 시대의 자연 철학자들은 지구의 크기를 오늘날과 거의 비슷하게 계산해 내기도 했지. 유럽의 지식인 중에서도 많은 사람들이 이 사실을 알고 있었던 것 같아. 하지만 콜럼버스는 계산을 완전히 틀리게 하는 바람에 지구가 여태껏 생각한 것보다 훨씬 작다는 확신을 갖고 항해 계획을 짰대.

← **크리스토퍼 콜럼버스**
(1450년 또는 1451년 ~ 1506년) 이탈리아 제노바 출신의 탐험가. 인도로 가는 신항로 개척에 나서 네 차례에 걸쳐 아메리카를 다녀왔어.

↑ **카디스 항구** 에스파냐 남서부의 항구. 콜럼버스가 아메리카를 향해 출발한 곳 중 하나로 에스파냐와 아메리카를 잇는 관문이었어.

- 항해 도중 인도를 발견하면 그 땅은 후원자의 것으로 하고 콜럼버스를 총독으로 삼는다.
- 총독 자리는 평생 보장하며, 총독은 인도에서 거둔 수익의 10퍼센트를 갖는다.

"무슨 이런 말도 안 되는 요구가 다 있어요?"

"그래서 콜럼버스의 제안은 유럽 국왕들에게 여러 차례 거절을 당했지. 그런데 이 제안에 귀가 솔깃한 사람이 있었어. 바로 에스파냐의 이사벨 여왕이야. 이사벨 여왕은 신하들의 반대를 무릅쓰고 콜럼버스의 항해를 후원하기로 결정했단다."

↑ **이사벨 여왕** 페르난도 2세와의 결혼을 통해 에스파냐 왕국을 탄생시키고, 뒤이어 레콩키스타를 완료한 인물이기도 해.

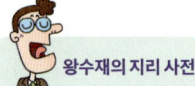

왕수재의 지리 사전

카리브해 대서양 서쪽 끝에 있는 바다로 북아메리카와 남아메리카 사이의 바다를 가리켜.

"아니, 대체 왜 그런 거죠?"

"아마도 마음이 급했던 거 아닐까? 이 무렵이면 이미 이웃 나라 포르투갈이 아프리카를 돌아서 인도로 가는 뱃길을 개척하기 직전이었거든. 이대로 가만있다가는 포르투갈에 뒤처질지도 모른다는 생각이 들었을 거야. 그리고 콜럼버스의 항해에 필요한 돈도 푼돈에 지나지 않았어. 그냥 파티 한 번 열지 않는 셈 치면 그만이었지. 아무튼 이사벨 여왕의 후원 덕분에 콜럼버스는 그토록 꿈에 그리던 항해에 올랐어. 1492년 8월 3일, 에스파냐의 항구 도시 카디스에서 산타 마리아호를 비롯한 배 3척이 드디어 인도를 찾아 대서양으로 나아갔지."

"드디어 콜럼버스의 탐험이 시작되었군요!"

"콜럼버스는 약 70여 일에 걸친 항해 끝에 무사히 대서양을 건너는 데 성공했어. 콜럼버스가 처음 도착한 곳은 카리브해였지. 작은 섬들이 점점이 흩어진 너무나 아름다운 바다였단다. 기쁨에 젖은 콜럼버스는 한 섬에 상륙한 뒤 그 섬에 '에스파냐의 섬'이란 뜻의 '이스

↑ **콜럼버스 항해 400주년 기념 우표**
우표 속 망망대해를 항해하는 배가 바로 콜럼버스가 아메리카에 타고 간 '산타 마리아'란 배란다.

← **실제 크기로 복원한 산타 마리아호**
콜럼버스의 함대는 이 정도 크기의 선박 3척으로 구성되어 있었어. 배의 길이는 18미터 정도로, 오늘날 기준으로 보면 한강 유람선 정도 되는 작고 낡은 배였지. 이런 배로 대서양을 건너다니 대단하지 않니?

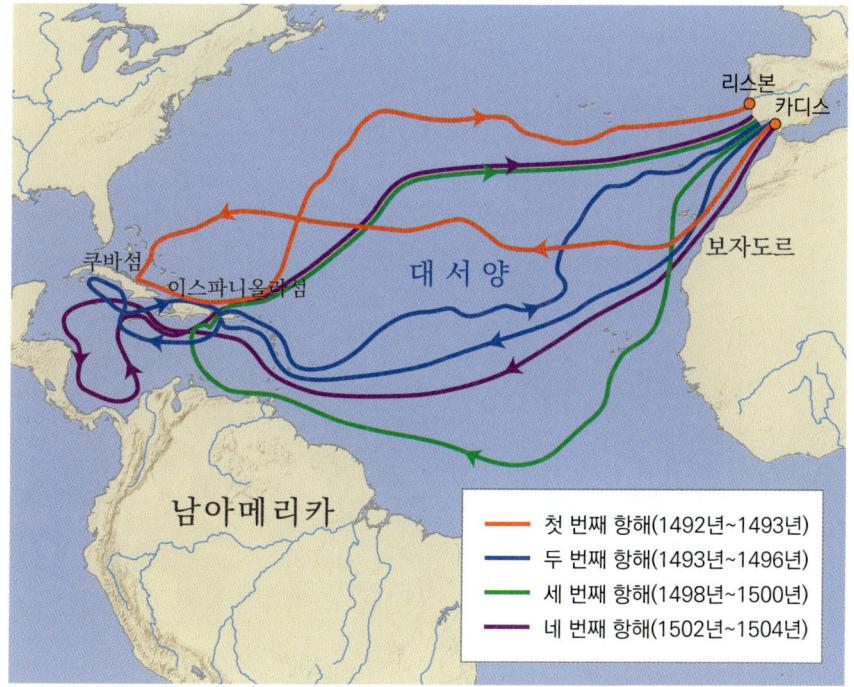
← 콜럼버스의 항해

파니올라'라는 이름을 붙였어. 콜럼버스의 묘사에 따르면 이스파니올라는 '수많은 과일이 열리고 기름진 평원이 펼쳐져 있는 아름답고 풍요로운 땅'이었단다."

"근데 거긴 인도가 아니잖아요."

"맞아, 콜럼버스가 대서양을 건너 도착한 곳은 인도가 아니었단다. 아메리카라는 새로운 대륙이었지. 하지만 콜럼버스는 자신이 지구를 한 바퀴 돌아 인도에 도착했다고 굳게 믿었어. 그래서 섬을 샅샅이 뒤지기 시작했지. 여기는 인도이니 어딘가 가까운 곳에 황금과 후추가 그득한 장소가 있을 테니까. 하지만 아무리 찾아도 황금이나 후추는 보이지 않았어. 콜럼버스는 일단 선원 몇 명을 이스파니올라에 남겨 두고 에스파냐로 돌아가 이사벨 여왕에게 인도를 발견했다고 보

신항로 개척으로 유럽이 새로운 세계에 눈을 뜨다 **277**

고했어."

"이사벨 여왕이 엄청 좋아했겠어요."

"맞아. 포르투갈이 80년씩이나 걸려서 한 일을 콜럼버스는 겨우 1년 만에 해냈다고 생각했거든. 콜럼버스는 이사벨 여왕에게 머지않아 값진 보물을 반드시 찾아내 바치겠노라고 큰소리를 쳤지. 그리고 계속해서 에스파냐 왕실의 후원을 받아 이후로도 몇 차례 더 항해에 나섰어. 하지만 그 어디에서도 콜럼버스가 이야기한 보물은 찾을 수 없었단다. 그사이 이웃 나라 포르투갈은 진짜 인도 항해에 성공해 후추로 막대한 돈을 벌어들이기 시작했지."

"에휴, 그럼 이사벨 여왕도 슬슬 자기가 속았다는 걸 알았겠군요."

"당연하지. 네 번째 항해를 끝으로 콜럼버스는 더 이상 에스파냐의 지원을 받을 수 없게 됐어. 실망에 빠진 콜럼버스는 병으로 세상을 떠났지. 하지만 어이없게도 죽을 때까지 콜럼버스는 자신이 도착한 곳이 인도라고 생각했어."

"어이구, 거긴 인도가 아니라니까."

왕수재가 한심하다는 표정을 지었다.

"몇 년이 지나 콜럼버스가 도착한 곳이 인도가 아니라는 걸 분명하게 밝혀낸 사람이 나타났어. 바로 이탈리아 출신의 탐험가 아메리고 베스푸치란 사람이야."

"아메리고? 뭔가 아메리카와 이름이 비슷한데요?"

"하하, 맞아. '아메리카'란 이름은 사실 베스푸치의 이름에서 따온 거거든. 베스푸치는 인도 지도의 해안선과 자신이 항해한 곳의 해안선을 꼼꼼히 비교하고 대륙 본토를 샅샅이 조사했어. 그런데 웬걸, 콜럼버스의 주장과는 달리 모든 게 인도와는 전혀 다른 거야. 마침내 베스푸치는 콜럼버스가 발견한 대륙이 인도가 아니라는 결론을 내리고 이 사실을 왕에게 보고했지."

"에스파냐 사람들은 실망이 엄청 컸겠어요. 그래도 혹시나 기대를 품고 있었을 텐데."

▲ 세비야 대성당의 콜럼버스 무덤
콜럼버스는 에스파냐 왕실에 크게 실망한 나머지 세상을 떠나며 '죽어서도 에스파냐의 땅을 밟지 않겠다.'는 유언을 남겼대. 그래서 이 무덤은 이렇게 허공에 떠 있는 모습으로 만들어졌어.

◀ 아메리고 베스푸치 (1454년~1512년) 이탈리아 피렌체 출신의 탐험가였어. 이 조각상은 피렌체의 우피치 미술관 앞에 세워져 있단다.

"그렇지. 그런데 포르투갈은 이 소식에 미소를 지었어. 전에 교황이 아프리카의 보자도르보다 남쪽에 있는 땅은 포르투갈이 차지해도 좋다고 했잖니? 그래서 콜럼버스가 새롭게 발견한 땅이 포르투갈 거라고 주장하고 나섰지."

"말도 안 돼. 에스파냐가 그 말을 듣겠어요?"

"물론 아니었지. 하지만 포르투갈이 이렇게 교황까지 끌어들인 바람에 두 나라는 역사적인 조약을 맺게 돼."

용선생은 싱긋 웃음을 지으며 지도를 스크린에 띄웠다.

"자, 대서양 한복판에 경계선이 하나 보이지? 1494년 에스파냐와 포르투갈은 조약을 맺어 이 경계선 서쪽에서 발견되는 땅은 에스파냐, 동쪽에서 발견되는 땅은 포르투갈이 차지하기로 합의했어. 이 조약은 에스파냐의 토르데시야스란 곳에서 맺었기 때문에 흔히 토르데시야스 조약이라고 한단다. 그런데 지구는 둥그니까, 이렇게 경계선

➜ 에스파냐와 포르투갈이 그은 경계선

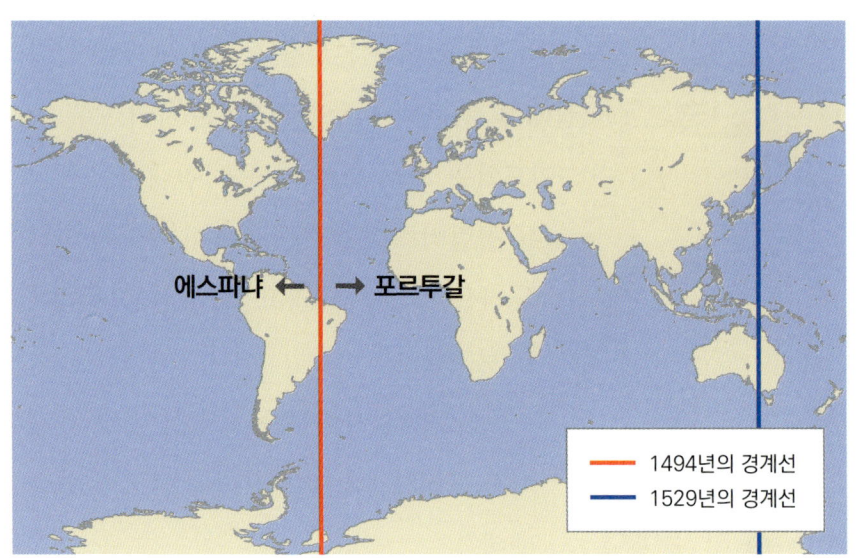

을 하나만 정해 두면 나중에 문제가 될 수 있겠지? 그래서 나중에 아시아 쪽에 경계선을 하나 더 그어 구분을 더욱 명확하게 했어."

"가지가지 하네요. 이젠 자기들 맘대로 지구에 경계선을 긋질 않나……."

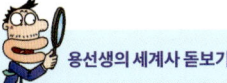

용선생의 세계사 돋보기

마젤란이 세계 최초로 지구를 한 바퀴 도는 데 성공한 뒤 1529년에 추가로 새 경계선을 그었어.

"하하. 물론 이 조약처럼 전 세계를 두 나라가 나눠 갖는 일은 생기지 않았어. 하지만 토르데시야스 조약 때문에 에스파냐는 주로 아메리카에서, 포르투갈은 주로 아프리카와 아시아에서 활발하게 활동하게 된단다. 한편 에스파냐는 여전히 서쪽으로 지구를 한 바퀴 돌아서 인도에 갈 방법을 찾고 있었지."

용선생의 핵심 정리

에스파냐 이사벨 여왕의 후원을 받은 콜럼버스는 서쪽으로 돌아 인도로 가려다가 아메리카에 도착함. 에스파냐와 포르투갈은 1494년에 토르데시야스 조약을 맺어 대서양에 경계선을 그음.

유럽인이 태평양을 지나 세계 일주에 성공하다

"하하. 아직도 그 꿈을 못 버렸단 말이에요?"

"그렇단다. 근데 몇 년 뒤 그 꿈에 한 발짝 다가가게 해 준 사건이 일어났어. 바스코 데 발보아라는 사람이 아메리카 대륙을 가로질러 태평양에 도착한 거야."

왕수재의 지리 사전

태평양 세계에서 가장 넓은 바다로 지구 표면의 3분의 1을 차지하고 있어. 동아시아와 아메리카 서부 해안으로 둘러싸여 있지.

신항로 개척으로 유럽이 새로운 세계에 눈을 뜨다 **281**

"발보아요? 그 사람이 누군데요?"

"에스파냐 하급 귀족 출신의 탐험가였어. 황금을 찾겠다고 이스파니올라에 갔다가 빚을 지는 바람에 도망치는 신세가 되었지. 그 와중에 얼떨결에 근처에 정박해 있던 남아메리카 탐험대의 배에 올랐단다."

↑ **바스코 데 발보아** (1475년~1519년) 에스파냐 탐험가이자 정복자. 오늘날의 파나마 인근을 탐험한 끝에 유럽인으로서는 최초로 태평양에 도착했어.

용선생은 지도를 바꿔 띄우며 설명을 이어 갔다.

"발보아는 남쪽 어딘가에 황금이 많은 나라가 있다는 소문을 듣고 오늘날의 파나마 인근의 정글을 헤치며 남쪽으로 전진했어. 그러던 어느 날 아침, 놀라운 광경이 발보아의 눈앞에 나타났단다. 야영지 앞을 가로막고 있는 언덕 위에 올라선 순간 눈앞으로 아침 햇살에 반짝이는 바다가 끝없이 펼쳐져 있는 거야. 바로 태평양이었지."

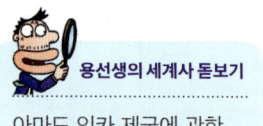

용선생의 세계사 돋보기

아마도 잉카 제국에 관한 소문이었을 거야. 이 당시 잉카 제국은 전성기를 누리고 있었거든.

↓ **발보아의 탐험 경로**

"그런데 태평양에 도착한 게 그렇게 중요한 거예요?"

"아무렴. 아메리카 대륙을 가로지르니 또 다른 바다가 나왔다는 건, 이 바다를 건너면 인도로 갈 수 있다는 이야기거든. 그 덕분에 에스파냐는 이번에야말로 진짜로 인도에 갈 수 있을 거라는 희망을 가지게 됐어. 콜럼버스에 이어 다시 한 번 인도로 가는 항로를 찾겠다고 나선 사람이 있었으니, 바로 마젤란이었단다."

"마젤란? 마젤란은 세계 일주를 한 사람 아니에요!"

왕수재가 눈을 빛내며 말하자 용선생이 고개를 끄덕였다.

"응. 잘 알고 있구나? 노련한 항해사였던 마젤란은 자신의 항해 경험과 지리 지식을 바탕으로 연구를 거듭했어. 그 결과 '서쪽으로 항해해 남아메리카 대륙 해안선을 따라 내려가 남단을 돌면 아시아에 도달할 수 있다'는 결론을 내렸지. 마젤란은 에스파냐 왕을 찾아가 후원을 요청했어. 에스파냐 왕은 이 요청을 흔쾌히 들어주었지. 1519년, 마젤란은 5척의 배와 200여 명의 선원을 이끌고 모험에 나섰단다."

"위풍당당하네요. 그래서 그 모험은 성공했나요?"

"결론적으로 마젤란은 세계 일주에 실패했어. 항해 도중 목숨을 잃었거든."

"으악! 어째서요?"

"마젤란의 항해는 상상도 못 할 정도로 힘들었어. 먼저 유럽을 출발해 남아메리카의 해안을 따라 내려가는 것부터 난관이었지. 당시 유럽인들은 남아메리카의 남쪽 끝이 어디인지 몰랐기 때문에 남쪽으로 얼마나 가야 하는지 짐작할 수 없었단다. 그 와중에 두 달 가까이 폭풍이 휘몰아쳐 선원들은 죽을 고생을 했지. 마젤란 함대가 겨우겨우 남아메리카의 남쪽 끝을 돌아서 태평양에 도착하고 나서야 폭풍이 가까스로 멈추었어. 하지만 이미 5척의 배 가운데 1척은 침몰하고 다른 1척은 에스파냐로 돌아가 버린 뒤였지."

"항해를 시작하자마자 피해를 크게 입었네요."

허영심이 안타까운 표정을 지어 보였다.

"하지만 이건 시작에 불과했어. 태평양에 들어선 마젤란 함대는 거

↑ **페르디난도 마젤란**
(1480년~1521년)
포르투갈 출신의 경험 많은 항해사였어. 하지만 포르투갈에서 큰 죄를 짓고 에스파냐로 도망쳐 세계 일주 항해를 계획하게 되지.

곽두기의 국어 사전

난관 어려울 난(難) 빗장 관(關). 어떤 일을 하면서 만나게 되는 어려운 고비를 가리키는 말이야.

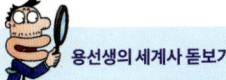
용선생의 세계사 돋보기

'태평양'이란 이름이 여기서 나왔어. 폭풍이 멈춘 것에 감격한 마젤란이 '평화로운 바다'(Pacific Ocean)란 이름을 붙였거든. 하지만 실제 태평양은 태풍, 허리케인, 사이클론과 같은 폭풍이 그치지 않는 험난한 바다란다.

▲ **마젤란 해협** 마젤란 함대가 통과했던 남아메리카의 남쪽 끝이야. 이곳은 해안선이 몹시 복잡하고 작은 섬도 많아서 항해하기가 정말 어려웠어.

▲ **푼타아레나스** 마젤란 해협 한가운데 위치한 도시야. 오늘날 이곳에서는 남극으로 가는 배편이 출항하기 때문에 '남극으로 가는 관문'으로 불리기도 하지.

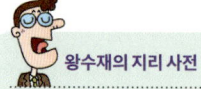

왕수재의 지리 사전

괌 태평양 서쪽에 있는 작은 섬. 우리나라 사람들이 자주 찾는 관광지이기도 해.

의 80일 가까이 아무것도 없는 망망대해를 항해해야 했거든. 마실 물과 식량이 다 떨어지자 선원들은 배 안의 쥐를 잡아먹어 가며 며칠을 버텼어. 그 후 태평양 서쪽에 있는 괌섬에 겨우 도착해 한숨을 돌렸지."

"휴, 그래도 다행이네요."

"응. 마젤란 함대는 얼마 뒤 괌을 떠나 서쪽의 더 큰 섬에 도착했어. 나중에 이 섬을 에스파냐의 왕 펠리페 2세의 이름을 따 '필리핀'이라고 이름 붙였지."

"우리가 아는 나라 필리핀이에요?"

"맞아, 그런데 마젤란은 필리핀 현지 원주민 지도자의 도움을 얻기 위해 원주민들 사이의 분쟁에 끼어들었다가 그만 목숨을 잃고 말았어. 원래 목표였던 세계 일주는 살아남은 부하들이 계속해 나갔지. 일단 부하들은 값비싼 동남아시아의 향신료부터 사서 배에 가득 실었단다."

▲ **필리핀의 대표 관광지 세부섬**
마젤란은 세부섬에 딸린 조그만 막탄섬에 도착했어.

"이제 동남아시아에서 유럽으로 돌아가는 길은 잘 알고 있으니 훨씬 항해가 수월하지 않았을까요?"

"그렇지 않아. 토르데시야스 조약 때문에 유럽으로 가는 항로의 주요 길목마다 들어선 포르투갈의 항구를 전혀 이용할 수 없었거든. 결국 마젤란의 부하들은 1년 동안 또다시 죽을 고생을 한 끝에 간신히 에스파냐로 돌아왔어. 이때 에스파냐로 돌아온 배는 단 한 척, 선원은 달랑 18명이었지. 그런데 놀라운 사실은, 이 한 척의 배에 실려 있던 향신료를 모두 팔았더니 항해로 본 손해를 모두 메우고도 남을 정도의 큰돈이 모였다는 거야."

"우아, 향신료값이 정말 어마어마했군요. 그럼 이제 다른 상인들도 마젤란처럼 지구를 한 바퀴 돌며 장사하나요?"

"그것도 아니야. 마젤란 함대가 지나온 바닷길은 너무 험난해서 상인들이 오가기에는 힘들었어. 그래서 에스파냐는 필리핀을 식민지로 삼고, 태평양을 건너 필리핀과 아메리카를 연결하는 뱃길을 개척해

용선생의 세계사 돋보기

마젤란의 부하들이 가져간 향신료는 정향이었어. 정향은 향기가 좋을 뿐 아니라, 부패 방지와 살균력이 뛰어나서 후추보다 훨씬 높은 가격에 거래됐지.

↑ 마젤란이 도착했던 막탄섬의 라푸라푸 동상
라푸라푸는 마젤란을 죽인 필리핀의 부족장이야. 필리핀 사람들은 라푸라푸가 서양 침략자에 맞서 용감하게 싸운 영웅이라고 생각한대.

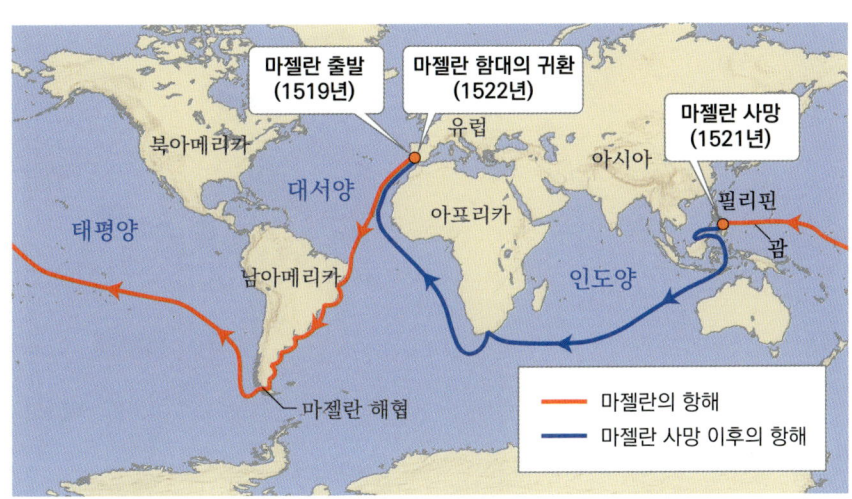

← 마젤란의 세계 일주

신항로 개척으로 유럽이 새로운 세계에 눈을 뜨다

무역을 시작했지. 에스파냐는 필리핀을 통해 동남아시아의 향신료는 물론 중국의 비단과 도자기도 수입할 수 있었단다."

"와, 그럼 꿈을 이루긴 이룬 거네요?"

"하하. 하지만 이때쯤 에스파냐에게는 인도나 동남아시아로 무역선을 보내는 게 더 이상 중요한 일이 아녔어. 그동안 별 볼 일 없다고 생각했던 아메리카에서 상상도 못할 엄청난 이득을 보았거든. 에스파냐가 아메리카에서 어떤 이득을 봤는지는 다음 시간에 더 자세히 공부하자꾸나. 그럼 오늘은 여기까지~ 다들 수고 많았어!"

용선생의 핵심 정리

에스파냐와 포르투갈은 토르데시야스 조약을 맺어 해상 경계선을 정하고, 에스파냐는 서쪽으로의 모험을 계속 진행함. 발보아는 파나마 지협을 가로질러 태평양에 도착했고 마젤란 함대는 1522년에 세계 일주에 성공함.

나선애의 정리노트

1. 신항로 개척의 배경
- 후추와 향신료를 비롯한 값진 동방물품들을 구하기 위해 항해에 나섬.
    - → 음식의 맛을 좋게 하는 효과와 더불어 약으로도 사용함!
- 부유하고 화려한 동방 세계에 대한 막연한 환상
- 1400년대 이후 이슬람 세력과의 교류를 통해 항해 기술이 발달함.

2. 포르투갈의 신항로 개척
- 주앙 1세의 즉위와 세우타 점령 이후 본격적인 항로 개척이 시작됨.
    - → '항해 왕자' 엔히크의 후원 아래 많은 탐험가들이 아프리카 탐험에 나섬.
- 바르톨로메우 디아스: 아프리카 남쪽 끝 희망봉에 도착(1488년)
- 바스쿠 다가마: 아프리카를 돌아 인도의 캘리컷에 도착(1498년)

3. 콜럼버스의 아메리카 탐험
- 콜럼버스는 서쪽으로 지구를 돌아 인도에 도달하려는 계획을 세움.
    - → 에스파냐 이사벨 여왕의 후원을 받아 항해에 나섬.
    - → 카리브해의 이스파니올라섬에 도착(1492년) → 인도에 도착했다고 믿음.
- 에스파냐와 포르투갈의 영토 분쟁
    - → 토르데시야스 조약(1494년)으로 경계선을 그음.

4. 유럽인의 태평양 도착과 마젤란 함대의 세계 일주
- 바스코 데 발보아: 파나마 지협을 지나 유럽인 최초로 태평양에 도착함.
- 페르디난도 마젤란: 서쪽으로 항해해 아시아에 가려는 계획을 세움.
    - → 마젤란은 필리핀에서 목숨을 잃었지만, 살아남은 부하들은 세계 일주에 성공함(1522년).

세계사 퀴즈 달인을 찾아라!

1 신항로 개척의 배경에 대한 설명으로 알맞은 것에 ○표, 알맞지 <u>않은</u> 것에 X표 해 보자.

○ 부유하고 화려한 동방 세계에 대한 막연한 환상이 있었기 때문이다. (   )

○ 후추와 향신료를 비롯한 값진 동방 물품들을 구하고 싶었기 때문이다. (   )

○ 1400년대 이후 이슬람 세력과의 교류를 통해 항해 기술이 발달했기 때문이다. (   )

2 콜럼버스의 항해에 대해 <u>잘못</u> 설명한 친구는?   (   )

① 콜럼버스의 항해를 후원한 건 교황이었어.

② 콜럼버스는 서쪽으로 지구를 돌아서 인도에 갈 생각이었어.

③ 콜럼버스는 죽을 때까지 자신이 인도에 도착했다고 믿었지.

④ '아메리카'라는 이름은 '아메리고 베스푸치'라는 항해가의 이름에서 따왔어.

3 다음 중 서로 관련 있는 것들을 바르게 연결해 보자.

① 바스쿠 다가마 •   • ㉠ 세계 일주 성공

② 크리스토퍼 콜럼버스 •   • ㉡ 아메리카 항로 개척

③ 바르톨로메우 디아스 •   • ㉢ 아프리카 희망봉에 도착

④ 페르디난도 마젤란 •   • ㉣ 아프리카를 돌아 인도로 가는 항로 개척

4 다음 지도와 관련된 설명으로 알맞은 것에 ○표, 알맞지 않은 것에 X표 해 보자.

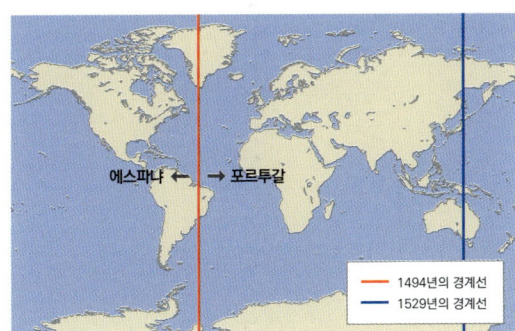

○ 토르데시야스 조약의 결과 그어진 경계선이다. ( )

○ 에스파냐가 전쟁을 통해 포르투갈을 점령하고 그은 경계선이다. ( )

○ 이 경계선으로 인해 에스파냐는 주로 아메리카에서, 포르투갈은 주로 아프리카와 아시아에서 활발하게 활동하게 되었다. ( )

5 마젤란의 항해에 대한 설명으로 옳지 <u>않은</u> 것은? ( )

① 에스파냐의 후원을 받았다.
② 마젤란은 중간에 필리핀에서 목숨을 잃었다.
③ 마젤란 함대가 싣고 온 향신료는 큰돈을 벌어들였다.
④ 마젤란의 항해 이후 세계 일주 항로는 많은 상인들이 즐겨 사용했다.

정답은 310쪽에서 확인하세요!

| 용선생 세계사 카페 |

선원들은 어떻게 생활했을까?

콜럼버스, 바스쿠 다가마, 마젤란 등 많은 탐험가들의 활약으로 유럽은 인도와 아메리카로 향하는 신항로를 개척했어. 하지만 이들 탐험가의 업적 뒤에는 수많은 선원들의 땀과 노력이 있었단다.

가난 때문에 배를 탄 사람들

생계를 잇기 어려운 가난한 사람들이 선원이 되었어. 새로운 땅과 보물을 발견하겠다며 선원이 된 사람들은 매우 드물었지. 이들은 10대 후반에서 20대 초반의 어린 청년들로, 몇 년간 아무런 보수도 없이 일하며 뱃일을 익혔어. 견습 생활이 끝나고 비로소 선원으로 인정받으면 임금을 받을 수 있었지만, 그나마도 무사히 항해를 마치고 돌아와야만 돈을 받을 수 있었어.

험난한 일의 연속

무거운 짐을 옮기는 일이 선원의 주된 업무였어. 항구에서 배가 출발하거나 도착했을 때, 선원들은 온갖 물건을 가득 실은 커다란 나무 상자를 수도 없이 날라야 했지. 오랜 항해로 망가진 배를 수리하고 배를 안전하게 목적지까지 운항하는 것도 선원의 일이었어. 일 하나하나가 배에 탄 사람들의 목숨과 연관되는 일이었기 때문에 조금이라도 실수를 저지르면 무자비한 매질이 가해졌단다. 그래서 중간에 일을 그만두고 도망치는 선원들도 많았대.

밧줄과 사슬로 돛과 돛대를 고정해 놨어.

갑판 위에 서 있는 수로 안내인이 조타수에게 명령하기 위해 소리치고 있어.

배를 수리하고 청소하는 일 역시 선원들이 했어.

배 위에서 음식을 해 먹어.

배 밑의 돌은 배에 무게를 더하고 중심을 잡아 안정적으로 만들어 줘.

정든 곳을 떠나 거친 파도가 몰아치는 바다를 누볐던 선원들의 삶은 어땠을까? 신항로 개척 시기 선원들의 삶을 함께 살펴보도록 하자.

돛대 꼭대기의 망대(망보는 곳). 육지의 신호를 주시하고 있어.

거칠고 엄격한 문화

선원은 배에서 생활하는 동안 선장의 엄격한 통제를 받았어. 동료와 다투거나 명령을 제대로 듣지 않으면 큰 벌을 받았지. 좁은 선실에서 살며 오랫동안 고된 일과 형편없는 대접을 받았던 선원들은 스트레스 탓에 대체로 입과 행동이 거칠었어. 서로에게 욕설을 거침없이 퍼붓거나 독한 술을 취할 때까지 마셔 대며 다툼을 벌이곤 했지.

열악한 식생활

먼바다를 오가던 선원은 주로 오래 보관할 수 있는 음식을 먹었어. 소금에 절인 고기나 말린 생선, 콩이 선원들의 주식이었지. 하지만 걸핏하면 식량을 저장한 나무통이 썩어 버리는 바람에 음식에 곰팡이가 피거나 구더기가 들끓는 일이 잦았어. 깨끗한 물을 구하는 것도 어려운 건 매한가지였어. 항해가 길어지면 물이 쉽게 상했고, 악취도 심해서 코를 틀어막고 마셔야 겨우 넘길 수 있었단다. 게다가 신선한 야채나 과일도 마음껏 먹을 수 없었어. 잘 먹지도 씻지도 못했던 선원들은 대부분 잇몸과 온갖 장기에 피가 나는 괴혈병으로 목숨을 잃었단다.

조타수

선장은 객실에서, 일반 선원들은 갑판 위에서 밀짚으로 가득 찬 자루 위에서 자.

선원들은 신선한 고기와 달걀을 얻기 위해 살아 있는 닭을 싣고 다녔어.

항해에 필요한 음식, 깨끗한 물 등의 보급품이 배의 짐칸에 가득 차 있어.

용선생 세계사 카페

중세 유럽 사람들은 어떤 지도를 보았을까?

신항로 개척과 함께 본격적으로 지리적 발견이 이루어지기 이전 중세 유럽의 세계 지도는 정확한 지리 정보보다는 신학적인 내용과 종교적인 사건을 핵심 내용으로 삼았어. 대표적인 것이 TO 지도란다. 기본적인 구도가 알파벳 'T'와 'O'를 겹쳐 놓은 듯한 모습이기 때문에 이런 이름이 붙었지. TO 지도는 둥근 세상을 바다가 감싸고 있고, 그 내부에 T자 모양의 바다가 아시아와 유럽, 아프리카를 갈라놓은 모습으로 그려져. 그리고 지도의 중앙에는 크리스트교의 성지 예루살렘이 자리 잡고 있단다.

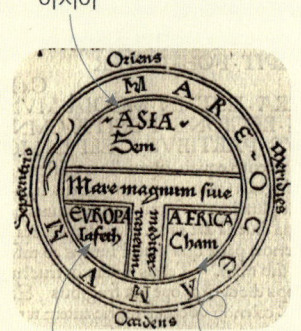

← 이시도르의 세계 지도 (623년) 세비야의 이시도르가 펴낸 백과사전 《에티몰로기》에 실린 TO 지도야. 지도의 위가 동쪽, 아래가 서쪽이란다.

← 엡스토르프 세계 지도 (1235년 무렵) 독일 엡스토르프 수도원에서 만든 가로세로 3.5미터 크기의 대형 지도야. 자세히 보면 지도의 동서남북 끝에 예수님의 얼굴과 손, 발을 그려 놓아서 지구가 마치 예수님의 몸인 것처럼 표현한 걸 알 수 있지. 지도의 중앙엔 예루살렘이 그려져 있어.

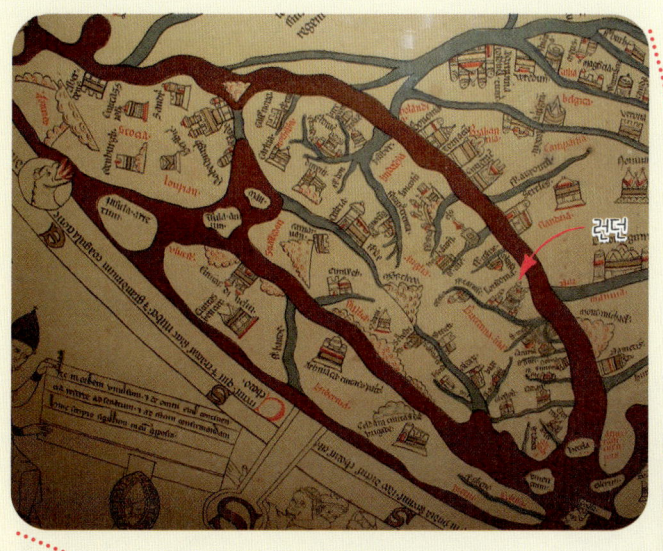

↙ **헤리퍼드의 세계 지도** (1270년 무렵) 영국에서 만든 세계 지도야. 마찬가지로 TO 구도를 따르고 있고, 특히 지도의 왼쪽 아래에 영국 지역이 잘 표시되어 있지.

런던

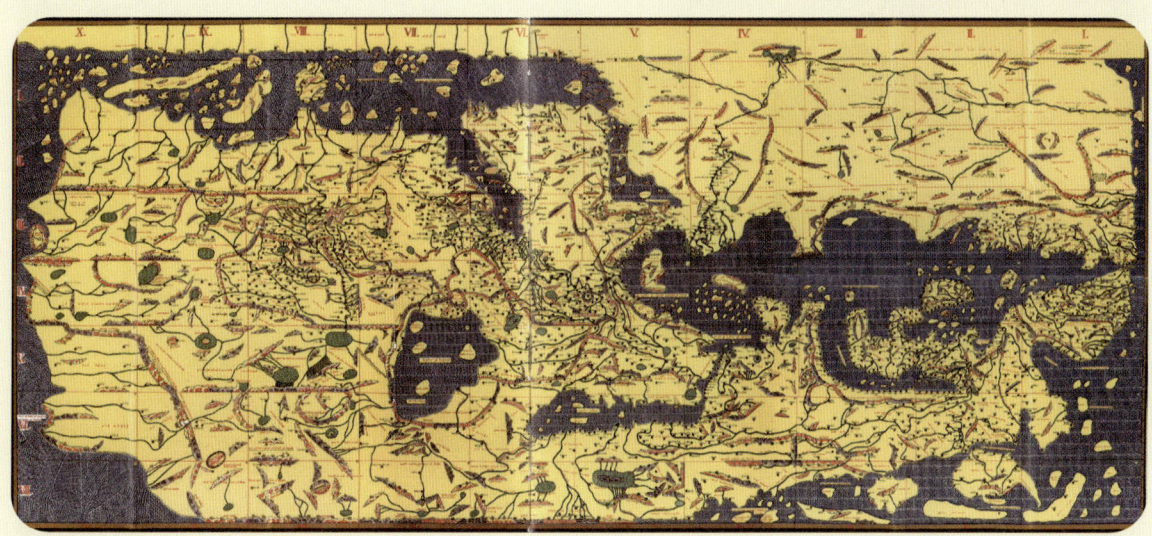

↑ **알 이드리시의 세계 지도 《타불라 로제리아나》** (1154년) 아랍의 지리학자 알 이드리시가 시칠리아 왕의 명령을 받아 만든 세계 지도야. 비슷한 시기에 만들어진 유럽 지도에 비해 유럽 대륙 전체와 북아프리카의 지리가 훨씬 정확하게 묘사되어 있다는 것을 알 수 있어. 지도의 위가 남쪽, 아래가 북쪽이야.

293

십자군 전쟁 이후 이슬람 세계로부터 다양한 정보가 유입되고, 1500년 대부터 신항로 개척과 함께 다양한 지리 정보를 얻게 되면서 유럽의 지도는 현격히 발전했어. 신화나 우화로 가득 찼던 아시아와 아프리카 대륙에 대한 정보가 구체적으로 나타나고, 미지의 땅이었던 아메리카도 세계 지도에 등장했지. 1569년에는 플랑드르의 지리 학자 메르카토르가 오늘날까지 폭넓게 사용되는 메르카토르 도법을 개발했단다.

이전 지도와 달리 아프리카 끝 바닷길이 열려 있어.

➜ **프라 마우라의 세계 지도** (1459년) 베네치아의 수도승 프라 마우라가 포르투갈 왕의 명령을 받아 만든 세계 지도야. 이 지도는 아프리카 남쪽을 돌아 인도양으로 항해할 수 있다는 것을 보여 주고 있어. 예루살렘도 더 이상 세계의 중심이 아니야.

⬇ **칸티노 세계 지도** 포르투갈의 탐험 성과를 보여주는 세계 지도야. 1502년 포르투갈에서 지도를 훔쳐 온 이탈리아 페라라 공작의 스파이 칸티노의 이름을 땄어. 나침반을 이용한 세계 최초의 실측 지도이기도 해.

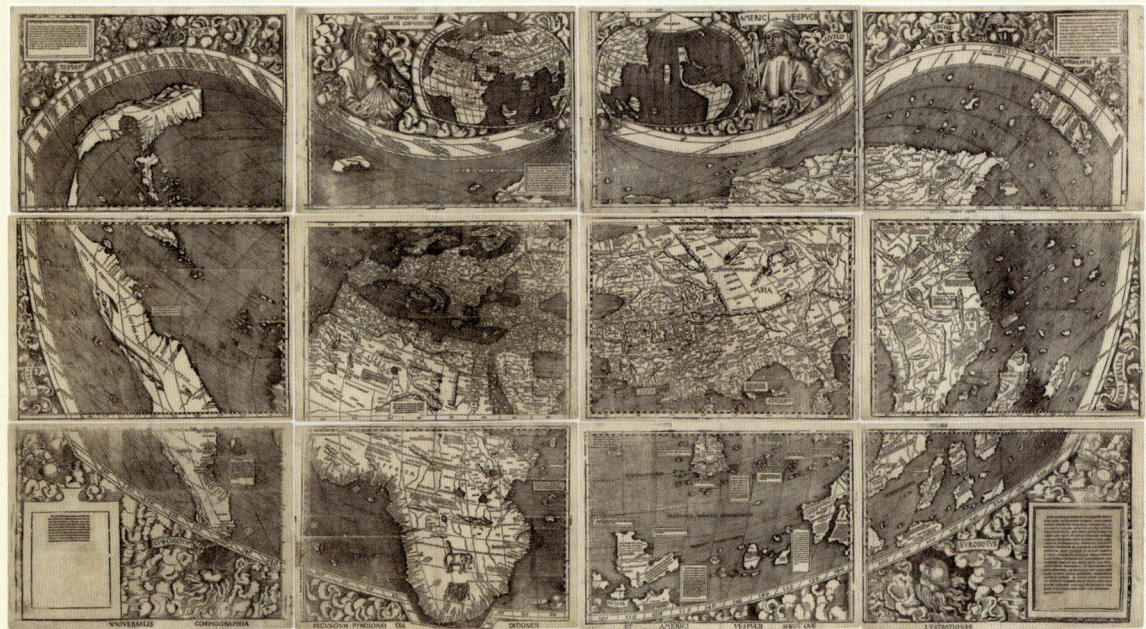

↑ **발트제뮐러의 세계 지도** (1507년) 중세 유럽의 TO 구도에서 벗어나 오늘날의 세계 지도와 좀 더 가까워 보여. 지도 왼쪽으로 아메리카 대륙의 윤곽이 나타나 있어.

↑ **게르하르트 메르카토르의 유럽 지도** (1589년) 메르카토르의 지도는 현대의 지도와 거의 비슷해. 메르카토르가 개발한 지도 그리는 법이 오늘날까지도 널리 사용되고 있거든.

→ **게르하르트 메르카토르**

한눈에 보는 세계사-한국사 연표

세계사

1271년	쿠빌라이가 원나라를 건국함
1273년	루돌프 1세, 신성 로마 제국 황제로 선출
1299년	오스만 제국 건국
1309년~1378년	아비뇽 유수
1324년	말리의 무사왕이 메카 순례를 떠남
1338년	무로마치 막부 설립
1347년	유럽에 흑사병 유행 시작
1350년	아유타야 왕국 건국
1368년	주원장, 명나라 건국
1370년	티무르 제국 건국
1398년	티무르가 인도 원정을 떠나 델리를 약탈
1405년~1433년	정화의 해외 원정
1419년	엔히크 왕자, 마데이라섬 도착
1445년	구텐베르크, 활판 인쇄술 발명
1453년	오스만 제국, 콘스탄티노폴리스 함락
1453년	백년 전쟁 종전
1467년	일본에서 오닌의 난이 일어남
1480년	모스크바 공국, 몽골로부터 독립
1485년	영국에 튜더 왕가 수립
1488년	바르톨로메우 디아스, 희망봉 도착
1492년	에스파냐 왕국, 레콩키스타 완수 / 콜럼버스, 아메리카 대륙 도착
1494년	프랑스, 이탈리아 공격. 이탈리아 전쟁 시작
1494년	토르데시야스 조약 체결
1498년	바스쿠 다가마, 인도에 도착
1501년	사파비 왕조 건국
1513년	발보아, 태평양 연안에 도착
1517년	루터, <95개조 반박문> 발표
1521년	아스테카 제국 멸망
1522년	마젤란 함대, 세계 일주에 성공
1526년	무굴 제국 성립
1533년	잉카 제국 멸망
1534년	헨리 8세, 영국 국교회 창설
1538년	프레베자 해전
1541년	칼뱅, 제네바에서 종교 개혁 시작
1545년~1563년	트리엔트 공의회
1555년	아우크스부르크 평화 협정
1556년	아크바르 대제 즉위
1565년	비자야나가르, 이슬람 연합군에 패배
1571년	에스파냐, 레판토 해전에서 승리
1572년	성 바르톨로메오 축일의 학살
1573년	무로마치 막부 멸망
1598년	앙리 4세, 낭트 칙령 반포
1603년	에도 막부 성립
1616년	누르하치, 후금 건국
1644년	이자성 북경 함락, 명나라 멸망
1658년	아우랑제브, 반란을 일으켜 황제 즉위

에메랄드가 박힌 단검

크리스토퍼 콜럼버스

마르틴 루터

다비드상

발트제뮐러의 세계 지도

타지마할

한국사

1270년	삼별초 항쟁 시작
1274년	고려·몽골 연합군의 제1차 일본 침략
1359년	홍건적의 고려 침입
1392년	이성계가 조선을 건국
1416년	북방에 4군 설치
1419년	이종무 장군이 쓰시마섬을 정벌
1434년	북방에 6진 설치
1446년	세종 대왕이 훈민정음 반포
1485년	성종이 《경국대전》을 간행함
1506년	연산군이 폐위되고 중종이 즉위함(중종반정)
1510년	삼포에서 일본인들이 난을 일으킴(삼포왜란)
1555년	왜구가 남해안에 침입해 약탈(을묘왜변)
1592년	임진왜란 발발
1597년	정유재란 발발
1618년	광해군이 명나라에 지원군 1만 명 파견
1623년	광해군이 폐위되고 인조가 즉위함(인조반정)
1627년	정묘호란
1636년	병자호란
1637년	인조가 삼전도에서 청나라에 항복
1654년	조선이 청나라를 도와 러시아와 전투(나선 정벌)
1678년	전국적으로 상평통보 사용

호패

성학십도

이순신 장군 동상

상평통보 당이전

찾아보기

ㄱ
고아 106, 133
〈95개조 반박문〉 201, 211, 213, 215, 250
구자라트 106, 108~113, 125
구텐베르크 214
《군주론》 181
그라나다 12, 29, 32
그랜드 바자르 93, 100~103
《기독교 강요》 223~224

ㄴ
나디르 샤 141
나폴리 왕국 31, 151, 177
낭트 칙령 241
니콜로 마키아벨리 179, 181

ㄷ
단테 알레기에리 162
데브시르메 제도 71~72, 78
《데카메론》 163
델리 65 107, 116~119, 121~122, 138, 140~141, 146
델리 술탄 왕조 114, 116, 119
디아스포라 51~52

ㄹ
랭커스터 12, 25~27
러시아 13, 38~46, 38~41, 43~46
레오나르도 다빈치 153, 167, 171~172, 182~183
레콩키스타 29~34, 227, 236, 267~268

로도스섬 74, 87~88
로렌초 데 메디치 170, 175, 192~193
루돌프 1세 34~35, 38
르네상스 150~153, 158, 161, 163, 166~169, 171~173, 176, 180, 182~188
리스본 260, 268~269

ㅁ
마데이라섬 271
마드리드 257~258
마라타 동맹 137, 140, 142
마르틴 루터 201, 211, 215~216, 248
마젤란 해협 254, 284
만사브다르 126~128
맘루크 72~73, 80
메디치 가문 169~170, 174~176, 179, 192, 239
메리 1세 242~244
메흐메트 2세 76~79, 101
면벌부 209~211, 213, 215, 222, 232, 235, 250
모스크바 13, 41~44, 46
무굴 제국 106~107, 114~115, 118~119, 121~128, 130~133, 135~142, 146~147
뭄타즈 마할 130~131, 147
미켈란젤로 부오나로티 153, 166, 169, 171, 175, 180, 192~195
밀라노 150, 152, 157, 172, 176~177, 179
밀레트 82~84

ㅂ
바르셀로나 257~258
바르톨로메우 디아스 255, 269, 270
바르트부르크성 217
바부르 106~107, 115~121, 125, 139
바스코 데 발보아 254, 281~282
바스쿠 다가마 255, 269, 271~273, 290
바예지트 1세 74~75
바이람 칸 123
백년 전쟁 13, 19, 22~26, 28, 54~55, 177
베네치아 77, 87~91, 96, 150~152, 155~156, 159, 176, 178, 264, 272, 294
보자도르 274, 280
부르봉 가문 238, 240
브라질 51, 273
블루 모스크 93
비텐베르크 201, 211, 213, 215~216, 250
빈 13~15, 17, 81

ㅅ
사마르칸트 59, 65~68, 70, 115
사제 왕 요한 267
사파비 왕조 59, 69~70, 79~80, 86, 115, 120~121, 133, 141
산드로 보티첼리 171, 173
산타 마리아호 276
산티아고 순례길 30

샤를 7세 22~24, 54~55
샤리아 84, 86
샤자한 130~132, 135~136, 146~147
선제후 35~36, 250
성 바르톨로메오 축일의 학살 237, 239~240
성 베드로 대성당 194~195, 209~211
성 소피아 대성당 77
성 요한 기사단 87~88
세비야 254, 265, 279, 292
세우타 268~269
셀림 1세 79~81, 86
수니파 69, 79, 120~121, 123
수르 왕조 119~120
수피 68~69
술레이만 대제 81, 84, 86, 88~90, 96, 120
시아파 68~69, 79, 120~121, 123
시크교 139
신성 동맹 58, 90~92, 96
《신약성서》 187, 217

ㅇ
아그라 107, 122, 126, 135~136, 147
아메리고 베스푸치 279
아스트롤라베 265
아우랑제브 135~139, 142
아우크스부르크 평화 협정 219, 221, 251
아크바르 121~130, 135, 139, 146
아키텐 12, 18~19, 23

아프샤르 왕조 141~142
안드레아 도리아 91
안트베르펜 150, 184
알브레히트 뒤러 185
앙리 4세 200, 240~242
얀 반 에이크 185
얀 후스 209
에드워드 3세 19, 26
에라스뮈스 187~188, 208
에스파냐 12, 28~29, 31~34, 36~37, 46, 89~91, 177~178, 182, 210, 227, 233, 236~237, 242~243, 256~260, 254, 264~268, 272~286
엔히크 왕자 268~270, 273
엘리자베스 1세 244
영국 12~13, 18~23, 25~28, 30, 33, 46, 50, 54~55, 110, 135, 147, 170, 177, 182, 187, 200, 210, 226~231, 240~244, 293
영국 국교회 229, 231, 242~244
예니체리 73~75, 78~80
예수회 232~235
오를레앙 12, 55
오스만 제국 43, 58~59, 71~82, 84~93, 96, 101~102, 120, 133, 161, 219, 232
오스트리아 13~15, 17, 35, 37, 81, 202, 219
요크 12, 25~27
《우신예찬》 188
우즈베크인 68, 115
울리히 츠빙글리 200, 221~223, 226, 233
원근법 166~167, 173, 183
위그노 200, 226, 237~242
유대인 32~34, 50~53, 83, 236~237
이냐시오 데 로욜라 233
이반 1세 42~43
이반 3세 43~44, 46
이반 4세 44~46
이사벨 여왕 31~32, 37, 227, 236, 275~278, 281
이스마일 1세 69, 80
이스탄불 58, 60~61, 78, 85, 87, 93, 96, 100~101
이스파니올라 254, 277, 282
이스파한 59, 70
인도양 108, 132~133, 135, 267, 272, 294
인문주의 162~163, 165, 183, 187

ㅈ
자한기르 128~130, 135, 137, 146
잔 다르크 12, 22~23, 25, 54~55
장미 전쟁 25~28, 228
장 칼뱅 200, 223~226, 233, 237
제노바 24, 91, 150, 152, 159, 177, 274
존 위클리프 227
종교 개혁 33, 176, 188, 200~201, 208, 214, 221~223, 226~227, 233, 237~238, 248, 251
종교 재판 33, 55, 236~237, 242
주앙 1세 268
지브롤터 해협 268
직업 소명설 225

ㅊ
차르 44, 46
찰드란 59, 79~80
〈최후의 심판〉 180, 195
취리히 그로스뮌스터 223

ㅋ
카눈 86
카락선 266
카를 5세 37~38, 90, 216, 218~219, 221, 228, 231~232, 243, 251
카리브해 276
카불 106, 115, 119
카트린 드메디시스 238~239
칼리프 72, 80
캐러벨선 266
캔터베리 대성당 229
캘리컷 255
콘스탄티노폴리스 43, 58, 61, 71, 76~79, 101
크레시 13, 20~21
크리스트교 28~32, 40, 52~53, 64, 72~73, 76~77, 79, 81, 87~88, 126, 176, 187, 220, 267~268, 270, 292
크리스토퍼 콜럼버스 254, 274~282, 290
클레멘스 7세 176, 228
키예프 38~41

ㅌ
타지마할 107, 122, 131~132, 135~136, 146~147
타타르 40
터키 59~63, 72, 75, 79~80, 100
토르데시야스 조약 273, 280~281, 285~286
토마스 뮌처 219
토머스 모어 187~188
토프카프 궁전 85
튀르크인 43, 64~65, 71, 73, 78
트리엔트 공의회 232, 235
티무르 59, 65~68, 70, 75~76, 78, 114~116, 121

ㅍ
파나마 지협 254, 286
파니파트 107, 118
페드루 카브랄 273
페르가나 106, 115, 121
페르난도 2세 31~32, 37, 227, 236, 276
페르디난도 마젤란 269, 281~285, 290
페트라르카 161
펠리페 2세 243, 284
포르투갈 31, 106, 133, 254~256, 260~261, 264, 266~274, 276, 278, 280~281, 283, 285~286, 294
푼타아레나스 284
프랑스 12, 18~25, 27~28, 30~31, 33~34, 36~38, 44,

46, 51, 54~55, 75, 90, 135, 147, 151, 177~179
프레베자 58, 90~92, 96
프레스코화 173, 196~197
플랑드르 25, 36, 182~186, 188
피렌체 150~154, 168~170, 174, 176~177, 179, 182, 192~194, 239, 279
피코 델라미란돌라 163
피터르 브뤼헐 186
필리핀 284~286

ㅎ
하이레딘 88~91, 96
합스부르크 가문 13, 34~38, 81, 90, 178, 182
헨리 튜더 26
헨리 8세 200, 227~231, 242
후마윤 119~123, 139, 146
후추 132, 262~264, 271~272, 277, 285
훌라구 울루스 64, 70
희망봉 255, 270~271

참고문헌

국내 도서

2022 개정 교육과정에 따른 중학교, 고등학교 사회교과군 교과서.
21세기연구회 저/전경아 역, 《지도로 보는 세계민족의 역사》, 이다미디어, 2012.
E.H. 곰브리치 저/백승길, 이종숭 역, 《서양미술사》, 2012.
R.K. 나라얀 편저/김석희 역, 《라마야나》, 아시아, 2012.
R.K. 나라얀 편저/김석희 역, 《마하바라타》, 아시아, 2014.
가와카쓰 요시오 저/임대희 역, 《중국의 역사》, 혜안, 2004.
강선주 등저, 《마주보는 세계사 교실》, 1~8권, 웅진주니어, 2011.
강희숙, 공수진, 박미선, 이동규, 정기문 저, 《세계사 뛰어넘기 1》, 열다, 2012.
강창훈, 남종국, 윤은주, 이옥순, 이은정, 최재인 저, 《세계사 뛰어넘기 2》, 열다, 2012.
거지엔슝 편/정근희 외역, 《천추흥망》1~8권, 따뜻한손, 2010.
고려대 중국학연구소 저, 《중국지리의 즐거움》, 차이나하우스, 2012.
고처, 캔디스&월트, 린다 저/황보영조 역, 《세계사 특강》, 삼천리, 2010.
교육공동체 나다 저, 《피터 히스토리아》1~2권, 북인더갭, 2011.
권동희 저, 《지리이야기》, 한울, 2005.
금현진 등저, 《용선생의 시끌벅쩍 한국사》1~10권, 사회평론, 2016.
기노 쓰라유키 외 편/구정호 역, 《고킨와카슈(상/하)》, 소명출판, 2010.
기노 쓰라유키 외 편/최충희 역, 《고금와카집》, 지만지, 2011.
기쿠치 요시오 저/이경덕 역,《결코 사라지지 않는 로마, 신성 로마 제국》, 다른세상, 2010.
김경묵 저, 《이야기 러시아사》, 청아, 2012.
김기협 저, 《냉전 이후》, 서해문집, 2016.
김대륜, 김윤태, 안효상, 이은정, 최재인 글, 《세계사 뛰어넘기 3》, 열다, 2013.
김대호 저, 《장건, 실크로드를 개척하다》, 아카넷주니어, 2012.
김덕진 저, 《세상을 바꾼 기후》, 다른, 2013.
김명호 저, 《중국인 이야기 1~5권》, 한길사, 2016.
김상훈 저, 《통세계사 1, 2》, 다산에듀, 2015.
김성환 저, 《교실 밖 세계사여행》, 사계절, 2010.
김수행 저, 《세계대공황》, 돌베개, 2011.
김영한, 임지현 편저, 《서양의 지적 운동》, 1-2권, 지식산업사, 1994/1998.
김윤호 저, 《세계사 연표사전》, 문예마당, 2012.
김원중 저, 《대항해 시대의 마지막 승자는 누구인가?》, 민음인, 2011.
김종현 저, 《영국 산업혁명의 재조명》, 서울대학교출판문화원, 2013.
김진섭 편, 《한 권으로 읽는 인도사》, 지경사, 2007.
김진호 저, 《근대 유럽의 역사: 종교개혁부터 신자유주의까지》, 한양대학교출판부, 2016.
김창성 저, 《세계사 산책》, 솔, 2003
김태권 저, 《르네상스 미술이야기》, 한겨레출판, 2012.

김현수 저, 《이야기 영국사》, 청아출판사, 2006.
김형진 저, 《이야기 인도사》, 청아출판사, 2013.
김호동 역, 《마르코 폴로의 동방견문록》, 사계절, 2005.
김호동 저, 《아틀라스 중앙유라시아사》, 사계절, 2016.
김호동 저, 《황하에서 천산까지》, 사계절, 2011.
남경태 저, 《종횡무진 동양사》, 그린비, 2013.
남경태 저, 《종횡무진 서양사(상/하)》, 그린비, 2013.
남문희 저, 《전쟁의 역사 1, 2, 3》, 휴머니스트, 2011.
남종국 저, 《지중해 교역은 유럽을 어떻게 바꾸었을까?》, 민음인, 2011.
노명식 저, 《프랑스 혁명에서 파리 코뮌까지 1789~1871》, 책과함께, 2011.
누노메 조후 등저/임대희 역, 《중국의 역사: 수당오대》, 혜안, 2001.
닐 포크너 저/이윤정 역, 《좌파 세계사》, 엑스오북스, 2016.
데라다 다카노부 저/서인범, 송정수 공역, 《중국의 역사: 대명제국》, 혜안, 2006.
데이비드 O. 모건 저/권용철 역, 《몽골족의 역사》, 모노그래프, 2012.
데이비드 아불라피아 저/이순호 역, 《위대한 바다: 지중해 2만년의 문명사》, 책과함께, 2013.
도널드 쿼터트 저/이은정 역, 《오스만 제국사》, 사계절, 2008.
두보, 이백 등저/최병국 편, 《두보와 이백 시선》, 한솜미디어, 2015.
라시드 앗 딘 저/김호동 역, 《부족지: 몽골 제국이 남긴 최초의 세계사》, 사계절, 2002,
라시드 앗 딘 저/김호동 역, 《칭기스칸기》, 사계절, 2003.
라시드 앗 딘 저/김호동 역, 《칸의 후예들》, 사계절, 2005.
라인하르트 쉬메켈 저/한국 게르만어 학회 역, 《인도유럽인, 세상을 바꾼 쿠르간 유목민》, 푸른역사 2013.
러셀 프리드먼 저/강미경 역, 《1차 세계대전: 모든 전쟁을 끝내기 위한 전쟁》, 두레아이들, 2013.
로버트 M. 카멕 편저/강정원 역, 《메소아메리카의 유산》, 그린비, 2014.
로버트 템플 저/과학세대 역, 《그림으로 보는 중국의 과학과 문명》, 까치, 2009.
로스 킹 저/신영화 역, 《미켈란젤로와 교황의 천장》, 다다북스, 2007.
로스 킹 저/이희재 역, 《브루넬레스키의 돔》, 세미콜론, 2007.
로저 크롤리 저/이순호 역, 《바다의 제국들》, 책과함께, 2010.
루츠 판다이크 저/안인희 역, 《처음 읽는 아프리카의 역사》, 웅진씽크빅, 2014.
류시화, 《백만 광년의 고독 속에서 한 줄의 시를 읽다》, 연금술사, 2014.
르네 그루세 저/김호동, 유원수, 정재훈 공역, 《유라시아 유목제국사》, 사계절, 1998.
르몽드 디폴로마티크 기획/권지현 등 역, 《르몽드 세계사 1, 2, 3》, 휴머니스트 2008/2010/2013.
리처드 번스타인 저/정동현 역, 《뉴욕타임스 기자의 대당서역기》, 꿈꾸는돌, 2003.

린 화이트 주니어 저/강일휴 역, 《중세의 기술과 사회변화: 등자와 쟁기가 바꾼 유럽 역사》, 지식의 풍경, 2005.
마르크 블로크 저/한정숙 역, 《봉건사회 1, 2》, 한길사, 1986.
마리우스 B. 잰슨 저/김우영 등역, 《현대일본을 찾아서》, 이산, 2010.
마이클 우드 저/김승욱 역, 《인도 이야기》, 웅진지식하우스, 2009.
마이클 파이 저/김지선 역, 《북유럽세계사 1, 2》, 소와당, 2016.
마크 마조워 저/이순호 역, 《발칸의 역사》, 을유문화사, 2014.
마틴 버넬 저/오홍식 역, 《블랙 아테나 1》, 소나무, 2006.
마틴 자크 저/안세민 역, 《중국이 세계를 지배하면》, 부키, 2010.
마틴 키친 편저/유정희 역, 《사진과 그림으로 보는 케임브리지 독일사》, 시공아크로총서, 2001.
매리 하이듀즈 저/박장식, 김동역 역, 《동남아의 역사와 문화》, 솔과학, 2012.
문을식 저, 《인도의 사상과 문화》, 도서출판 여래, 2007.
미르치아 엘리아데 저/이용주 등 역, 《세계종교사상사 1, 2, 3》, 이학사, 2005.
미셀 파루티 저/ 권은미 역, 《모차르트: 신의 사랑을 받은 악동》, 시공디스커버리총서 011, 시공사, 1999.
미야자키 마사카쓰 저/노은주 역, 《지도로 보는 세계사》, 이다미디어, 2005.
미조구치 유조 저/정태섭, 김용천 역, 《중국의 공과 사》, 신서원, 2006.
박금표 저, 《인도사 108장면》, 민족사, 2007.
박노자 저, 《거꾸로 보는 고대사》, 한겨레, 2010.
박노자 저, 《러시아는 우리에게 무엇인가》, 신인문사, 2011.
박래식 저, 《이야기 독일사》, 청아출판사, 2006.
박수철 저, 《오다 도요토미 정권의 사사지배와 천황》, 서울대학교출판문화원, 2012.
박용진 저, 《중세 유럽은 암흑시대였는가?》, 민음인, 2011.
박윤덕 등저, 《서양사강좌》, 아카넷, 2016.
박종현 저, 《희랍사상의 이해》, 종로서적, 1990.
박지향 저, 《클래식영국사》, 김영사, 2012.
박찬영, 엄정훈 등저, 《세계지리를 보다 1, 2, 3》, 리베르스쿨, 2012.
박한제, 김형종, 김병준, 이근명, 이준갑 공저, 《아틀라스 중국사》, 사계절, 2015.
배병우 등저, 《신들의 정원, 앙코르와트》, 글씨미디어, 2004.
배영수 편, 《서양사 강의》, 한울아카데미, 2000.
배재호 저, 《세계의 석굴》, 사회평론, 2015.
버나드 루이스 편/김호동 역, 《이슬람 1400년》, 까치, 2001.
베른트 슈퇴버 저/최승완 역, 《냉전이란 무엇인가》, 역사비평사, 2008.
베빈 알렉산더 저/김형배 역, 《위대한 장군들은 어떻게 승리하였는가》, 홍익출판사, 2000.
벤자민 킨, 키스 헤인즈 공저/김원중, 이성훈 공역, 《라틴아메리카의 역사 상/하》, 그린비, 2014.
볼프람 폰 에센바흐 저/허창운 역, 《파르치팔》, 한길사, 2009.
브라이언 타이어니, 시드니 페인터 공저/이연규 역, 《서양 중세사》, 집문당, 2012.
브라이언 페이건 저/이희준 역, 《세계 선사 문화의 이해》, 사회평론아카데미, 2015.
브라이언 페이건 저/최파일 역, 《인류의 대항해》, 미지북스, 2012.

브라이언 페이건, 크리스토퍼 스카레 등저/이청규 역, 《고대 문명의 이해》, 사회평론아카데미, 2015.
비토리오 주디치 저/남경태 역, 《20세기 세계 역사》, 사계절, 2005.
사마천 저/김원중 역 《사기 본기》, 민음사, 2015.
사마천 저/김원중 역 《사기 서》, 민음사, 2015.
사마천 저/김원중 역 《사기 세가》, 민음사, 2015.
사마천 저/김원중 역 《사기 열전 1, 2》, 민음사, 2015.
사와다 아시오 저/김숙경 역, 《흉노: 지금은 사라진 고대 유목국가 이야기》, 아이필드, 2007.
새뮤얼 노아 크레이머 저/박성식 역, 《역사는 수메르에서 시작되었다》, 가람기획, 2000.
새뮤얼 헌팅턴 저/강문구, 이재영 역, 《제3의 물결: 20세기 후반의 민주화》, 인간사랑, 2011.
서영교 저, 《고대 동아시아 세계대전》, 글항아리, 2015.
서울대학교 독일학연구소 저, 《독일이야기 1, 2》, 거름, 2003.
서진영 저, 《21세기 중국정치》, 폴리테이아, 2008.
서희석, 호세 안토니오 팔마 공저, 《유럽의 첫 번째 태양, 스페인》, 을유문화사, 2015.
송영배 저, 《동서 철학의 교섭과 동서양 사유 방식의 차이》, 논형, 2004.
수잔 와이즈 바우어 저/꼬마이실 역, 《교양 있는 우리 아이를 위한 세계역사이야기》, 1~5권, 꼬마이실, 2005.
스테파니아 스타푸티, 페데리카 로마뇰리 등저/박혜원 역, 《고대 문명의 역사와 보물: 그리스/로마/아스텍/이슬람/이집트/인도/켈트/크메르/페르시아》, 생각의나무, 2008.
시바료타로 저/양억관 역, 《항우와 유방 1, 2, 3》, 달궁, 2003.
시오노 나나미 저/김석희 역, 《로마 멸망 이후의 지중해 세계(상/하)》, 한길사, 2009.
시오노 나나미 저/김석희 역, 《로마인 이야기》, 1~15권, 한길사 2007.
신성곤, 윤혜영 저, 《한국인을 위한 중국사》, 서해문집, 2013.
신승하 저, 《중국사(상/하)》, 미래엔, 2005.
신준형 저, 《뒤러와 미켈란젤로》, 사회평론, 2013.
아사다 미노루 저/이하준 역, 《동인도회사》, 피피에, 2004.
아사오 나오히로 편저/이계황, 서각수, 연민수, 임성모 역, 《새로 쓴 일본사》, 창비, 2013.
아서 코트렐 저/까치 편집부역, 《그림으로 보는 세계신화사전》, 까치, 1997.
아일린 파워 저/이종인 역, 《중세의 사람들》, 즐거운상상, 2010.
안 베르텔로트 저/체계병 역, 《아서왕》, 시공사, 2003.
안병철 저, 《이스라엘 역사》, 기쁜소식, 2012.
안효상 저, 《미국은 어떻게 만들어졌을까》, 민음인, 2013.
알렉산드라 미네르비 저/조행복 역, 《사진으로 읽는 세계사 2: 나치즘》, 플래닛, 2008.
앙투안 갈랑/임호경 역, 《천일야화 1~6》, 열린책들, 2010.
애덤 하트 데이비스 편/윤은주, 정범진, 최재인 역, 《히스토리》, 북하우스, 2009.
양은영 저, 《빅히스토리: 제국은 어떻게 나타나고 사라지는가?》, 와이스쿨 2015.
양정무 저, 《난생 처음 한번 공부하는 미술 이야기 1, 2》, 사회평론, 2016.

양정무 저, 《상인과 미술》, 사회평론, 2011.
에드워드 기번 저/윤수인, 김희용 공역, 《로마제국 쇠망사 1~6》, 민음사, 2008.
에르빈 파놉스키 저/김율 역, 《고딕건축과 스콜라철학》, 한길사, 2015.
에릭 홉스봄 저/김동택 역, 《제국의 시대》, 한길사, 1998.
에릭 홉스봄 저/정도영, 차명수 공역, 《혁명의 시대》, 한길사, 1998.
에릭 홉스봄 저/정도영 역, 《자본의 시대》, 한길사, 1998.
에이브러험 애서 저/김하은, 신상돈 역, 《처음 읽는 러시아 역사》, 아이비북스, 2013.
엔리케 두셀 저/박병규 역, 《1492년, 타자의 은폐》, 그린비, 2011.
오토 단 저/오인석 역, 《독일 국민과 민족주의의 역사》, 한울아카데미, 1996.
웨난 저/이익희 역, 《마왕퇴의 귀부인 1, 2》, 일빛, 2005.
유랴쿠 천황 외 저/고용환, 강용자 역, 《만엽집》, 지만지, 2009.
유세희 편, 《현대중국정치론》, 박영사, 2009.
유용태, 박진우, 박태균 공저, 《함께 읽는 동아시아 근현대사 1, 2》, 창비, 2011.
유인선 등저, 《사료로 보는 아시아사》, 종이비행기, 2014.
이강무 저, 《청소년을 위한 세계사. 서양편》, 두리미디어, 2009.
이경덕 저, 《함께 사는 세상을 보여주는 일본 신화》, 현문미디어, 2005.
이기영 저, 《고대에서 봉건사회로의 이행》, 사회평론, 2017.
이노우에 고이치 저/이경덕 역, 《살아남은 로마, 비잔틴 제국》, 다른세상, 2010.
이명현 저, 《빅히스토리: 세상은 어떻게 시작되었을까?》, 와이스쿨, 2013.
이병욱 저, 《한권으로 만나는 인도》, 너울북, 2013.
이영림, 주경철, 최갑수 공저, 《근대 유럽의 형성: 16~18세기》, 까치글방, 2011.
이영목 등저, 《검은, 그러나 어둡지 않은 아프리카》, 사회평론, 2014.
이옥순 등저, 《세계사 교과서 바로잡기》, 삼인, 2011.
이익선 저, 《만화 로마사 1, 2》, 알프레드, 2017.
이희수 저, 《이슬람의 모든 것》, 주니어김영사, 2009.
일본사학회 저, 《아틀라스 일본사》, 사계절, 2011.
임태승 저, 《중국 서예의 역사》, 미술문화, 2006.
임승희 저, 《유럽의 절대 군주는 어떻게 살았을까?》, 민음인, 2011.
임한순, 최윤영, 김길웅 공역, 《에다. 북유럽신화》, 서울대학교출판문화원, 2015.
임홍배, 송태수, 장병기 등저, 《독일 통일 20년》, 서울대학교출판문화원, 2011.
자닉 뒤랑 저/조성애 역, 《중세미술》, 생각의 나무, 2004.
장문석 저, 《근대정신은 어떻게 탄생했을까?》, 민음인, 2011.
장 콩비 저/노성기 외 역, 《세계교회사여행: 고대·중세 편》, 가톨릭출판사, 2013.
장진퀘이 저/남은숙 역, 《흉노제국 이야기》, 아이필드, 2010.
장 카르팡티에, 프랑수아 르브룅 편저/강민정, 나선희 공역, 《지중해의 역사》, 한길사, 2009.
재레드 다이어몬드 저/김진준 역, 《총, 균, 쇠》, 문학사상, 2013.
전국역사교사모임 저, 《살아있는 세계사 교과서 1, 2》, 휴머니스트, 2013.

전국역사교사모임 저, 《처음 읽는 미국사》, 휴머니스트, 2013.
전국역사교사모임 저, 《처음 읽는 인도사》, 휴머니스트, 2013.
전국역사교사모임 저, 《처음 읽는 일본사》, 휴머니스트, 2013.
전국역사교사모임 저, 《처음 읽는 중국사》, 휴머니스트, 2013.
전국역사교사모임 저, 《처음 읽는 터키사》, 휴머니스트, 2013.
전종한 등저, 《세계지리: 경계에서 권역을 보다》, 사회평론아카데미, 2017.
정기문 저, 《그리스도교의 탄생: 역사학의 눈으로 본 원시 그리스도교의 역사》, 길, 2016.
정기문 저, 《역사보다 재미있는 것은 없다》, 신서원, 2004.
정수일 편저, 《해상 실크로드 사전》, 창비, 2014.
정재서 저, 《이야기 동양신화 중국편》, 김영사, 2010.
정재훈 저, 《돌궐 유목제국사 552~745》, 사계절, 2016.
제니퍼 올드스톤무어 저/이연승 역, 《처음 만나는 도쿄》, SBI, 2009.
제임스 포사이스 저/정재겸 역, 《시베리아 원주민의 역사》, 솔, 2009
조관희, 《중국사 강의》, 궁리, 2011.
조길태 저, 《인도사》, 민음사, 2012.
조르주 루 저/김유기 역, 《메소포타미아의 역사 1, 2》, 한국문화사, 2013.
조성일 저, 《미국학교에서 가르치는 미국역사》, 소이연, 2014.
조셉 린치 저/심창섭 등역, 《중세교회사》, 솔로몬, 2005.
조셉 폰타나 저/김원중 역, 《거울에 비친 유럽》, 새물결, 2005.
조지프 니덤 저/김주식 역, 《조지프 니덤의 동양항해선박사》, 문현, 2016.
조지형 등저, 《지구화 시대의 새로운 세계사》, 혜안, 2008.
조지형 저, 《빅히스토리: 세계는 어떻게 연결되었을까?》, 와이스쿨, 2013.
조흥국 등저, 《제3세계의 역사와 문화》, 한국방송통신대학교출판부, 2012.
존 루이스 개디스 저/박건영 역, 《새로 쓰는 냉전의 역사》, 사회평론, 2003.
존 리더 저/남경태 역, 《아프리카 대륙의 일대기》, 휴머니스트, 2013.
존 맥닐, 윌리엄 맥닐 공저/ 유정희, 김우역 역, 《휴먼 웹. 세계화의 세계사》, 이산, 2010.
존 줄리어스 노리치 편/남경태 역, 《위대한 역사도시70》, 위즈덤하우스, 2010.
주경철 저, 《대항해시대: 해상 팽창과 근대 세계의 형성》, 서울대학교출판부, 2008.
주경철 저, 《히스토리아》, 산처럼, 2012.
주디스 코핀, 로버트 스테이시 등저/박상익 역, 《새로운 서양 문명의 역사. 상》, 소나무, 2014.
주디스 코핀, 로버트 스테이시 등저/손세호 역, 《새로운 서양 문명의 역사. 하》, 소나무, 2014.
중앙일보 중국연구소 외, 《공자는 귀신을 말하지 않았다》, 중앙북스, 2010.
지리교육연구회 지평 저, 《지리 교사들, 남미와 만나다》, 푸른길, 2011.
지오프리 파커 편/김성환 역, 《아틀라스 세계사》, 사계절, 2009.
찰스 스콰이어 저/나영균, 전수용 공역, 《켈트 신화와 전설》, 황소자리, 2009.

최재호 등저, 《한국이 보이는 세계사》, 창비, 2011.
최충희 등역, 《햐쿠닌잇슈의 작품세계》, 제이앤씨, 2011.
카렌 암스트롱 저/장병옥 역, 《이슬람》, 을유문화사, 2012.
콘수엘로 바렐라, 로베르토 마자라 등저/신윤경 역, 《크리스토퍼 콜럼버스》, 21세기북스, 2010.
콘스탄스 브리텐 부셔 저/강일휴 역, 《중세 프랑스의 귀족과 기사도》, 신서원, 2005.
크리스 브래지어 저/추선영 역, 《세계사, 누구를 위한 기록인가?》, 이후, 2007.
클린 존스 저/방문숙, 이호영 공역, 《사진과 그림으로 보는 케임브리지 프랑스사》, 시공아크로총서, 2001.
타밈 안사리 저/류한월 역, 《이슬람의 눈으로 본 세계사》, 뿌리와이파리, 2011.
타키투스 저/천병희 역, 《게르마니아》, 숲, 2012.
토마스 말로리 저/이현주 역, 《아서왕의 죽음 1, 2》, 나남, 2009.
파멜라 카일 크로슬리 저/강선주 역, 《글로벌 히스토리란 무엇인가》, 휴머니스트, 2010.
패트리샤 버클리 에브리 저/이동진, 윤미경 공역, 《사진과 그림으로 보는 케임브리 중국사》, 시공아크로총서 2010.
퍼트리샤 리프 애너월트 저/한국복식학회 역, 《세계 복식 문화사》, 예담, 2009.
페리클레스, 뤼시아스, 이소크라테스, 데모스테네스 저/김헌, 장시은, 김기훈 역, 《그리스의 위대한 연설》, 민음사, 2012.
페르낭 브로델 저/강주헌 역, 《지중해의 기억》, 한길사, 2012.
페르낭 브로델 저/김홍식 역, 《물질문명과 자본주의 읽기》, 갈라파고스, 2014.
페르디난트 자입트 저/차용구 역, 《중세의 빛과 그림자》, 까치글방, 2002.
폴 콜리어 등저/강민수 역, 《제2차 세계대전》, 플래닛미디어, 2008.
프레드 차라 저/강경이 역, 《향신료의 지구사》, 휴머니스트, 2014.
플라노 드 카르피니, 윌리엄 루부룩 등저/김호동 역, 《몽골 제국 기행: 마르코 폴로의 선구자들》, 까치, 2015.
피터 심킨스 등저/강민수 역, 《제1차 세계대전》, 플래닛미디어 2008.
피터 안드레아스 저/정태영 역, 《밀수꾼의 나라 미국》, 글항아리, 2013.
피터 홉커크 저/정영목 역, 《그레이트 게임: 중앙아시아를 둘러싼 숨겨진 전쟁》, 사계절, 2014.
필립 M.H. 벨 저/황의방 역, 《12전환점으로 읽는 제2차 세계대전》, 까치, 2012.
하네다 마사시 저/이수열, 구지영 역, 《동인도회사와 아시아의 바다》, 선인, 2012.
하름 데 블레이 저/유나영 역, 《왜 지금 지리학인가》, 사회평론, 2015.
하야미 이타루 저/양승영 역, 《진화 고생물학》, 서울대학교출판문화원, 2012.
하우마즈 데수오 저/김성동 역, 《대영제국은 인도를 어떻게 통치하였는가》, 심산, 2004.
하인리히 뵐플린 저/안인희 역, 《르네상스의 미술》, 휴머니스트, 2002.
한국교부학연구회 저, 《교부학 인명·지명 용례집》, 분도출판사, 2008.
한종수 저, 굽시니스트 그림, 《2차 대전의 마이너리그》, 길찾기, 2015.
해양문화연구원 편집위원회 저, 《해양문화 02. 바다와 제국》, 해양문화, 2015.
허청웨이 편/남광철 등역, 《중국을 말한다》 1~9권, 신원문화사, 2008.
헤수스 알바레스 고메스 저/강운자 편역, 《수도생활: 역사 II》, 성바오로, 2002.
호르스트 푸어만 저/안인희 역, 《중세로의 초대》, 이마고, 2005.
홍익희 저, 《세 종교 이야기》, 행성B잎새, 2014.
황대현 저, 《서양 기독교 세계는 왜 분열되었을까?》, 민음인, 2011.
황패강 저, 《일본신화의 연구》, 지식산업사, 1996.
후지이 조지 등저/박진한, 이계황, 박수철 공역, 《쇼군 천황 국민》, 서해문집, 2012.

외국 도서

クリステル・ヨルゲンセン 等著/竹内喜, 德永優子 譯, 《戰鬪技術の歷史 3: 近世編》, 創元社, 2012.
サイモン・アングリム 等著/天野淑子 譯, 《戰鬪技術の歷史 1: 古代編》, 創元社, 2011.
じェフリー・リ・ガン, 《ウィジュアル版〈決戰〉の世界史》, 原書房, 2008.
ブライアン・レイヴァリ, 《航海の歷史》, 創元社, 2015.
マーティン・J・ドアティ, 《圖說 中世ヨーロッパ 武器・防具・戰術百科》, 原書房, 2013.
マシュー・ベネット 等著/野下祥子 譯, 《戰鬪技術の歷史 2: 中世編》, 創元社, 2014.
リュシアン・ルスロ 等著/辻元よしふみ, 辻元玲子 譯, 《華麗なるナポレオン軍の軍服》, マール社, 2014.
ロバーと・B・ブルース 等著/野下祥子 譯, 《戰鬪技術の歷史 4: ナポレオンの時代編》, 創元社, 2013.
菊地陽太, 《知識ゼロからの世界史入門1部 近現代史》, 幻冬舍, 2010.
氣賀澤保規, 《絢爛たる世界帝國 隋唐時代》, 講談社, 2005.
金七紀男, 《圖說 ブラジルの-歷史》, 河出書房新社, 2014.
木下康彦, 木村靖二, 吉田寅 編, 《詳說世界史硏究 改訂版》, 山川出版社, 2013.
山内昌之, 《世界の歷史 20 : 近代イスラームの挑戰》, 中央公論社, 1996.
山川ビジュアル版日本史圖錄編集委員会, 《山川 ビジュアル版日本史圖錄》, 山川出版社, 2014.
西ヶ谷恭弘 監修, 《衣食住になる日本人の歷史 1》, あすなろ書房, 2005.
西ヶ谷恭弘 監修, 《衣食住になる日本人の歷史 2》, あすなろ書房, 2007.
小池徹朗 編, 《新・歷史群像シリーズ 15: 大淸帝國》, 學習硏究社, 2008.
水野大樹, 《圖解 古代兵器》, 新紀元社, 2012.
神野正史, 《世界史劇場イスラーム三国志》, ベレ出版, 2014.
神野正史, 《世界史劇場イスラーム世界の起源》, ベレ出版, 2013.
五十嵐武士, 福井憲彦, 《世界の歷史 21: アメリカとフランスの革命》, 中央公論社, 1998.
宇山卓榮, 《世界一おもしろい 世界史の授業》, KADOKAWA, 2014.
伊藤賀一, 《世界一おもしろい 日本史の授業》, 中経出版, 2012.
日下部公昭 等編, 《山川 詳說世界史圖錄》, 山川出版社, 2014.
井野瀬久美恵, 《興亡の世界史 16: 大英帝國という經驗》, 講談社, 2007.
佐藤信 等編, 《詳說日本史硏究 改訂版》, 山川出版社, 2013.

池上良太,《図解 装飾品》, 新紀元社, 2012.
後藤武士,《読むだけですっきりわかる世界史 近代編》, 玉島社, 2011.
後藤武士,《読むだけですっきりわかる現代編》, 玉島社, 2013.
後河大貴 外,《戦国海賊伝》, 笠倉出版社, 2015.
Acquaro, Enrico:《The Phoenicians: History and Treasures of An Ancient Civilization》, White Star, 2010.
Albert, Mechthild:《Das französische Mittelalter》, Klett, 2005.
Bagley, Robert:《Ancient Sichuan: Treasures from a Lost Civilization》, Princeton University Press, 2001.
Beck, B. Roger&Black, Linda:《World History: Patterns of Interaction》, Holt McDougal, 2010.
Beck, Rainer(hrsg.):《Das Mittelalter》, C.H.Beck, 1997.
Bernlochner, Ludwig(hrsg.):《Geschichten und Geschehen》, Bd. 1-6. Klett, 2004.
Bonavia, Judy:《The Silk Road》, Odyssey, 2008.
Borst, Otto:《Alltagsleben im Mittelalter》, Insel, 1983.
Bosl, Karl:《Bayerische Geschichte》, Ludwig, 1990.
Brown, Peter:《Die Entstehung des christlichen Europa》, C.H.Beck, 1999.
Bumke, Joachim:《Höfische Kultur》, Bd. 1-2. Dtv, 1986.
Celli, Nicoletta:《Ancient Thailand: History and Treasures of An Ancient Civilization》, White Star, 2010.
Cornell, Jim&Tim:《Atlas of the Roman World》, Checkmark Books, 1982.
Davidson, James West&Stoff, Michael B.:《America: History of Our Nation》, Pearson Prentice Hall, 2006.
de Vries, Jan:《Die Geistige Welt der Germanen》, WBG, 1964.
Dinzelbach, P. (hrsg.):《Sachwörterbuch der Mediävistik》, Kröner, 1992.
Dominici, David:《The Maya: History and Treasures of An Ancient Civilization》, VMB Publishers, 2010.
Duby, Georges:《The Chivalrous Society》, translated by Cynthia Postan, University of California Press, 1980.
Eco, Umberto:《Kunst und Schönheit im Mittelalter》, Dtv, 2000.
Ellis, G. Elisabeth&Esler, Anthony:《World History Survey》, Prentice Hall, 2007.
Fromm, Hermann:《Basiswissen Schule: Geschichte》, Duden, 2011.
Funcken, Liliane&Fred:《Rüstungen und Kriegsgerät im Mittelalter》, Mosaik 1979.
Gibbon, Eduard:《Die Germanen im Römischen Weltreich,》, Phaidon, 2002.
Goody, Jack:《The development of the family and marriage in Europe》, Cambridge University Press, 1988.
Grant, Michael:《Ancient History Atlas》, Macmillan, 1972.
Großbongardt, Anette&Klußmann, Uwe,《Spiegel Geschichte 5/2013: Der Erste Weltkrieg》, Spiegel, 2013.
Heiber, Beatrice(hrsg.):《Erlebte Antike》, Dtv 1996.
Hinckeldey, Ch.(hrsg.):《Justiz in alter Zeit》, Mittelalterliches Kriminalmuseum, 1989
Holt McDougal:《World History》, Holt McDougal, 2010.
Horst, Fuhrmann:《Überall ist Mittelalter》, C.H.Beck, 2003.
Horst, Uwe(hrsg.):《Lernbuch Geschichte: Mittelalter》, Klett, 2010.
Huschenbett, Dietrich&Margetts, John(hrsg.):《Reisen und Welterfahrung in der deutschen Literatur des Mittelalters》, Würzburger Beiträge zur deutschen Philologie. Bd. VII, Königshausen&Neumann, 1991.
Karpeil, Frank&Krull, Kathleen:《My World History》, Pearson Education, 2012.
Kircher, Bertram(hrsg.):《König Aruts und die Tafelrunde》, Albatros, 2007.
Klußmann, Uwe&Mohr, Joachim:《Spiegel Geschichte 5/2014: Die Weimarer Republik》, Spiegel 2014.
Klußmann, Uwe:《Spiegel Geschichte 6/2016: Russland》, Spiegel 2016.
Kölzer, Theo&Schieffer, Rudolf(hrsg.):《Von der Spätantike zum frühen Mittelalter: Kontinuitäten und Brüche, Konzeptionen und Befunde》, Jan Thorbecke, 2009.
Langosch, Karl:《Profile des lateinischen Mittelalters》, WBG, 1965.
Lesky, Albin:《Vom Eros der Hellenen》, Vandenhoeck&Ruprecht, 1976.
Levi, Peter:《Atlas of the Greek World》, Checkmark Books, 1983.
Märtle, Claudia:《Die 101 wichtigsten Fragen: Mittelalter》 C.H.Beck, 2013.
McGraw-Hill Education:《World History: Journey Across Time》, McGraw-Hill Education, 2006.
Mohr, Joachim&Pieper, Dietmar:《Spiegel Geschichte 6/2010: Die Wikinger》, Spiegel, 2010.
Murphey, Rhoads:《Ottoman warfare, 1500-1700》, Rutgers University Press, 2001
Orsini, Carolina:《The Incas: History and Treasures of An Ancient Civilization》, White Star, 2010.
Pieper, Dietmar&Mohr, Joachim:《Spiegel Geschichte 3/2013: Das deutsche Kaiserreich》, Spiegel 2013.
Pieper, Dietmar&Saltzwedel, Johannes:《Spiegel Geschichte 4/2011: Der Dreißigjährige Krieg》, Spiegel 2011.
Pieper, Dietmar&Saltzwedel, Johannes:《Spiegel Geschichte 6/2012: Karl der Große》, Spiegel 2012.
Pötzl, Nobert F.&Traub, Rainer:《Spiegel Geschichte 1/2013: Das Britische Empire》, Spiegel, 2013.
Pötzl, Nobert F.&Saltzwedel:《Spiegel Geschichte 4/2012: Die Päpste》, Spiegel, 2012.
Prentice Hall:《History of Our World》, Pearson/Prentice Hall, 2006.
Rizza, Alfredo:《The Assyrians and the Babylonians: History and Treasures of An Ancient Civilization》White Star, 2007.

Rösener, Werner: 《Die Bauern in der europäischen Geschichte》, C.H.Beck, 1993.
Schmidt-Wiegand: 《Deutsche Rechtsregeln und Rechtssprichwörter》, C.H.Beck, 2002.
Seibt, Ferdinand: 《Die Begründung Europas》, Fischer, 2004.
Seibt, Ferdinand: 《Glanz und Elend des Mittelalters》, Siedler, 1992.
Simek, Rudolf: 《Erde und Kosmos im Mittelalter》, Bechtermünz, 2000.
Speivogel, J. Jackson: 《Glecoe World History》, McGraw-Hill Education, 2004.
Talbert, Richard: 《Atlas of Classical History》, Routledge, 2002.
Tarling, Nicholas(ed.): 《The Cambridge of History of Southeast Asia》, Vol. 1-4. Cambridge University Press 1999.
Todd, Malcolm: 《Die Germanen》Theiss, 2003.
van Royen, René&van der Vegt, Sunnyva: 《Asterix - Die ganze Wahrheit》, übersetzt von Gudrun Penndorf, C.H.Beck, 2004.
Wehrli, Max: 《Geschichte der deutschen Literatur im Mittelalter》, Reclam, 1997.
Zimmermann, Martin: 《Allgemeine Bildung: Große Persönlichkeiten》, Arena, 2004.

논문

기민석, 〈고대 '의회'와 셈어 mlk〉, 《구약논단》 17, 한국구약학회, 2005, 140-160쪽.
김병준, 〈진한제국의 이민족 지배: 부도위 및 속국도위에 대한 재검토〉, 역사학보 제217집, 2013, 107-153쪽.
김인화, 〈아케메네스조 다리우스 1세의 왕권 이념 형성과 그 표상에 대한 분석〉, 서양고대사연구 38, 2014, 37-72쪽
남종국, 〈12~3세기 이자 대부를 둘러싼 논쟁: 자본주의의 서막인가?〉, 서양사연구 제52집, 2015, 5-38쪽.
박병규, 〈스페인어권 카리브 해의 인종 혼종성과 인종민주주의〉, 이베로아메리카 제8권, 제1호. 93-114쪽.
박병규, 〈카리브 해 지역의 문화담론과 문화모델에 관한 연구〉, 스페인어문학 제42호, 2007, 261-278쪽.
박수철, 〈직전정권의 '무가신격화'와 천황〉, 역사교육 제121집, 2012. 221-252쪽.
손태창, 〈신 아시리아 제국 후기에 있어 대 바빌로니아 정책과 그 문제점: 기원전 745-627〉, 서양고대사연구 38, 2014, 7-35
우석균, 〈《포폴 부》와 옥수수〉, 이베로아메리카연구 제8권, 1997, 65-89쪽.
유성환, 〈아마르나 시대 예술에 투영된 시간관〉, 인문과학논총, 제73권 4호, 2016, 403-472쪽.
유성환, 〈외국인에 대한 이집트인들의 두 시선: 고왕국 시대에서 신왕국 시대까지 창작된 이집트 문학작품 속의 외국과 외국인에 대한 묘사를 중심으로〉, 서양고대사연구 제34집, 2013, 33-77쪽.
윤은주, 〈18세기 초 프랑스의 재정위기와 로 체제〉, 프랑스사연구 제16호, 2007, 5-41쪽.
이근명, 〈왕안석 신법의 시행과 대간관〉, 중앙사론 제40집, 2014, 75-103쪽.
이삼현, 〈하무라비法典 小考〉, 《법학논총》 2, 국민대학교 법학연구소, 1990, 5-49쪽.
이은정, 〈'다종교, 다민족, 다문화'인 오스만제국의 통치 전략〉, 역사학보 제217집, 2013, 155-184쪽.
이은정, 〈오스만제국 근대 개혁기 군주의 역할: 셀림3세에서 압뒬하미드 2세에 이르기까지〉, 역사학보 제 208집, 2010, 103-133쪽.
이종근, 〈고대 메소포타미아의 수메르 우르-남무 법의 도덕성에 관한 연구〉, 《법학연구》 32, 한국법학회, 2008, 1-21쪽.
이종근, 〈메소포타미아 법사상 연구: 받는 소(Goring Ox)를 중심으로〉, 《신학지평》 16, 안양대학교 신학연구소, 2003, 297-314쪽.
이종근, 〈생명 존중을 위한 메소포타미아 법들이 정의: 우르 남무와 리피트이쉬타르 법들을 중심으로〉, 《구약논단》 15, 한국구약학회, 2003, 261-297쪽.
이종득, 〈멕시코-테노츠티틀란의 성장 과정과 한계: 삼각동맹〉, 라틴아메리카연구 제23권, 3호. 111-160쪽.
이지은, 〈"인도 센서스"와 식민 지식의 구축: 19세기 인도 사회와 정립되지 않은 카스트〉, 역사문화연구 제59집, 2016, 165-196쪽.
정기문, 〈로마 제국 초기 디아스포라 유대인의 팽창원인〉, 전북사학 제48호, 2016, 279-302쪽.
정기문, 〈음식 문화를 통해서 본 세계사〉, 역사교육 제138집, 2016, 225-250쪽.
정재훈, 〈북아시아 유목 군주권의 이념적 기초: 건국 신화의 계통적 분석을 중심으로〉, 동양사학연구 제122집, 2013, 87-133쪽.
정재훈, 〈북아시아 유목민족의 이동과 정착〉, 동양사학연구 제103집, 2008, 87-116쪽.
정혜주, 〈태초에 빛이 있었다: 마야의 천지 창조 신화〉, 이베로아메리카 제7권 2호, 2005, 31-62쪽.
조주연, 〈미학과 역사가 미술사를 만났을 때〉, 《미학》 52, 한국미학회, 2007. 373-425쪽.
최재인, 〈미국 역사교육의 쟁점과 전망: 아프리카계 미국인 역사교육을 중심으로〉, 역사비평 제110호, 2015, 232-257쪽.

인터넷 사이트

네이버 지식백과: terms.naver.com
미국 자율학습 사이트: www.khanacademy.org
미국 필라델피아 독립기념관 역사교육 사이트: www.ushistory.org
영국 브리태니커 백과사전: www.britannica.com
영국 대영도서관 아시아, 아프리카 연구 사이트: britishlibrary.typepad.co.uk/asian-and-african
영국 BBC방송 청소년 역사교육 사이트: www.bbc.co.ukschools/primaryhistory
독일 브록하우스 백과사전: www.brockhaus.de
독일 WDR방송 청소년 지식교양 사이트: www.planet-wissen.de
독일 역사박물관 www.dhm.de
독일 청소년 역사교육 사이트: www.kinderzeitmschine.de
독일 연방기록원 www.bundesarchiv.de
위키피디아: www.wikipedia.org

# 사진 제공

수록된 사진 중 일부는 노력에도 불구하고 저작권자를 확인하지 못하고 출간하였습니다. 확인되는 대로 최선을 다해 협의하겠습니다.
퍼블릭 도메인은 따로 표기하지 않았습니다.

표지
아브라함 오르텔리우스의 세계 지도 미국 의회도서관

1교시
프랑스 시농성 Shutterstock
랭커스터 붉은 장미 Sodacan
요크 흰 장미 Sodacan
잔 다르크 동상 Shutterstock
아키텐 Shutterstock
그라나다 알람브라 궁전 Shutterstock
루돌프 1세 석상 Michail
빈의 전경 Shutterstock
영화 〈사운드 오브 뮤직〉 한 장면 게티이미지코리아
빌 필하모닉 오케스트라 연합뉴스
알프스산맥 Shutterstock
알프스 전통 의상을 입은 오스트리아 사람들 게티이미지코리아
잘츠부르크 대성당과 잘자흐강 너머 구시가지 모습 Bede735
잘츠부르크에서 판매하는 모차르트 초콜릿 JoJan
비엔나 소시지 Shutterstock
비엔나 커피 Shutterstock
비너 슈니첼 Shutterstock
튜더 가문의 문장 Sodacan
아스투리아스의 라스트레스 마을 Mick Stephenson
산티아고 순례길 이정표 Shutterstock
산티아고 순례길 Shutterstock
합스부르크 가문의 문장 Heralder
드네프르강 Shutterstock
모스크바강 Shutterstock
메노라 Shutterstock
전통 복장을 한 유대인 게티이미지코리아
〈포로들의 대이동〉 게티이미지코리아
이스라엘의 마사다 요새 Andrew Shiva
마이어 암셸 로트실트 Shutterstock
마이모니데 Shutterstock
샤를 7세와의 만남 Photo Josse/Scala, Florence
마녀로 몰린 잔 다르크 Tijmen Stam

2교시
이스탄불 항공 사진 Shutterstock
프레베자 해전 기록화 Agefotostock
성 소피아 대성당 Arild Vågen
사마르칸트 레지스탄 Shutterstock
이스파한 모스크 Shutterstock
이스탄불 전경 Shutterstock
앙카라 Shutterstock
보스포루스 해협 Shutterstock
양탄자 토픽이미지스
아나톨리아고원 밀밭 Shutterstock
아나톨리아고원 유목민들 Shutterstock
달콤한 디저트와 차 Shutterstock
다채로운 터키 요리 Shutterstock
카파도키아 풍경 게티이미지코리아
파묵칼레 Shutterstock
온천욕을 즐기는 관광객 윤익이미지
티무르 두상 shakko
티무르의 인도 침략 Alamy
사마르칸트 전경 Shutterstock
이스파한 이맘 광장 Shutterstock
터키 에디르네 Ggia
루멜리 히사리 archer10(Dennis)
성 소피아 대성당 내부 Shutterstock
세반호와 정교 교회 Shutterstock
토프카프 궁전 전경 Shutterstock
경의의 문 Shutterstock
에메랄드가 박힌 단검 Alamy
하렘 Shutterstock
로도스섬에 지어진 성 요한 기사단 성채 Shutterstock
블루 모스크 Shutterstock
그랜드 바자르 Shutterstock
하늘에서 본 그랜드 바자르 Shutterstock
누루오스마니에 게이트 123RF
보석 가게를 지나는 관광객 이미지코리아
출입구 근처 카펫 가게들 Agefotostock
화려한 도자기 Shutterstock

3교시
타지마할과 관광객들 토픽이미지스
바부르의 무덤 Sven Dirks, Wien
인도에 도착한 바스쿠 다가마 Alamy

타지마할 Shutterstock
아마다바드 게티이미지코리아
타타 나노 arulnathan
알랑의 폐선소 anil c patel
건설 중인 구자라트 인터내셔널 테크 시티 Gujaratin
아마다바드의 섬유 공장 Agefotostock
사푸타라의 기라 폭포 JB Kalola (patel)
파탄의 라니키바브 Shutterstock
락슈미 빌라스 고궁 Shutterstock
연날리기 축제 현장 Alamy
나브라트리 축제 AP Images
물고기 모양의 연 게티이미지코리아
기르 국립 공원의 아시아 사자 Shutterstock
소금 채취하는 현지 주민들 게티이미지코리아
소금 사막을 여행하는 관광객들 게티이미지코리아
소금 사막 캇츠 Shutterstock
칸드비 Shutterstock
도클라 Shutterstock
카불 Shutterstock
무굴 제국의 수도 아그라 Shutterstock
바이람 칸에게 총 쏘는 법을 배우는 어린 아크바르 The Bridgeman Art Library
아크바르 대제의 결혼을 소재로 한 인도 영화 Alamy
아크바르의 묘 Shutterstock
타블라 Shutterstock
시타르 Shutterstock
아그라 궁성 Alamy
아그라 궁성에서 바라본 타지마할 ZMcCune(WMF)
서고츠산맥의 칸달라 계곡 Shutterstock
암베르성 Shutterstock
후마윤의 무덤 Shutterstock
델리의 붉은 성 A.Savin
라호르 게이트 Agefotostock
타지마할 내부 꽃 장식 이미지코리아
타지마할 내부에 안치된 관 이미지코리아
대리석을 깎아 만든 섬세한 꽃 장식 Dan Searle
타지마할 벽면 Shutterstock
타지마할 돔 Shutterstock
타지마할 첨탑 Shutterstock

4교시
피렌체 전경 Shutterstock
안트베르펜 브라보상 Ph.viny
밀라노 스포르체스코성 Shutterstock
제노바 공화국 국장 Odejea
산탄젤로성 Shutterstock
베네치아 공화국 국장 Sodacan
피렌체 산타 마리아 델 피오레 대성당 Shutterstock

나폴리 왕국 국장 Heralder
저녁때의 피렌체 광경 Shutterstock
베키오 궁전 Shutterstock
시뇨리아 광장 123RF
베키오 다리 Shutterstock
토스카나 지방 포도밭 Shutterstock
키안티 와인 Shutterstock
베네치아 전경 Shutterstock
곤돌라 뱃사공 게티이미지코리아
곤돌라 Shutterstock
물에 잠긴 베네치아 윤익이미지
화려한 가면 쓴 사람들 Shutterstock
베네치아 국제 영화제 연합뉴스
라 스칼라 극장 Shutterstock
밀라노의 고층 빌딩 Shutterstock
밀라노 두 클럽의 선수들 연합뉴스
밀라노 산 시로 스타디움 Jose Luis Hidalgo R.
제노바 Shutterstock
라오콘상 게티이미지코리아
다비드상 Jörg Bittner Unna
도나텔로의 청동 다비드상 Patrick A. Rodgers
레오나르도 다빈치 Aavindraa
로렌초 데메디치의 묘비 Rabe!
미켈란젤로 〈최후의 심판〉 Alamy
안트베르펜 Shutterstock
켄타우루스 전투 sailko
계단 위의 성모 sailko
피에타 Stanislav Traykov
시스티나 성당의 천장화 Qypchak
바닥에서 바라본 시스티나 천장화 Agefotostock

5교시
비텐베르크 전경 게티이미지코리아
아우크스부르크 Guido Radig
트리엔트 공의회 Alamy
낭트성 Plindenbaum
베를린 전경 Shutterstock
브란덴부르크 문 Shutterstock
독일 연방 의회 Tobias Koch
베를린 장벽 흔적 Shutterstock
프랑크푸르트 중앙역 Thomas Wolf
프랑크푸르트 공항 토픽이미지스
프랑크푸르트 고층 빌딩 Shutterstock
BMW 전시장 Laura Hoffmann
벤츠 차세대 자동차 게티이미지코리아
독일 대표 음식들 Shutterstock
옥토버 페스트 개막식 행진 Diego Delso
옥토버 페스트를 즐기는 사람들 게티이미지코리아

성 베드로 대성당 Shutterstock
금속 활자 Willi Heidelbach
바르트부르크성 Shutterstock
아우크스부르크의 성 울리히 아프라 성당과 울리히 교회 Gnomad
토마스 뮌처 Michael Sander
취리히 그로스뮌스터 Shutterstock
오늘날 제네바 Shutterstock
캔터베리 대성당 Hans Musil
서강대학교 Cho Jindong
카트린 드메디시스 Dennis Jarvis from Halifax, Canada
앙리 4세 World Imaging
아이스레벤 시청 광장의 루터 동상 Shutterstock
에어푸르트 아우구스티노 수도원의 기도실 Martina Nolte
비텐베르크에 있는 루터의 집 Marcus Singer
루터 교회의 상징 Daniel Csörföly
오늘날의 루터 교회 Alamy

페르디난도 마젤란 123RF
푼타아레나스 Agefotostock
세부섬 Shutterstock
라푸라푸 동상 Alpapito
정향 les
게르하르트 메르카토르 Andreas Praefcke

연표
호패 국립중앙박물관
성학십도 국립중앙박물관
이순신 장군 동상 Shutterstock
상평통보 당이전 국립중앙박물관

6교시
리스본 항공 사진 Shutterstock
세비야 Shutterstock
마데이라 제도 Shutterstock
희망봉 Shutterstock
타구스강 Shutterstock
마드리드 Shutterstock
사그라다 파밀리아 대성당 Bernard Gagnon
바르셀로나 Shutterstock
레알 마드리드의 홈구장 산티아고 베르나베우 경기장 Roberto
플라멩코를 추는 여인 Shutterstock
투우 공연 중인 투우사 Shutterstock
추파춥스 Mstroeck
파에야 Shutterstock
추로스 Shutterstock
리스본 Shutterstock
리스본 트램 Shutterstock
에그 타르트 Shutterstock
포트 와인을 실은 배 Shutterstock
포트 와인 Shutterstock
코르크 마개 Shutterstock
코르크 나무 Shutterstock
후추 열매 Shutterstock
캐러벨선 Shutterstock
1500년대 유럽의 한 인도양 지도에 그려진 사제 왕 요한의 나라 The Bridgeman Art Library
세우타를 정복하는 엔히크 왕자 HombreDHojalata
리스본의 발견 기념비 Shutterstock
카디스 항구 Shutterstock
산타 마리아호 Shutterstock
세비야 대성당의 콜럼버스 무덤 Pom²

퀴즈 정답

1교시

1. ③
2. 잔 다르크
3. ②
4. 레콩키스타(재정복 운동)
5. ②
6. ①

2교시

1. ①-ⓒ, ⓔ / ②-㉠, ⓒ
2. ④
3. ③
4. ①
5. ㉠, ⓒ, ⓑ
6. 신성
7. ②

3교시

1. ④
2. 아크바르
3. ②
4. ①
5. O, O, X
6. ①

4교시

1. X, O, O
2. ②
3. ①
4. ②
5. 군주론
6. ②

5교시

1. 마르틴 루터
2. ②
3. ④
4. O, X, O
5. ① 예정설, ② 직업 소명설
6. ③
7. 에스파냐, 영국, 프랑스

6교시

1. O, O, O
2. ①
3. ①-ⓔ, ②-ⓑ, ③-ⓒ, ④-㉠
4. O, X, O
5. ④

일러두기

- 맞춤법과 띄어쓰기는 국립국어원에서 펴낸 《표준국어대사전》을 따랐습니다.
- 역사 용어와 띄어쓰기는 《교과서 편수자료》의 표기 원칙을 따랐습니다.
  단, 학계의 일반적인 표기와 다른 경우 감수자의 자문을 거쳐 학계의 표기를 따랐습니다.
- 중국의 지명은 현재까지 남아 있는 지명은 중국어 발음, 남아 있지 않은 지명은 한자음을 따랐습니다.
- 중국의 인명은 변법자강 운동을 기준으로 그 이전은 한자음, 그 이후는 중국어 발음을 따라하는 것을 원칙으로 했습니다.
- 일본의 지명과 인명은 일본어 발음을 따랐습니다.

- 이 책에 실린 사진은 북앤포토를 통해 저작권자로부터 사용허가를 받았습니다.
- 일부 사진은 wikipedia commons public domain에 게재되어 있습니다.
- 저작권자와 접촉이 되지 않는 등 불가피한 사정으로 사용 허가를 받지 못한 사진에 대해서는
  저작권자의 허락을 구하는 대로 게재 허락을 받고 사용료를 지불하겠습니다.
- 이 책에 실려 있는 지도와 그림의 저작권은 별도의 표기가 없는 한 (주)사회평론에 있습니다.

교양으로 읽는 용선생 세계사 ⑥ 격변하는 세계 1 — 르네상스, 종교 개혁, 신항로 개척, 오스만 제국의 부상

전면 개정판 1쇄 발행   2025년 7월 23일

글	이희건, 차윤석, 김선빈, 박병익, 김선혜
그림	이우일, 박기종
지도	김경진
구성	정지윤
자문 및 감수	남종국, 윤은주, 이은정, 이지은
교과 과정 검수	박혜정, 한유라, 원지혜
어린이사업본부	이승필
편집	송용운, 김언진, 윤선아
마케팅	윤영채, 정하연, 안은지, 박찬수, 염승연
경영지원	나연희, 주광근, 오민정, 정민희, 김수아, 김승현
디자인	이수경
본문 디자인	박효영, 최한나
사진	북앤포토
영상 제작	(주)트립클립

펴낸이	윤철호
펴낸곳	(주)사회평론
전화	02-326-1182
팩스	02-326-1626
주소	03993 서울시 마포구 월드컵북로6길 56 사평빌딩
용선생 클래스	yongclass.com
출판등록	1993년 10월 6일 제 10-876호

ⓒ사회평론, 2017

ISBN 979-11-6273-365-3 73900

- 이 책 내용의 일부나 전부를 다시 사용하려면 저작권자와 사회평론의 동의를 받아야 합니다.
- 잘못 만들어진 책은 구입하신 곳에서 바꾸어 드립니다.

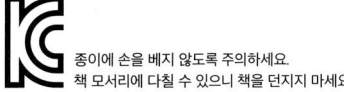

종이에 손을 베지 않도록 주의하세요.
책 모서리에 다칠 수 있으니 책을 던지지 마세요.

이 책을 만드는 데 강의, 자문, 감수하신 분

강영순(한국외국어대학교 강사)
아세아연합신학대학교 아세아학과를 졸업하고 한국외국어대학교 대학원 아시아학과에서 석사 학위를, 국립 인도네시아대학교에서 박사 학위를 받았습니다. 현재 한국외국어대학교 말레이·인도네시아어통번역 학과에서 강의를 하고 있습니다. 〈인도네시아 환경정치에 대한 연구: 열대림을 중심으로〉, 〈수까르노와 이승만: 제2차 세계 대전후 건국 지도자 비교〉, 〈인도네시아 서 파푸아 특별자치제에 관한 연구〉 등의 논문을 지었습니다.

김광수(한국외국어대학교 HK교수)
한국외국어대학교를 졸업하고 남아프리카 공화국 노스-웨스트대학교 역사학과에서 석사·박사 학위를 받았습니다. 현재 한국외국어대학교 아프리카연구소 HK교수로 재직 중입니다. 지은 책으로 《스와힐리어 연구》, 《에티오피아 악숨 문명》 등이 있고, 함께 지은 책으로 《7인 7색 아프리카》, 《남아프리카사》 등이 있으며 《현대 아프리카의 이해》를 우리말로 옮겼습니다.

김병준(서울대학교 교수)
서울대학교 동양사학과를 졸업하고 같은 학교 대학원에서 석사·박사 학위를 받았습니다. 현재 서울대학교 역사학부 교수로 재직 중입니다. 《순간과 영원: 중국고대의 미술과 건축》, 《고사변 자서》 등을 우리말로 옮겼고, 《중국고대 지역문화와 군현지배》 등을 지었습니다. 함께 지은 책으로 《사료로 보는 아시아사》, 《역사학의 성과와 역사교육의 방향》, 《동아시아의 문화교류와 소통》 등이 있습니다.

남종국(이화여자대학교 교수)
서울대학교 서양사학과를 졸업하고 같은 학교 대학원에서 석사 학위를, 프랑스 파리1대학에서 박사 학위를 받았습니다. 현재 이화여대 사학과 교수로 재직하고 있습니다. 지은 책으로 《이탈리아 상인의 위대한 도전》, 《지중해 교역은 유럽을 어떻게 바꾸었을까?》, 《세계사 뛰어넘기》 등이 있으며 《프라토의 중세 상인》을 우리말로 옮겼습니다.

박병규(서울대학교 HK교수)
고려대학교 서어서문학과를 졸업하고 멕시코 국립대학(UNAM)에서 문학 박사 학위를 받았습니다. 현재는 서울대 라틴아메리카연구소 HK교수로 재직 중입니다. 《불의 기억》, 《파블로 네루다 자서전 - 사랑하고 노래하고 투쟁하다》, 《1492년, 타자의 은폐》 등을 우리 말로 옮겼습니다.

박상수(고려대학교 교수)
고려대학교 사학과를 졸업하고 같은 학교 대학원에서 석사학위와 박사과정 수료를, 프랑스 국립 사회과학고등연구원에서 박사 학위를 받았습니다. 현재 고려대학교 사학과 교수로 재직하고 있습니다. 지은 책으로 《중국혁명과 비밀결사》가 있고, 함께 지은 책으로는 《동아시아, 인식과 역사적 실재: 전시기(戰時期)에 대한 조명》 등이 있습니다. 《중국현대사 - 공산당, 국가, 사회의 격동》을 우리말로 옮겼습니다.

박수철(서울대학교 교수)
서울대학교 역사교육과를 졸업하고 같은 대학 대학원 동양사학과에서 석사를, 일본 교토대에서 박사 학위를 받았습니다. 현재는 서울대학교 역사학부 교수로 재직 중입니다. 지은 책으로는 《오다·도요토미 정권의 사사지배와 천황》이 있으며, 함께 지은 책으로는 《아틀라스 일본사》, 《사료로 보는 아시아사》, 《일본사의 변혁기를 본다》 등이 있습니다.

성춘택(경희대학교 교수)
서울대학교 고고미술사학과와 대학원에서 고고학을 전공했으며, 워싱턴 대학교 인류학과에서 고고학으로 석사와 박사 학위를 받았습니다. 현재 경희대학교 사학과 교수로 재직 중입니다. 《석기고고학》이란 책을 쓰고, 《고고학사》, 《다윈 진화고고학》, 《인류학과 고고학》 등을 우리말로 옮겼습니다.

유성환(서울대학교 강사)
부산대학교 영문학과를 졸업하고 미국 브라운대학교에서 박사 학위를 받았습니다. 현재 서울대 아시아언어문명학부에서 강의를 하고 있습니다. 〈이히, 시스트럼 연주자 - 이히를 통해 본 어린이 신 패턴〉과 〈외국인에 대한 이집트인들의 두 시선〉 등의 논문을 지었습니다.

윤은주(국민대학교 강의 전담 교수)
서울대학교 서양사학과를 졸업하고 프랑스 사회과학고등연구원에서 박사 학위를 받았습니다. 현재 국민대학교 교양대학 강의 전담 교원으로 일하고 있습니다. 《넬슨 만델라 평전》을 우리말로 옮겼으며 《히스토리》의 4~5장과 유럽 국가들의 연표를 우리말로 옮겼습니다.

이근명(한국외국어대학교 교수)
서울대학교 동양사학과를 졸업하고 같은 학교 대학원에서 석사·박사 학위를 받았습니다. 현재 한국외국어대학교 사학과 교수로 재직하고 있습니다. 지은 책으로는 《남송 시대 복건 사회의 변화와 식량 수급》, 《아틀라스 중국사(공저)》, 《동북아 중세의 한족과 북방민족》 등이 있고, 《중국역사》, 《중국의 시험지옥 - 과거》, 《송사 외국전 역주》 등을 우리말로 옮겼습니다.

이은정(서울대학교 강사)
한국외국어대학교 터키어과를 졸업하고 터키 국립 앙카라 대학교 역사학과에서 석사 학위를, 서울대학교 서양사학과에서 박사 학위를 받았습니다. 현재는 서울대학교 등에서 강의를 하고 있습니다. 〈16-17세기 오스만 황실 여성의 사회적 위상과 공적 역할 - 오스만 황태후의 역할을 중심으로〉와 〈'다종교·다민족·다문화'적인 오스만 제국의 통치전략〉 등의 논문을 지었습니다.

이지은(한국외국어대학교 전임연구원)
이화여대 사학과를 졸업하고 한국외국어대학교와 인도 델리대학교, 네루대학교에서 석사·박사 학위를 받았습니다. 현재 한국외국어대학교 인도연구소 전임연구원으로 일하고 있습니다. 함께 지은 책으로는 《탈서구중심주의는 가능한가》가 있으며 〈인도 식민지 시기와 국가형성기 하층카스트 엘리트의 저항 담론 형성과 역사인식〉, 〈반서구중심주의에서 원리주의까지〉 등의 논문을 지었습니다.

정기문(군산대학교 교수)
서울대학교 역사교육과를 졸업하고 같은 학교 대학원에서 석사·박사 학위를 받았습니다. 현재 군산대학교 사학과 교수로 재직하고 있습니다. 지은 책으로는 《한국인을 위한 서양사》, 《내 딸을 위한 여성사》, 《역사란 무엇인가》 등이 있고, 《역사, 시민이 묻고 역사가가 답하고 저널리스트가 논하다》, 《고대 로마인의 생각과 힘》, 《지식의 재발견》 등을 우리말로 옮겼습니다.

정재훈(경상대학교 교수)
서울대학교 동양사학과를 졸업하고 같은 학교 대학원에서 석사·박사 학위를 받았습니다. 현재 경상대학교 사학과 교수로 재직 중입니다. 지은 책으로는 《돌궐 유목제국사》, 《위구르 유목 제국사(744-840)》 등이 있고 《유라시아 유목제국사》, 《사료로 보는 아시아사》 등을 우리말로 옮겼습니다.

최재인(서울대학교 강사)
서울대학교 서양사학과를 졸업하고 같은 학교 대학원에서 석사·박사 학위를 받았습니다. 현재 서울대학교 강사로 일하고 있습니다. 함께 지은 책으로 《서양여성들 근대를 달리다》, 《여성의 삶과 문화》, 《다민족 다인종 국가의 역사인식》, 《동서양 역사 속의 다문화적 전개양상》 등이 있고, 《가부장제와 자본주의》, 《유럽의 자본주의》, 《세계사 공부의 기초》 등을 우리말로 옮겼습니다.